JÜRGEN HÖVELMANN

Der Kasematten-Mörder

VERBINDUNGSMORD Eine Leiche wird in den Kasematten, den unterirdischen Wehranlagen des Marburger Landgrafenschlosses, aufgefunden. Es handelt sich um den Studenten Marvin Klosterkemper. Er war Mitglied der Burschenschaft »Die Elisabethaner« und trägt außerdem einen »Schmiss« im Gesicht, also eine Narbe, die von einer Fechtverletzung stammt. Deshalb sucht Kommissar Nau eine Fechtstunde im Haus der Studentenverbindung auf und stößt dabei auf vieles, das ihm nicht gefällt. Immerhin lernt er dabei Timo Brettschneider, einen Kommilitonen Klosterkempers kennen, der zur Lösung des Falles einiges beizutragen hat.

Welche Rolle spielt der zwielichtige Geschichtsprofessor Nebeling, der mit seinen abstrusen Theorien und fragwürdigen Ansichten schon des Öfteren für Aufsehen gesorgt hat? Während Nau immer tiefer in die studentische Verbindung eindringt, kommt es zu weiteren Morden.

Jürgen Hövelmann wurde 1969 in Siegen/Südwestfalen geboren und war schon frühzeitig musisch und sprachlich interessiert. Ein leeres Blatt Papier gehörte immer schon zu seinen Schlüsselreizen. Er kann sich kaum etwas Interessanteres vorstellen, als es mit »Leben« zu füllen. Der Autor kam im Alter von 23 Jahren nach Marburg, wo er die nächsten fast zwanzig Jahre als Übersetzer, Werbetexter und Journalist arbeitete – genügend Zeit also, um sich in diese Stadt nachhaltig zu verlieben. Zuletzt wieder in seiner Geburtsstadt wie auch im Taunus lebend, schuf er eine spannende Romanreihe, die in Marburg spielt. Seither begleiten ihn Kommissar Nau und seine Fälle.

Bisherige Veröffentlichungen im Gmeiner-Verlag:
Auge um Auge (2016)

JÜRGEN HÖVELMANN

Der Kasematten-Mörder

Ein Marburg-Krimi

GMEINER SPANNUNG

Immer informiert

Spannung pur – mit unserem Newsletter informieren wir Sie
regelmäßig über Wissenswertes aus unserer Bücherwelt.

Gefällt mir!

Facebook: @Gmeiner.Verlag
Instagram: @gmeinerverlag
Twitter: @GmeinerVerlag

Besuchen Sie uns im Internet:
www.gmeiner-verlag.de

Im Ehnried 5, 88605 Meßkirch
Telefon 07575/2095-0
info@gmeiner-verlag.de

3. Auflage 2019

Lektorat: Claudia Senghaas, Kirchardt
Herstellung: Mirjam Hecht
Umschlaggestaltung: U.O.R.G. Lutz Eberle, Stuttgart
unter Verwendung eines Fotos von: © Ludwig Klingelhöfer, Gladenbach
Beratung: Jens Cordes, Marburg
Druck: CPI books GmbH, Leck
Printed in Germany
ISBN 978-3-8392-1894-5

Personen und Handlung sind frei erfunden.
Ähnlichkeiten mit lebenden oder toten Personen
sind rein zufällig und nicht beabsichtigt.

1. KAPITEL

Karl-Friedrich Bender war gerade mit einer Besuchergruppe in den Marburger Kasematten unterwegs. Er leitete derartige Führungen mindestens einmal wöchentlich in den Monaten April bis Oktober.

Es gab einen festen Termin am Samstagnachmittag, aber wenn sich für einen anderen Zeitpunkt ausreichend große Gruppen für solche Besichtigungen anmeldeten, war Bender immer gerne bereit, entsprechende Sonderführungen zu veranstalten.

Er war seit einigen Jahren Rentner und verdiente sich auf diese Weise den einen oder anderen Euro dazu. Außerdem gab es in der Regel auch immer wieder recht erkleckliche zusätzliche Einnahmen durch Trinkgelder. Je unterhaltsamer er eine solche Erkundung gestaltete, umso großzügiger waren in der Regel die erzielten Beträge.

»Wenn Sie mir bitte folgen würden; would you please follow me«, sagte er zweisprachig und unterstrich dies mit einer auffordernden Handbewegung. Der ungefähr 15-köpfige Tross, in dem sich auch drei Japaner befanden, die der Englischübersetzungen bedurften, setzte sich daraufhin wieder in Bewegung. Der Fremdsprachenkurs an der Volkshochschule, den Bender vor einigen Jahren absolviert hatte, zahlte sich immer wieder aus.

Als sie am nächsten Haltepunkt der Besichtigung angekommen waren, glitten Benders Augen kurz über die kleine Menschenansammlung, um sich einen groben Überblick zu verschaffen.

»Die Marburger Kasematten waren seit jeher unterirdische Befestigungsanlagen unseres schönen Landgrafenschlosses«, trug er routiniert seinen Text vor, den er wie all seine Beiträge ebenfalls ins Englische übersetzte. Dabei deutete er auf eine ohnehin nicht zu übersehende schwere Kanone und eine Schießscharte im wuchtigen Gemäuer, in welche sie bei Bedarf hineingeschoben werden konnte.

Das Publikum setzte sich an diesem Tag im Wesentlichen aus Erwachsenen zusammen, die durch einige Halbwüchsige ergänzt wurden. Kleinere Kinder waren nicht dabei.

Angesichts der Altersstruktur konnte er also ohne größere Bedenken die Besichtigung etwas spannender gestalten, ohne natürlich dabei von den historischen Fakten allzu sehr abzuweichen. Wenn Kinder mitgingen, musste man immer etwas mehr darauf achten, dass der Vortrag nicht zu reißerisch ausfiel. Bender liebte es aber, ein wenig mit den Emotionen seiner Zuhörer zu spielen. In diesem dunklen Gemäuer war der Fantasie der Leute ohnehin keine Grenze gesetzt.

»Man mag sich kaum ausmalen, welches menschliche Leid, welche Qualen sich hier ereignet haben müssen, wenn es um die Verteidigung der Anlage ging.« Dabei hielt er die Taschenlampe bewusst schräg unter sein Kinn, sodass sein Gesicht in nahezu dämonische Licht- und Schattenspiele gehüllt wurde.

In der Vorstellungskraft der Besucher schien gerade Geschichte lebendig zu werden. Benders durchdringende Stimme half eindeutig dabei, dass sich in ihren Köpfen allerlei Assoziationen mit der Realität verwoben.

»Diese unterirdischen Geschützstände waren und sind beschusssicher. Sie wurden im 17. und 18. Jahrhundert errichtet«, wurde der Touristenführer wieder sachlicher. Er hatte den Lichtkegel der Taschenlampe längst wieder auf eine andere Stelle gerichtet. »Im ersten Jahrzehnt des 19. Jahrhunderts wurden die Anlagen schließlich durch die französischen Besatzer geschleift. Dabei wurden recht große Teile durch Sprengungen zerstört.«

»Wann wurden sie wieder aufgebaut?«, fragte eine ältere grauhaarige Dame mit dem Ausdruck des Bedauerns.

»Seit den 1970er Jahren wurden sie, soweit es ging, wiederhergestellt. Dabei kam das noch vorhandene authentische Baumaterial erneut zum Einsatz«, ließ Bender sie und alle anderen Anwesenden wissen.

Die Gruppe setzte sich nach wenigen Augenblicken wieder in Bewegung. Sie begab sich durch einige dunkle Gänge. Von den Wänden lief etwas Wasser kaum wahrnehmbar in dünnen Rinnsalen hinunter auf den gepflasterten Weg, der bereits in grauer Vorzeit angelegt worden war.

Plötzlich gab es einen lauten Schlag. Alle Anwesenden erschraken merklich und fuhren hastig herum. Ein Besucher hatte seinen hölzernen Spazierstock fallen lassen, der mit einigem Getöse auf dem steinernen Boden aufschlug.

»Jaja«, meinte Bender mit aufgesetztem Lächeln. Dabei hob er den Stock auf und reichte ihn dem Mann. »Selbst ich als Kenner der Kasematten habe mich gerade richtig erschrocken. Schließlich weiß man hier nie, ob nicht noch irgendwelche Schlossgespenster oder gar Dämonen ihr Unwesen treiben.«

Mit noch größeren Augen und irgendwie ehrfürchtiger folgten die Leute Bender durch die dunklen Gewölbe.

»Die Größeren unter Ihnen ducken sich jetzt besser etwas. Es wird hier nämlich recht flach und eng«, kündigte er an und nahm sogleich selbst eine etwas gebücktere Haltung ein. Seine Besucher taten es ihm gleich.

Nach einer ganzen Weile, schließlich erstreckten sich die Marburger Kasematten über eine beachtliche Fläche, kam die Gruppe an ihrem nächsten Haltepunkt an. Bender blieb vor einer schweren eisenbeschlagenen Holztür stehen. Er wartete einige Augenblicke, bis sich die Besucher vollzählig um ihn versammelt hatten, damit das anschließend von ihm Gesagte seine Wirkung nicht verfehlte.

»Die ehemaligen Gefängniszellen im sogenannten Hexenturm habe ich Ihnen ja bereits gezeigt«, begann Bender und beleuchtete sein Gesicht einmal mehr dämonisch von unten. »Wir kommen nun zu einem der blutigsten Kapitel der Marburger Schlossgeschichte.«

Die meisten Zuhörer hingen wie gebannt an Benders Lippen. Nur ein paar zeigten sich von seinen Beiträgen weniger beeindruckt oder wollten sich zumindest nichts anmerken lassen.

»Ich zeige Ihnen nun die Kerker- und Folterräume des alten Gemäuers. Einmal hier eingeliefert«, sagte er mit dramatischem Ausdruck in der wohltemperierten Stimme, »kamen die Menschen nicht wieder lebend heraus.«

Zögerlich, wobei einige von ihnen geradezu ein wenig verängstigt wirkten, folgten die Besucher ihm die letzten Meter in die düstere Unterwelt hinein.

Manchmal war es gut, sich unter die Menschen zu mischen, wenn man möglichst wenig auffallen wollte.

Die beiden so unterschiedlichen, völlig gegensätzlich aussehenden Männer befanden sich in dem Irish Pub am Wehrdaer Weg. Der junge mit dem glitzernden Ring im linken Ohr trug legere Alltagskleidung. Der weißhaarige alte Mann schien mit seinem altmodischen Tuchanzug für diesen stickigen kleinen Schuppen eindeutig overdressed.

Auf der winzigen Bühne in dem Kellergewölbe spielte eine Bluesband lautstark ihren Musik gewordenen Weltschmerz. Niemand nahm weiter Notiz vom ungleichen Paar, das an seinem Tisch in einer Ecke saß und intensiv miteinander diskutierte.

Der Junge hatte sich gerade erst ein Bier bestellt und redete mit großem Gestus und offensichtlicher Empörung auf sein deutlich älteres Gegenüber ein. Der Alte war mindestens schon Mitte 60 und wirkte in dieser Kneipe, trotz des ohnehin meist schon etwas betagteren Publikums, fast deplatziert. Er hatte dem Jungen soeben ein Angebot unterbreitet, das er wohl kaum würde ausschlagen können, zumindest dann nicht, wenn dieser erst den vollen Umfang der Sachlage erfassen konnte.

»Denke darüber nach, Matze. Deine Unterstützung in dieser Sache …«, er schaute kurz zur Seite, um die richtige Wortwahl zu finden, »… käme mir sehr gelegen.«

Der junge Mann schüttelte den Kopf und wollte etwas entgegnen, aber der Alte kam ihm zuvor.

»Es soll dein Schaden nicht sein«, sagte er zuckersüß, aber in seinem Ausdruck lag dennoch eine Schärfe, die Matthias einen kalten Schauer über den Rücken laufen ließ. Dabei packte der Alte den Twen mit besonderem Nachdruck am Unterarm, worauf dieser ihn angewidert schnell zurückzog.

»Ich kann das nicht tun«, druckste er. »Was Sie da von mir verlangen, ist ungeheuerlich. Ich weiß nicht, wie Sie darauf kommen, dass ich Sie bei so etwas unterstützen könnte. Wären Sie nicht der Mann, der Sie sind, würde ich Sie einfach hier sitzen lassen.«

»Du bist dir ganz offensichtlich nicht deiner Situation bewusst«, sagte der alte Mann und lächelte scheinbar milde.

Der Junge schaute ihm tief in die Augen, als wolle er darin in die Abgründe seiner Seele vordringen. Was hatte dieser alte Teufel nur mit ihm vor? Was bezweckte er wirklich mit seiner unfassbaren Anfrage?

»Mir ist übrigens zu Ohren gekommen, dass bei deinen letzten Zwischenprüfungen an der Uni nicht alles mit rechten Dingen zuging«, sagte der Alte beiläufig und sah in der Miene des Jungen, dass er damit mitten ins Schwarze getroffen hatte. In dem 23-jährigen Studenten krampfte sich alles zusammen. Verzweifelt schaute er sein Gegenüber an.

»Ich weiß ferner, dass es in deiner feinen Juristenfamilie nicht sonderlich gut ankommen würde, wenn die Fakten zu deinen Betrügereien ans Tageslicht kämen.« Der Alte lehnte sich mit großem Gehabe zurück und genoss die Wirkung seiner Worte. Unterdessen konnte sich der junge Student kaum noch auf seinem Stuhl halten. Ihm wurde schwindlig, und er fürchtete, sich gleich an Ort und Stelle übergeben zu müssen.

»Wie kommen Sie zu diesem Wissen?«, stammelte er, nachdem er sich wieder ein wenig gefangen hatte.

»Du weißt, ich habe meine Fühler überall«, antwortete der alte Mann süffisant und strich sich arrogant durch das weiße Haar. »Es ist ja bekannt, was beispielsweise mit den

Karrieren gewisser Politiker geschehen ist, als ihre Betrügereien der Studienzeit aufgeflogen sind«, fügte er hinzu.

Matthias schaute starr in eine Ecke der Kneipe und versuchte, seine Verzweiflung, Angst und Wut unter Kontrolle zu halten.

»Dein Erzeuger, der Herr Staatsanwalt, wäre bestimmt wenig begeistert von dem Bekanntwerden einer Plagiatsaffäre seines Vorzeigesohnes. Und so ein Übervater neigt in bestimmten Situationen zu ausgeprägtem Jähzorn.«

»Schweigen Sie!«, blaffte Matthias schroff. »Mein Vater und ich haben ebenfalls unsere Beziehungen, die wir ausspielen könnten.«

»Große Worte für einen Jungen, der noch nicht einmal über genügend Standhaftigkeit verfügt, seinem Daddy gegenüberzutreten. Du warst mitunter ein wenig zu redselig, mein Lieber. Ich weiß, wie es in eurer Familie zugeht.«

Matthias zog die Stirn in Falten und schien intensiv nachzudenken.

»Haben Sie denn Beweise, die Ihr angebliches Wissen untermauern?«, fragte er nach einer ganzen Weile zögerlich.

»Willst du etwa meine Integrität infrage stellen?«, fragte der Alte argwöhnisch. »Stelle mich ruhig auf die Probe, wenn du willst. Wirst schon sehen, was du davon hast!«

Gisbert Nau wischte sich mit einem Taschentuch den Schweiß von der mit den Jahren langsam höher gewordenen Stirn. Der Kriminalkommissar im Vorruhestand hatte den ersten wirklich warmen Frühlingstag zum Anlass genommen, eine Erkundungstour durch seine alte und nun wieder aktuelle Heimatstadt zu unternehmen. Seinen Golden Retriever namens Pepper hatte er dabei vorsorglich zu Hause gelassen. Ihm wollte er die Anstrengung nicht zumuten, allzu viele Treppenstufen überwinden zu müssen.

Nau hatte der Herausforderung nicht widerstehen können, die Enge Gasse hinter sich bringen zu wollen. Jenen steilen Anstieg den Schlossberg hinauf, der im Marburger Volksmund schon längst den vielsagenden Beinamen ›Asthmatreppe‹ besaß, hatte er zuletzt in seinen 20ern bezwungen. Nun, gute 30 Jahre später, fiel ihm der Aufstieg ungleich schwerer. Aber darin lag ja der Reiz, dem er sich bewusst stellen wollte, wenngleich er an einigen Stellen des Weges seine Entscheidung bereits zu bereuen begann.

Gute 20 Grad zeigte das Thermometer an diesem Montag Mitte April an. Der Kommissar fragte sich, ob er sich nicht für die falsche, weil zu dicke Jacke entschieden hatte. Dann musste er unwillkürlich schmunzeln bei dem Gedanken, dass für diesen Weg bis in die 1970er Jahre noch der offizielle Terminus ›Dreckloch‹ geführt worden war. Die Bezeichnung war auf den Umstand zurückzuführen, dass hier in alten Zeiten die Abwässer von Oberstadt und Landgrafenschloss hinunterflossen.

Nau hielt an. Ein junges Studentenpaar schickte sich an, ihn zu überholen. Schnellen Schrittes flogen sie kurz darauf regelrecht an ihm vorüber. Der Kommissar tat gut daran, auf diese Weise Rastpausen einzulegen. So gab er sich keine Blöße, denn sein lautes Schnaufen wäre sonst den übrigen Passanten der Treppe unweigerlich aufgefallen.

Passagen des Aufstiegs, die zwischen Häusern hindurchführten, wechselten sich mit solchen ab, wo man an alten grün umrankten Begrenzungsmauern vorbeikam. In regelmäßigen Abständen drehte Nau sich um und schaute in das Tal hinunter. Dabei versuchte er, den jeweiligen Zuwachs an Höhenmetern abzuschätzen und erfreute sich an den herrlichen Ausblicken.

An einer anderen Stelle blieb er stehen, um sich die Graffiti der jungen Künstler anzuschauen, die sich auf einem Mauerstück verewigt hatten. Sein Kunstverständnis reichte bei Weitem nicht aus, die Qualität der Gemälde beurteilen zu können. Einige gefielen Nau recht gut und andere weniger. Er nutzte die erneute kurze Verschnaufpause dazu, ein paar Schluck aus der mitgenommenen Wasserflasche zu nehmen, dann machte er sich wieder auf den Weg.

Er genoss es sehr, wieder in Marburg zu leben. Einige Jahrzehnte hatte ihn seine Karriere in die Landeshauptstadt nach Wiesbaden geführt, aber vor etwa einem Dreivierteljahr brachte ihn eine kleine Erbschaft wieder zurück in die malerische Studentenstadt. Seitdem arbeitete er gewissermaßen auf Abruf und unterstützte bei seinen gelegentlichen Einsätzen die nicht sonderlich erfahrenen Marburger Kollegen bei der Aufklärung von Kapitalverbrechen.

Gerade als er derartigen Gedanken nachging, klingelte sein Handy. Nachdem er es umständlich aus der Jackentasche gezogen hatte, meldete er sich und war erstaunt, seinen neuen Kollegen Peter Löwenstein zu hören, der ungewohnt aufgeregt schien.

Nachdem er ihm eine ganze Weile zugehört hatte, sagte Nau mit ruhiger Stimme:

»Alles klar. Ich komme so schnell es geht. Aber legen Sie mich nicht auf fünf Minuten fest. Ich habe noch einen recht beschwerlichen Weg vor mir.«

»Wo sind Sie denn?«, fragte der Kollege.

Nau grinste. »Auf der Asthmatreppe. Ich habe noch ein ganzes Stück, bis ich bei Ihnen am Schloss angekommen bin.«

Löwenstein verlieh seiner Freude Ausdruck darüber, dass Nau als Wiederkehrer *noch* oder auch *schon* den Begriff der Einheimischen für den steilen Aufstieg kannte, und beendete kurz darauf das Gespräch.

Als Nau deutlich später bei den anderen ankam, freute er sich, die neuen Kollegen wiederzusehen. Sie befanden sich in einer der Kasematten unweit des Eingangs beim Schaukasten im unteren Schlossvorhof.

Er schüttelte Reckmann und Löwenstein ebenso kräftig wie freundlich die Hand, während seine Augen versuchten, sich an die schwierigen Lichtverhältnisse zu gewöhnen.

In einigen Metern Entfernung sah er eine offenbar männliche Leiche liegen, über die sich Katja Wenzel, die attraktive junge Gerichtsmedizinerin, beugte. Gerne hätte Nau sie sofort begrüßt, aber sie war im Moment so sehr in ihre Arbeit vertieft, dass sie ihn noch nicht wahrgenommen hatte. Er wollte sie nicht stören und womöglich aus ihrer Konzentration reißen.

Als sie kurz aufstand, um sich der Leiche von einer anderen Seite her zu nähern, sah Nau, dass ein Messer bis zum Schaft in der Brust des Toten steckte.

Die dürftige Notbeleuchtung des engen Gangs erhellte die Szenerie nur unzureichend, aber einige Mitarbeiter des Pathologischen Instituts waren bereits dabei, Scheinwerfer aufzubauen, die den Gerichtsmedizinern bessere Sichtmöglichkeit verschaffen sollten.

Neben Katja Wenzel hockte ein junger Mann, der höchstens Mitte 20 sein konnte. Der Kommissar kannte ihn noch nicht.

»Der Knabe heißt Ralf Meiers«, schien Reckmann den Gedankengang des Kollegen erahnt zu haben.

»Ist wohl so eine Art Azubi«, ergänzte Löwenstein und reckte sich ein wenig, um die Handgriffe der beiden Mediziner besser sehen zu können.

»Lassen wir sie ihre Arbeit machen«, sagte Nau und schmunzelte. »Sie werden uns schon dazurufen, wenn es Sinn macht.«

»Was hat Sie denn eigentlich geritten, ausgerechnet die Asthmatreppe hinaufzulaufen?«, fragte Löwenstein, um die Wartezeit, bis die Pathologen mit ersten Ergebnissen aufwarteten, zu überbrücken.

»Man sagt doch, man wächst an seinen Aufgaben. Bislang hat sich aber noch keinerlei Wachstum eingestellt«, witzelte der Kommissar und schaute nun ebenfalls deutlich interessierter zu dem Leichnam hinüber.

»Der Tote scheint sehr jung zu sein«, meinte Reckmann.

»Das habe ich auch gerade gedacht«, entgegnete Nau.

»Offensichtlich ein gezielter Stich direkt ins Herz«, urteilte Löwenstein.

»Das werden wir sehen«, wiegelte Nau ab.

»Jemand, der gelegentlich bei der Arbeit hier vorbeikommt, hat sich gemeldet. Er fand den augenscheinlich jungen Mann bei einer Routineaktion«, erzählte Reckmann. »Aber lassen Sie uns mal dort hinübergehen, da steht er nämlich.«

Sie schlenderten hinüber zu einem Mann in mittlerem Alter. An seiner Brusttasche haftete ein Papierschildchen, welches ihn als städtischen Mitarbeiter auswies.

»Michael Reiter«, stellte er sich vor. »Ich betreue die Grünanlagen, zu denen in dieser Gegend auch Teile der unterirdischen Schlossbefestigung gehören.«

Reckmann zog die Augenbrauen nach oben und brachte damit sein Erstaunen über das gerade Gesagte zum Ausdruck.

»Ja«, bekräftigte Reiter noch einmal und deutete kurz auf seinen Ausweis. »Das Amt für Grünflächen ist in diesem Fall auch für so etwas zuständig. Allerdings muss ich sagen, wir stellen lediglich unsere Schaufeln, Schubkarren und andere Utensilien in einem entlegenen Gang der Kasematten unter.«

»Sie arbeiten also nicht wirklich innerhalb der Kasematten?«, wollte Löwenstein wissen und zog wie üblich seinen zerknitterten Notizblock hervor.

Löwenstein und Reckmann bildeten in der Tat ein interessantes Paar. Was Letzterer bisweilen schon zu viel an seriösem Auftreten zur Schau stellte, glich Löwenstein durch eine gewisse offensichtliche Schludrigkeit wieder aus. Gegensätze zogen sich bekanntlich an, und die beiden ergänzten sich, so fand zumindest Nau, auf nahezu ideale Weise. Während Reckmann stets im gepflegten Anzug und mit Krawatte zum Dienst erschien, wählte Löwenstein meist abgewetzte Jeans und eine alte Lederjacke.

»Sie haben es erfasst«, sagte Reiter forsch und sah, wie sich Löwenstein sogleich etwas notierte.

»Wann haben Sie den Toten vorgefunden?«, übernahm Nau die Führung des Gesprächs.

»Kurz nach Arbeitsbeginn, so gegen halb neun«, lautete die Antwort. »War schon ein ganz schöner Schlag in die Magengrube, den jungen Kerl da so im Gang liegen zu sehen.«

»Haben Sie sonst etwas beobachtet, im Idealfall Personen, die sich vom Eingang der Kasematten fortbewegt haben?«

»Damit kann ich leider nicht dienen«, sagte Reiter. »In der Regel sehe ich während meiner ganzen Schicht kaum jemanden. Am Vormittag ist die ganze Gegend doch eher verwaist.«

Der Kommissar schaute zur Pathologin Wenzel hinüber, die seinen Blick mit einem kurzen, unauffälligen Lächeln erwiderte, und sich gleich wieder über den Leichnam beugte. Nau hatte ihren beiläufigen Gruß freudig registriert. Sie verstanden einander sehr gut, auch wenn die junge Frau ohne Weiteres seine Tochter hätte sein können und sie seine leichte Schwärmerei allenfalls als eine Art harmloses Dauerkompliment wahrnehmen konnte.

Ihr langes rotbraunes Haar legte sich elegant über ihren Rücken, als sie sich noch einmal besonders tief über den Toten beugte. Der Assistent beobachtete aufmerksam ihr Tun und versuchte, ihr mit allerlei Handreichungen behilflich zu sein.

»Ich danke Ihnen vielmals«, sagte Nau zu dem städtischen Angestellten und schüttelte dessen Hand. »Bitte halten Sie sich für etwaige Rückfragen zur Verfügung.«

Während Löwenstein begann, die persönlichen Daten des Mannes aufzunehmen, entfernte sich der Kommissar bewusst etwas vom Ort des Geschehens. Manchmal brachte eine etwas größere Distanz die Möglichkeit mit sich, bestimmte Details klarer zu erkennen. Nachdem er die Gegend jeweils etwa 20 Meter in beide sich bietenden Richtungen durchschritten hatte, kam er ergebnislos zu den beiden Kollegen zurück.

Reiter hatte sich unterdessen verabschiedet, während die beiden Pathologen noch immer ihre Arbeit verrichteten.

»Eine nicht sehr anheimelnde Atmosphäre«, meinte Löwenstein und schüttelte sich ein wenig. »Hier möchte ich nicht begraben sein.«

»Haben Sie irgendetwas ausfindig machen können, das die Frage nach dem Warum beantworten könnte?«, wollte der Kommissar wissen. »Irgendetwas, das darüber Aufschluss gibt, warum der Tote ausgerechnet hier vorgefunden wurde?«

»Bislang wissen wir ja noch nicht einmal, ob er hier oder an einem anderen Ort ermordet wurde«, antwortete Reckmann und zuckte mit den Schultern. »Vorerst müssen wir mal abwarten, bis die Herrschaften von der Gerichtsmedizin mit ihren Untersuchungen fertig sind.«

Nau schritt an den Kollegen vorbei, um das Team der Spurensicherung zu begrüßen, das soeben eintraf. Einige Momente später nahm die vierköpfige Gruppe ihre Arbeit auf. Mit diversen Tinkturen, Pinseln, kleinen Lampen, die ultraviolettes Licht produzierten, und zahlreichen weiteren Utensilien machten sie sich ans Werk, mögliche Spuren zu entdecken und zu entschlüsseln.

Katja Wenzel und ihr Mitarbeiter hatten sich zwischenzeitlich aufgerichtet und packten ihre Sachen in einen schwarzen Arztkoffer. Sie gab Nau und seinen Kollegen ein Zeichen, dass sie nunmehr zu ihnen herüberkommen konnten.

Die Begrüßung fiel sehr herzlich aus.

»Schade, dass Sie Ihren Hund nicht dabei haben«, meinte die junge Pathologin und lächelte verschmitzt.

»Einen solchen Aufstieg wollte ich ihm nicht zumuten«, antwortete Nau. »Ich war gerade dabei, den Schlossberg zu erklimmen, als der Anruf der Kollegen mich erreichte.«

»Gut für die Kondition«, sagte Katja Wenzel kurz und klopfte ihm, für seinen Geschmack etwas zu mütterlich, auf die Schulter.

»Lassen Sie uns auf den Fall zurückkommen«, mahnte Reckmann.

»Welche Fakten können Sie uns bereits nennen?«, fragte Löwenstein und hielt schon wieder seinen Notizblock schreibbereit gezückt.

In diesem Moment durchfuhr Nau ein regelrechter Schock: Er hatte an Frau Wenzels linkem Ringfinger einen Verlobungsring entdeckt. Augenblicklich zerplatzte etwas in ihm wie eine Seifenblase. Auch wenn er sich nie ernsthafte Hoffnungen gemacht hatte, die junge Pathologin näher kennenzulernen, so schmerzte ihn doch, dass sie sich mittlerweile augenscheinlich einem anderen versprochen hatte.

»Ein Stich mitten durchs Herz«, sagte sie, und Nau setzte ein bittersüßes Lächeln auf. Allerdings war ihm nicht allzu sehr danach zumute, seine Regung entsprang eher einer Art Galgenhumor. Wie recht sie damit hat!, dachte er. Ihre Verlobung hatte auch ihm irgendwie einen Stich ins Herz versetzt.

»Die Klinge ist vollständig eingedrungen«, fuhr sie fort. »Sie steckt bis zum Schaft in der Brust des Opfers.«

»Haben Sie das Messer aus irgendeinem bestimmten Grund noch in dem Leichnam stecken lassen?«, fragte Reckmann.

»Ja«, schaltete sich ihr junger Kollege ein, »so können wir im Institut viel besser die Stichführung beurteilen.«

»Außerdem ist so viel besser die Größe des Täters abzuschätzen, die in diesem Fall etwa zwischen 1,70 und 1,80 liegen dürfte«, erklärte Frau Wenzel. »Er hat genau an der richtigen, weil absolut tödlichen Stelle zugestochen, nämlich zwischen der vierten und fünften Rippe, körperseitig links gleich neben dem Brustbein. Es kommt dabei in der Regel zu einem immensen Druckverlust, Schock und sehr raschen Tod.«

»Würden Sie anhand dieser Vorgehensweise«, hatte Nau seine Sprache wiedergefunden, »also auf einen professionellen Täter schließen, der wusste, was er tat?«

»Nicht zwangsläufig«, antwortete sie, »aber immerhin ist die Wahrscheinlichkeit recht groß.«

»Sie werden sich sicherlich für die sonstigen Daten des Opfers interessieren. Wir haben in der Gesäßtasche sein Portemonnaie gefunden, in dem sich auch Ausweis und Führerschein befanden«, übernahm der Assistent wieder, der sich für sein geringes Alter bereits erstaunlich selbstbewusst benahm.

Die drei Beamten antworteten nicht und warteten einfach darauf, dass der junge Mann weitersprach.

»Es handelt sich um einen gewissen Marvin Klosterkemper«, sagte er. »Der Tote war 24 Jahre alt.«

Löwenstein, der schon seit geraumer Zeit Notizen in seinen Block kritzelte, notierte aufmerksam die Adresse, den Geburtsort und einige körperspezifische Daten wie Größe und Augenfarbe, die Meiers aufzählte.

»Ich vermute«, übernahm Katja Wenzel wieder die Gesprächsführung, »er war Sportler.«

»Ja, wenn ich es richtig betrachte, handelt es sich um eine wirklich sportliche Erscheinung«, meinte Löwenstein fast anerkennend und nickte.

»Nein, das meine ich nicht«, entgegnete sie und drehte den Kopf des Opfers, bis er auf der linken Seite zu liegen kam.

»Er hat an der rechten Schläfe eine Verletzung«, entfuhr es Reckmann, während Katja Wenzel mit einer kleinen Taschenlampe direkt auf die betroffene Stelle leuchtete.

»Ein sogenannter ›*Schmiss*‹, wie ihn sich manche Fechter einhandeln, wenn sie selbst oder ihr Gegner nicht richtig aufpassen«, bestätigte der Kommissar.

»So etwas kann im Eifer des Gefechts schon einmal vorkommen«, sagte Reckmann mit fachmännischem Unterton, ohne sich im Geringsten damit auszukennen.

»Im wahrsten Sinne des Wortes«, warf Löwenstein rasch ein, um sich weiter seinen Notizen zu widmen.

»Richtig!«, bestätigte die Pathologin und nickte. »Zumindest habe ich mir das mit der Verletzung so zusammengereimt. Das Opfer ist oder besser war in einem Fechtklub.«

»... oder in einer anderen Einrichtung, in der mitunter gefochten wird«, dachte Nau laut nach und begab sich damit bereits auf einen gedanklichen Weg, auf dem ihm die anderen noch nicht folgen konnten.

»Was meinen Sie?«, fragte Reckmann dann auch folgerichtig.

»Ich habe da gerade einen Gedanken«, antwortete der Kommissar ausweichend, »dem wir vielleicht auch werden nachgehen müssen. Aber dazu später mehr.«

»Er spricht des Öfteren mal in Rätseln«, erläuterte Löwenstein schmunzelnd, der bemerkt hatte, dass die Pathologin etwas irritiert in die Runde blickte, »aber es hat immer Hand und Fuß.«

»Meistens«, korrigierte Nau selbstironisch und musste ebenfalls lächeln.

Meiers, der junge Assistent der Gerichtsmedizinerin, hatte eine ganze Weile geschwiegen. Nun aber druckste er zunächst ein wenig herum und sagte dann:

»Offensichtlich kennen Sie sich alle nicht besonders gut in der hiesigen Sportszene aus, deshalb sage ich Ihnen, dass es sich bei dem Opfer um so etwas wie eine lokale Berühmtheit handelt.«

»Wollen Sie damit sagen, Sie kennen ihn, und wenn ja, warum haben Sie das nicht schon längst gesagt?«, wollte Reckmann wissen.

»Weil ich mir nicht ganz sicher bin. Je länger ich sein Gesicht betrachte, umso mehr meine ich, ihn schon einmal gesehen zu haben.«

»Dann spannen Sie uns nicht länger auf die Folter und lassen Sie uns an Ihren Erkenntnissen teilhaben!«, forderte ihn der Kommissar auf.

»Ich bin großer Amerikafan, und im Zuge dessen schaue ich mir auch gerne mal American Football an, besonders einmal im Jahr die nächtliche Übertragung der *Superbowl*, des großen Endspiels, das in den Staaten alles in den Schatten stellt.«

»Kommen Sie auf den Punkt!«, insistierte Reckmann ungeduldig.

»Im letzten Jahr habe ich mir deshalb mal ein, zwei Spiele der *Marburg Merchants* angeschaut. Ich habe mir gedacht, dass ein Livespiel vor Ort im Stadion unter Umständen interessanter ist als irgendwelche Übertragungen im Fernsehen«, holte Meiers erneut weit aus.

»Das stimmt!«, rief Löwenstein plötzlich aus und schlug sich mit der flachen Hand leicht auf die Stirn.

»Die Marburger Mannschaft ist doch auch überregional bekannt. Spielen die nicht sogar um Meisterschaften mit?«

»Das ist richtig«, bestätigte Meiers. »Sie sind in der Bundesliga oder wie man das in dieser Sportart so nennt. Besser geht es innerhalb Deutschlands eigentlich nicht. Auf jeden Fall bin ich mittlerweile ziemlich sicher, dass auch unser Opfer für diesen Verein gespielt hat.«

»Wie sicher sind Sie sich?«, fragte Nau.

»Eigentlich sehr sicher, es müsste sich schon um einen Zwillingsbruder handeln. Ich glaube wirklich, dass er es war. Er war damals nur wesentlich … lebendiger.«

»Ich gebe allerdings zu bedenken«, meinte Löwenstein und hob dabei mahnend den Zeigefinger, »dass die Spieler ähnlich wie beim Eishockey ziemlich stark geschützt sind mit einer Art Rüstung und vor allem auch mit einem gewaltigen Schutzhelm. Wie können Sie sich trotz dieser Vermummung so sicher sein?«

»Wie in amerikanischen Sportarten üblich«, erwiderte der junge Mann, »gibt es zahlreiche Spielunterbrechungen. Dann ziehen die Akteure regelmäßig ihre Kopfbedeckungen ab.«

»Jaja«, warf Reckmann zynisch ein. »Zahlreiche Pausen bedeuten jede Menge Werbe-Unterbrechungen, die dann die Fernsehanstalten für teures Geld verkaufen können.«

»Aber der Marburger Verein ist trotz aller offensichtlichen Erfolge beileibe nicht mit einem amerikanischen Profi-Verein zu vergleichen«, warf Nau ein.

»Das stimmt allerdings«, meinte Löwenstein. »Profis oder nicht, es ist allemal interessant, dass er diesem Sport nachging. Vielleicht ist sein Mörder ja in diesem Umfeld zu finden.«

»Auf jeden Fall ist es die Sache wert, ihr auf den Grund zu gehen. Allerdings sollten wir auch die Schnittverletzung in seinem Gesicht nicht außer Acht lassen«, sagte der Kommissar und schaute in Mienen, die allesamt Zustimmung ausdrückten.

»Wir können es ja auf jeden Fall mal im Internet recherchieren, wenn wir wieder im Büro sind. Die haben doch sicherlich eine Webseite mit einer Mannschaftsvorstellung, Spielerfotos und dergleichen mehr«, meinte Reckmann.

»In welchem Jahrhundert leben Sie eigentlich?«, fragte der Assistent forsch und griff in seine Jackentasche. Sogleich begann er, etwas in sein Smartphone einzugeben.

Etwas pikiert wartete die Runde, bis Meiers Ergebnisse vorweisen konnte.

»Sehen Sie, keine halbe Minute. Ich habe noch kein Bild gefunden, aber ein Marvin Klosterkemper wird hier als Teil der Mannschaft geführt. Einen Moment noch, gleich hab ich auch seine genaue Position. Hier ist er: Ein *Outside Linebacker*. Das entspricht in etwa einem Außenverteidiger beim Fußball.«

»Leider hat in der letzten Nacht seine Verteidigung ganz eindeutig versagt«, warf Reckmann trocken ein.

»Ach ja, fast hätten wir es vergessen«, sagte Nau zur Pathologin gewandt. »Können Sie uns schon den genauen Todeszeitpunkt nennen?«

»Alles spricht dafür, dass der Tod etwa um ein Uhr nachts eingetreten ist. Wir verifizieren es dann noch einmal, wenn wir ihn auf dem Tisch haben«, antwortete Katja Wenzel.

»Ich kläre das gleich auch noch mit der Spurensicherung ab«, sagte Reckmann, »aber gibt es aus Ihrer Sicht irgendwelche verdächtige Spuren in der Umgebung der Leiche?«

»Wir haben nichts Auffälliges gefunden«, ließ ihn die Pathologin wissen.

»Und was meinen Sie?«, fragte Nau. »Handelt es sich hierbei um den Tatort oder lediglich um einen Fundort?«

»Da wir in seiner direkten Umgebung nichts gefunden haben wie etwa Blutspritzer oder sonstige Hinweise, muss ich Sie wohl leider auf etwaige Ergebnisse der Spurensicherung vertrösten«, lautete ihre Antwort.

2. KAPITEL

Das Trainingsgelände neben dem Georg-Gassmann-Stadion lag in der hellen Nachmittagssonne, als die beiden Beamten aus Reckmanns Dienstfahrzeug stiegen. Der Kommissar hatte zwischenzeitlich den Mittag dazu genutzt, seinen Golden Retriever von daheim abzuholen. Sie erreichten einige Minuten nach den Kollegen jene Gegend, in der außer den Sportstätten auch zahlreiche Marburger Autohäuser angesiedelt waren.

Er entließ Pepper aus dem Ladebereich des alten Passat Kombi und sah die beiden Kollegen an dem Abschnitt der Anlage stehen, wo der groß angelegte Parkplatz schon recht nahe bei dem Trainingsgelände lag.

Reckmann hatte die genaue Adresse und die exakte Anfangszeit der nachmittäglichen Übungseinheit der American Footballspieler im Internet ausfindig gemacht. Obschon man nicht von Profitum reden konnte, trainierten die Marburg Merchants fast täglich. Wollten sie ihre gute Stellung in der Südgruppe der GFL (German Football League) bewahren, war einiges an Einsatz vonnöten.

All diese Informationen zum Werdegang des Marburger Spitzenklubs hatte Reckmann ebenfalls dem Internet entlockt. Er hatte auch herausgefunden, dass das Mordopfer Marvin Klosterkemper durchaus zu den Stützen des Teams zählte. Sein Verlust würde also schon aus sportlichen Gründen schwer wiegen.

Reckmann hatte in einem Telefonat mit einem Vereinsoberen das weitere Vorgehen abgesprochen. Er und seine beiden Kollegen würden sich das Training gemeinsam mit einem Teambetreuer ansehen. Nach Abschluss der Übungseinheit wollten sie der Mannschaft und dem Trainerstab die traurige Nachricht verkünden, dass einer ihrer wichtigsten Spieler nicht mehr lebte.

Sie betraten das Trainingsgelände und wurden von dem Betreuer freundlich begrüßt. Der Mann trug einen Trainingsanzug in rot-weißen Vereinsfarben, eine Stoppuhr hing ihm an einer langen Kette um den Hals.

»Fritz Langner«, stellte er sich vor und schüttelte den drei Beamten kräftig die Hand.

Dann schlenderten sie um den Platz und schauten sich die Trainingseinheit interessiert an, während sie sich mit dem Mitarbeiter eher über Belanglosigkeiten sportlicher Art unterhielten.

Pepper gefiel das rege Treiben auf dem Grünen Rasen und hätte am liebsten mitgemacht. Es war einer der äußerst seltenen Momente, in denen Nau den Golden Retriever an die Leine nehmen musste, sonst wäre der Hund kurzerhand seinem überbordenden Bewegungsdrang gefolgt.

»Wissen Sie, wir rechnen uns auch in diesem Jahr wieder gute Chancen aus, uns für die Play-offs zu qualifizieren.«

»Waren Sie denn schon einmal Meister?«, fragte Reckmann weniger aus echtem Interesse, sondern mehr der Höflichkeit halber.

»Leider nein«, lautete die Antwort. »Aber wir waren schon einmal ganz nah dran. Der Vertreter aus der Nordgruppe war am Finaltag einfach einen Hauch besser.«

»Ich verstehe«, heuchelte Reckmann, während die beiden Kollegen durchaus einiges Interesse für die ihnen so fremde Sportart aufbrachten.

»Und wie stehen Sie zur Zeit in der Meisterschaft da?«, wollte Löwenstein wissen.

»Wir haben Pause, aber dennoch steht es im Moment Spitz auf Knopf. Durch den Verlust von Marvin müssen wir uns allerdings jetzt neu orientieren. Wir sind in der entscheidenden Phase der Saisonvorbereitung. Bis zum Start Anfang Mai muss sich noch eine ganze Menge einspielen«, sagte der Betreuer.

Inzwischen waren die Spieler längst in voller Mannschaftsstärke auf den Rasen. Da fiel es zunächst nicht weiter auf, dass Marvin Klosterkemper an diesem Tag fehlte. Wie Langner erklärte, hatte das Profitum noch nicht Einzug in ihren Verein gehalten. Die meisten Spieler gingen hauptberuflich einer normalen Arbeit nach oder studierten, so wie es bei dem jungen Todesopfer der Fall gewesen war.

Letzteres hatten die drei Beamten natürlich bei ihren Recherchen ebenfalls bereits herausgefunden. Das studentische Leben des Toten wies keinerlei Besonderheiten auf. Sein Jurastudium schien irgendwann in einem gut dotierten Job zu münden.

»Es ist schon verrückt. Da gehört man in seinem Sport schon zu den Besten des Landes, aber davon leben kann man nicht«, meinte Langner.

»Wie sieht es denn mit den Zuschauerzahlen aus?«, erkundigte sich der Kommissar.

»Auf knapp 1000 kommen wir mittlerweile schon im Schnitt, aber dennoch sind wir in erster Linie von Sponsorengeldern abhängig, um die ganze Chose überhaupt am Laufen halten zu können«, entgegnete der Betreuer.

»Was sind das in der Regel für Firmen, wenn ich fragen darf?«, wollte Löwenstein wissen.

»Oh, dazu kann ich Ihnen nicht allzu viel sagen«, antwortete der Mann. »Schließlich ist das eine Angelegenheit der Vereinsführung. Aber ich weiß, dass es unter anderem eines der umliegenden Autohäuser ist, das uns mit ihrer Bandenwerbung und sonstigen Werbemaßnahmen unterstützt.«

»Was war der Verstorbene für ein Mensch?«, fragte Reckmann.

»Sehr zielorientiert«, meinte Fritz Langner und überlegte kurz. »Soviel ich weiß, war er ein guter Student, und auch auf dem Platz hat er seine Aufgaben immer zur allgemeinen Zufriedenheit erfüllt.«

»War er eher Einzelgänger oder ein Teamplayer?«, erkundigte sich Nau.

»Eine Mischung aus beidem. Das ist bei unserem Sport auch dringend erforderlich. Du kannst nicht auflaufen, wenn du ständig die Verantwortung auf andere schiebst. Andererseits muss man stets auch als Teil eines Ganzen denken und funktionieren. Wenn ein Gegner an ihm vorbei wollte, konnte er sich jedenfalls so richtig festbeißen.«

»Das ist ja alles sehr interessant«, meinte Löwenstein, um das Gespräch am Laufen zu halten.

Die Mannschaft hatte ihre anfänglichen Aufwärmübungen beendet und wurde nun nach Offensive und Defensive aufgeteilt, um spezielle Übungen auszuführen, welche die unterschiedlichen Anforderungen in Spielsituationen nachempfinden sollten.

Die *Defense* vollführte dabei Läufe, in denen es offensichtlich darum ging, einen gegnerischen Angreifer abzufangen. Die Spieler warfen sich dabei mit einer derartigen Wucht in die Angriffsbemühungen ihrer Gegner, dass Nau schon jeden Augenblick damit rechnete, Knochen splittern zu hören.

»Jetzt verstehe ich«, sagte Reckmann in seiner gewohnt trockenen und manchmal fast herablassenden Art, »warum alle Spieler so gut gepolstert sind.«

Der Betreuer lachte daraufhin kurz auf und nickte augenscheinlich vergnügt.

»Es ist eben kein Sport für Weicheier, soviel steht fest!«

Etwa 70 Minuten später erklärte der Coach die Übungseinheit für beendet, und die Spieler stellten sich im Halbkreis auf, um zu hören, was ihnen die drei fremden Männer zu sagen hatten.

Nau war kein Mann der großen Worte. Er bekam selbst in seinem fortgeschrittenen Alter immer noch feuchte Hände, wenn er vor größeren Menschenansammlungen etwas sagen sollte. Gerade hatte er sich einen Einstieg zurechtgelegt und wollte anfangen, als ihm Ludwig Reckmann zum Glück zuvorkam:

»Guten Tag. Sie werden sich wundern, was wir bei Ihrem Training zu suchen haben. Wir sind von der Marburger Kriminalpolizei. Leider gibt es schlechte Nachrichten. Ihr Mitspieler Marvin Klosterkemper ist heute Nacht bei einem Verbrechen zu Tode gekommen.«

Wie eine Bombe schlug die Nachricht bei den Sportlern ein. Fassungsloses Schweigen lag über dem Rasen. Niemand wagte es, etwas zu fragen.

Reckmann hatte bewusst vermieden, etwas über die Todesursache zu sagen. Auf diese Weise hielt man sich immerhin die Möglichkeit offen, dass sich jemand durch eine unbedachte Äußerung selbst in Verdacht brachte.

»Was ist denn passiert?«, fragte nach einer ganzen Weile ein besonders schwergewichtiger Spieler mit auffälligen, krausen roten Haaren.

»Er ist erstochen worden«, übernahm Nau. »Er wurde heute Morgen in den Kasematten aufgefunden.«

Eine kurze Unruhe keimte auf, weil offensichtlich nicht alle Spieler etwas mit diesem Begriff anzufangen wussten. Diejenigen, denen das Wort etwas sagte, klärten ihre Mannschaftskameraden leise tuschelnd auf.

»Das ist doch Scheiße«, ließ schließlich ein anderer Spieler seinen Emotionen freien Lauf. »Und das ein paar Wochen vor dem Saisonstart!«

»Wir müssen uns in den nächsten Tagen darüber Gedanken machen, wie wir diesen Verlust kompensieren können«, sagte ein Mitglied des Trainerstabs. Er sprach gut Deutsch, aber dennoch hörte man einen recht breiten amerikanischen Akzent heraus.

Der Mann schien kurz über etwas nachzudenken. Dann ging er auf die drei Beamten zu und schüttelte ihnen die Hände.

»Hi, ich bin Coach Mitch Fielding. Sie müssen entschuldigen. Wir sind alle ein bisschen *overwhelmed* – wie sagt man – übergewältigt von diese News.«

Danach richtete sich Reckmann noch einmal kurz an die noch immer in einem Halbkreis versammelte Mannschaft.

»Hat irgendjemand uns zu diesem Thema etwas zu sagen?«

Alle schwiegen sich aus oder wussten tatsächlich nichts zu äußern.

»Wir stehen selbstverständlich auch jederzeit gerne für Einzelgespräche zur Verfügung«, sagte Löwenstein.

»Es mag ja Sachverhalte geben, die sich im kleinen Kreis besser bereden lassen.«

»Wenden Sie sich gegebenenfalls einfach vertrauensvoll an uns«, schloss Reckmann.

Im Anschluss traf sich Nau noch zu einem Vieraugengespräch mit dem Trainer, während die beiden Kollegen die Daten der Mannschaft aufnahmen. Dabei verteilten sie Visitenkarten, um mögliche Hemmschwellen bei der Kontaktaufnahme so gering wie möglich zu halten.

Am Ende hatten sie die wesentlichsten Angaben zu beinahe 30 Personen aufgenommen. Darunter waren auch der Betreuer- und Trainerstab erfasst. Selbst Löwenstein, der nicht gerade als schreibfaul bekannt war, musste nach den zahllosen Notizen den rechten Arm ausschütteln.

Naus Gespräch mit dem Trainer fand in einem Bereich des Spielfeldes statt, wo sie sonst niemand hören konnte. Sie hatten sich mit Pepper zu diesem Zweck ein gutes Stück von allen anderen entfernt. Die Unterhaltung betraf im Wesentlichen natürlich Marvin Klosterkemper, aber der Mann mit dem breiten Südstaatenakzent konnte nichts zu den Auskünften hinzufügen, die ihnen zuvor schon der Betreuer gegeben hatte.

Das Mordopfer war wohl neben der Tatsache, dass es regelmäßig um die Deutsche Meisterschaft im American Football mitspielte, ein weitgehend unbeschriebenes Blatt.

»Was nun?«, fragte Löwenstein, als sie wieder bei den Fahrzeugen angekommen waren. »17 Uhr, machen wir schon Feierabend oder unternehmen wir noch etwas?«

»In zwei Stunden kommen die Eltern des Toten von ihrem Wohnort am Niederrhein und wollen von uns nach Möglichkeit einen ersten Bericht«, sagte Reckmann.

»Den werden wir ihnen kaum liefern können«, gab Nau zu bedenken. »Allerdings würde ich schon gerne den familiären Hintergrund kennenlernen, besonders jetzt, wo wir wissen, dass die übrigen Lebensbereiche des Opfers unter Umständen nicht allzu viel hergeben.«

»Ein junger Sportstar und erfolgreicher Student«, meinte Löwenstein, »das klingt doch nach einem recht aussichtsreichen Start ins Erwachsenenleben!«

»Eigentlich schon«, bestätigte Nau. »Allerdings gibt es ein anderes Themengebiet, von dem ich mir recht viel verspreche.«

»Lassen Sie hören!«, forderte ihn Reckmann auf.

»Wir haben doch die Adresse des Opfers.«

»Ja natürlich!«, fühlte sich Löwenstein fast bei seiner Chronisten-Ehre gepackt.

»Lassen Sie uns einmal dort hinfahren. Ich vermute, dass es sich dabei um keine gewöhnliche Anschrift handelt. Vielleicht liegt darin sogar der Schlüssel zur Lösung des Falles!«

»Sie sprechen schon wieder in Rätseln!«, sagte Löwenstein und musste schmunzeln.

»Sie erinnern sich beide vermutlich noch an die Gesichtsverletzung, an den sogenannten ›*Schmiss*‹ des Toten?«

Reckmann und Löwenstein nickten.

»Nun, Mitglieder studentischer Verbindungen haben recht häufig solche Narben. Ich hatte mir bereits oben am Schloss gedacht, dass es sich bei seiner Verletzung um so etwas handeln könnte. Wir wissen ja, dass der junge Mann Student war. Das bestärkt mich in dem Glauben, dass er Teil einer *Burschenschaft* war, wie man sie auch nennt.«

»Sie wissen, dass ich ebenfalls einen studentischen Hintergrund habe«, unterbrach Reckmann den Kommissar, der erkannte, dass der Anzugträger gerne, gerade dem einfachen Beamten Löwenstein gegenüber, mit seiner höheren Bildung prahlte. »Aber mit den Burschenschaften hatte ich niemals Kontakt.«

»Das tut ja auch nichts zur Sache!«, kanzelte Nau den Kollegen so schroff ab, dass Löwenstein abermals schmunzeln musste. »Wir sollten Klosterkempers Burschenschaft, sofern es sich tatsächlich um eine handelt, unbedingt einen Besuch abstatten, denn ich konnte diesen Vereinigungen noch nie etwas abgewinnen. Dabei muss ich allerdings zugegeben, dass ich mit dem soeben Gesagten fast schon mein gesamtes Wissen darüber preisgegeben habe.«

»Und wie verhält es sich nun mit den genannten Verletzungen?«, wollte Löwenstein wissen. »Inwiefern ist das typisch für solche Burschenschaften, wie Sie soeben andeuteten?«

»Es gibt verschiedene Arten solcher Gemeinschaften, darunter auch die sogenannten ›*Schlagenden Verbindungen*‹. Diese sind nicht zuletzt durch die Tatsache charakterisiert, dass Fechtkämpfe Teil der Sitten und Gebräuche sind. Es wird zwar nicht auf Leben und Tod gekämpft, aber es ist bekannt, dass es immer wieder zu unschönen Unfällen und daraus resultierenden Verletzungen kommt.«

»Wie kommen die jungen Kerle denn dazu, sich so etwas anzutun?«, fragte Reckmann erstaunt.

»Manche der Studentenverbindungen sind äußerst stark in althergebrachten Traditionen verhaftet. Mitunter munkelt man, dass einige von ihnen fast wie Sekten oder andere kultische Organisationen strukturiert sind.«

»Und das im einundzwanzigsten Jahrhundert!«, bemerkte Löwenstein und schüttelte entschieden den Kopf.

»Ich will aber auf keinen Fall alle über einen Kamm scheren. Die eben erläuterte Art von Burschenschaften bildet ganz sicher die absolute Ausnahme, wobei das mit den Fechtkämpfen, die man übrigens auch als ›*Mensur*‹ bezeichnet, gar nicht mal so selten ist. Sie sind wohl weiter verbreitet, als man im Allgemeinen glauben mag«, erzählte der Kommissar.

»Wie ist denn das Ganze politisch zu bewerten?«, fragte Reckmann. »Das klingt ja fast so, als würden dabei neue Nazis herangezüchtet.«

»Das ist wie mit allem: Im Grunde ist die Vermutung völlig falsch, aber man weiß ja nie, ob es nicht auch Ausnahmen von der Regel gibt. Gegen die Pflege alter Traditionen und einen gesunden Sinn für Kameradschaft ist ja zunächst einmal nichts einzuwenden«, erwiderte Nau. »Allerdings gibt es da wohl auch einige Schwarze Schafe, die zumindest verdächtig sind, in der rechten Ecke zu stehen.«

»Das scheint in der Tat eine ganz eigene Welt für sich zu sein«, meinte Löwenstein.

»So, und dies ist nun wirklich alles, was ich zu dem Thema weiß. Sollte sich herausstellen, dass Klosterkemper tatsächlich Mitglied einer Studentenverbindung war, können wir uns immer noch über deren Sinn und Zweck Gedanken machen«, sagte Nau, während er Pepper Einlass in den hinteren Bereich des Kombis gewährte. »Lassen Sie uns aufbrechen, damit wir rechtzeitig zum Eintreffen von Klosterkempers Eltern wieder in der Dienststelle sind!«

Die Adresse in der Marburger Oberstadt war alles andere als einfach zu erreichen. Die Beamten mussten zunächst ihre Fahrzeuge in dem großen Parkhaus in der zentral gelegenen Straße am Pilgrimstein abstellen.

Anschließend waren noch etliche Höhenmeter zu überwinden, bis man schließlich bei der Heimstätte des Ermordeten ankam. Das erste Stück ging mittels des Oberstadtaufzuges recht zügig vonstatten, aber dann führte ihr Weg durch gepflasterte, mitunter steile Gassen bis zu dem eindrucksvollen viergeschossigen Fachwerkhaus.

Sie hätten es sich auch leichter machen können, denn als Polizeibeamte konnten sie die verkehrsberuhigten Zonen befahren, die sonst nur Lieferfahrzeugen, der Straßenreinigung, der Müllabfuhr und anderen Einsatzfahrzeugen vorbehalten waren. Allerdings wollte Nau bei diesem ersten Eintreffen am Wohnhaus des Toten gerne auf einen größeren Auftritt verzichten.

Ebenso alt wie ehrwürdig stand das Haus nun vor ihnen. Schwere dunkle Holzbalken, die reich verziert waren, geschnitzte Figuren wie Fabelwesen, geschwungene Inschriften und raumgreifende dunkelgrüne Fensterläden prägten das höchst beeindruckende Erscheinungsbild des mächtigen Gebäudes. Eine kleine Gedenktafel aus Messing wies darauf hin, dass das Haus bereits im Jahre 1786 erbaut worden war.

Dennoch wirkte es derart solide, als sollte es auch noch die nächsten Jahrhunderte völlig unbeschadet überstehen können. Es war wie ein Monument althergebrachter Handwerkskunst.

Löwenstein reckte sich und wollte versuchen, die Inschriften zu entziffern.

»Kann das jemand von Ihnen lesen?«, fragte er und stellte sich auf die Zehenspitzen.

»Scheint eine altdeutsche Schrift zu sein oder so etwas«, meinte Reckmann.

»Oder es ist einfach zu stark verschnörkelt, als dass man es ohne Hilfe eines Fachmannes lesen könnte«, fügte Nau hinzu, während er vergeblich eine Klingel suchte. »Gehen wir hinein, unser Zeitfenster ist ohnehin knapp genug.«

»Eines ist sicher«, sagte Reckmann als die drei mit Pepper eintraten, nachdem sie die schwere Tür aus schwarzem Holz aufgeschoben hatten, »das Opfer hat hier bestimmt nicht alleine gelebt. Dieses Haus bietet einem Dutzend Leuten mehr als ausreichend Platz. Hier wird wohl nur nachts abgeschlossen!«

Sie kamen in eine großzügige Eingangshalle mit hohen weißen Wänden. Linker Hand stand eine aufwändig gedrechselte Kommode, und halb rechts führte eine dunkle Holztreppe in das nächste Stockwerk. Geradeaus hing ein roter Vorhang von der hohen Decke herunter. Löwenstein ging als Erster hindurch, während Nau seinen Golden Retriever dazu aufforderte, in der Eingangshalle zu warten, bis sie zurückkamen. Er tätschelte ihn und strich dabei mit der Hand über seinen Kopf. Der brave Hund machte Platz und gehorchte, obwohl es auch ihn bestimmt interessiert hätte, was es wohl hinter dem Vorhang zu entdecken gab.

Die drei Beamten kamen durch einen langen Gang mit zahlreichen Glasvitrinen. Darin waren Sporttrophäen und Pokale jeder Größe ebenso ausgestellt wie zahlreiche schwarz-weiße Fotografien, die offensichtlich älteren Datums waren.

Linker Hand stießen sie hinter schweren eichenen Flügeltüren auf einen größeren Saal, an dessen am weitesten entfernten Ende vier junge Männer saßen und in ein Kartenspiel vertieft waren. Langsam schritten Nau und seine beiden Begleiter auf den Spieltisch zu, der mit grünem Filz überzogen war und ein wenig an die Einrichtung eines Spielcasinos erinnerte. Dabei kamen sie auch an einem großen Fernseher vorbei, vor dem einige wuchtige Ledersessel gruppiert waren. Der Fernsehecke gegenüber, zur Linken der drei Besucher, befand sich ein prächtiger Kamin, der natürlich in dieser Jahreszeit nicht mehr in Betrieb war, aber durchaus den Eindruck erweckte, jederzeit wieder befeuert werden zu können. Zwei der vier Kartenspieler bemerkten die drei Beamten, und Getuschel entwickelte sich zwischen den jungen Männern, während sie wie selbstverständlich weiterspielten.

Kurz bevor sie bei dem Tisch ankamen, entdeckte der Kommissar an der rechten Wand eine weitere Vitrine mit etwas, das er im Augenwinkel als Madonnenstatue zu erkennen glaubte.

Endlich hatten sie die recht lange Wegstrecke von gut und gerne 15 Metern zurückgelegt, und Reckmann übernahm es, sich und seine Kollegen vorzustellen.

»Guten Tag, die Herren, wir kommen von der hiesigen Kriminalpolizei! Würden Sie Ihr Spiel bitte für einige Augenblicke unterbrechen und uns Ihre ungeteilte Aufmerksamkeit schenken?«

Der Spieler, welcher mit dem Rücken zu ihnen saß, stand auf und schüttelte Reckmann die Hand.

»Entschuldigen Sie bitte, wir sind in unserer wenigen Freizeit immer so sehr in unser Spiel vertieft«, sagte er floskelhaft, »dass wir oftmals alles um uns herum vergessen. Mein Name ist Alexander …«

»Lass gut sein, Alex«, rief von hinten eine Stimme, und die drei Beamten fuhren herum. Eiligen Schrittes kam ein schmaler Mann Anfang 30 durch die Flügeltüren auf sie zu. Er bewegte sich dabei so schnell, dass die Schöße seines schwarzen Sakkos auf so etwas wie einer kleinen Luftschürze hinter ihm zu schweben schienen. Etwas außer Atem erreichte sie der schwarz gekleidete Mann, sein Sakko passte sich wieder der eigentlichen Körperform an und er schüttelte den Polizisten die Hände.

»Seien Sie herzlich willkommen im Verbindungshaus der Elisabethaner. Schön, Sie hier bei uns begrüßen zu dürfen. Womit kann ich Ihnen dienen?«

Nau schaute kurz verschmitzt zu seinen Kollegen hinüber, weil sich mit dieser Begrüßung sein Verdacht bestätigte, dass der Tote Mitglied einer Burschenschaft war. Allerdings war der Kommissar von der Art des Empfangs überrascht, den man ihnen bereitete. Irgendwie konnte er sich des Eindrucks nicht erwehren, dass sie erwartet worden waren. Dabei war die Nachricht vom Tod des jungen Studenten noch nirgends publik gemacht worden.

»Vielen Dank, Herr …«, erwiderte der Kommissar höflich, obwohl er den vorherigen Händedruck als eher unangenehm empfunden hatte. Warum, konnte er selbst nicht genau sagen. Es war so etwas wie ein allgemein schlechtes Gefühl, das sich seiner bemächtigte.

»Oh entschuldigen Sie. Wo bleibt meine gute Kinderstube? Ich bin Oliver Voss, eines der älteren Semester hier in unserem Haus! Wir haben mitunter ein Auge auf den Werdegang der jüngeren Studenten, damit bei ihnen nichts aus dem Ruder läuft, Sie verstehen …«, sagte er und zwinkerte ihm mit beinahe etwas zu großer Vertraulichkeit zu.

»Nein, ich verstehe bislang noch überhaupt nichts!«, sagte der Kommissar ehrlich, der selbst nicht genau erklären konnte, was ihn an der gegenwärtigen Situation eigentlich so sehr störte. Zunächst wurden sie von den Kartenspielern fast ignoriert, dann geradezu überschäumend von einer anderen Person begrüßt, hinzu kam die recht ungewöhnliche, weil nicht mehr in die Zeit passende Ausstattung des Gebäudes. Nau gab Löwenstein einen kurzen Wink, das bislang so merkwürdige Gespräch weiterzuführen. Unterdessen wollte er sich in Ruhe ein Bild machen.

»Wir sind nur etwas befremdet, schließlich sind wir Polizeibeamte von der Kripo und werden sonst in aller Regel nicht so freundlich begrüßt. Fast scheint es, Sie hätten uns erwartet?«, übernahm Löwenstein nunmehr die Gesprächsführung.

»Es gehört einfach zu unseren Grundprinzipien, jedem Besucher unseres Hauses mit der größtmöglichen Höflichkeit zu begegnen. Wenn das bei Ihnen zu Irritationen geführt hat, dann tut es mir leid«, antwortete Voss mit gleichbleibender, einstudiert wirkender Freundlichkeit.

»Eben fiel der Begriff ›Elisabethaner‹. Würden Sie uns bitte aufklären, was es damit auf sich hat?«, fragte Löwenstein.

»Das ist einfach der Name unserer Verbindung«, erläuterte Voss, während er sich langsam in die Richtung des Kamins, also von den spielenden Studenten weg, bewegte. Diese schienen ihr Spiel unbeeindruckt weiterzuführen, aber Nau war überzeugt, dass sie nebenbei der Unterredung aufmerksam folgten.

»Es gibt ganz unterschiedliche Namen von Studentenverbindungen, die auch schon in etwa die jeweiligen Interessen und Ziele abstecken und ausdrücken«, fuhr der offensichtlich geübte Redner fort.

»Und was sind *Ihre* Interessen und Ziele?«, fragte Reckmann mit einiger Schärfe in der Stimme und wiederholte ganz bewusst die von Voss genannten Begriffe.

»Unsere Burschenschaft hat sich bereits vor sehr langer Zeit den Idealen der Heiligen Elisabeth verschrieben. Sie ist so etwas wie unsere Schutzpatronin, der wir unter anderem auch mit diesem Ausstellungsstück unsere Verehrung zollen.«

Der Student ging zu der Vitrine hinüber, deren Inhalt Nau vorhin aus dem Augenwinkel aufgefallen war und den er versehentlich als eine Madonnenskulptur interpretiert hatte.

Es handelte sich um die Statue der Heiligen, die ein Modell der nach ihr benannten Elisabethkirche auf dem Arm trug. Augenscheinlich handelte es sich um eine Kopie, denn Nau meinte, exakt die gleiche Skulptur schon des Öfteren in Berichten über Marburg in den Printmedien und auch im Fernsehen wahrgenommen zu haben.

»Das Original steht, so glaube ich zumindest, in der Elisabethkirche?«, meinte Löwenstein.

»Ja, da haben Sie recht«, bestätigte Voss. »Uns war es natürlich nicht vergönnt, an das echte Kunstwerk zu gelangen.«

»Und welche Ideale der Heiligen meinen Sie nun genau?«, schaltete sich Nau doch wieder ein.

»Wir sind von Frieden und Gewaltlosigkeit überzeugt. Auch versuchen wir wie unser Vorbild karitativ tätig zu sein. Ferner setzen wir uns für traditionelle Werte wie Pünktlichkeit, Sauberkeit und Rechtschaffenheit ein«, schien der Mann nun fast ins Schwärmen zu geraten.

»Aber dennoch sind Sie eine *Schlagende Verbindung*, wo auch die ›Mensur‹, also der Fechtkampf, gepflegt wird«, wollte Nau sicherstellen.

»Oh, Sie kennen sich aber aus. Ja, das ist richtig«, räumte der Burschenschaftler freimütig ein. »Wie erwähnt sind wir um die Pflege althergebrachter Traditionen bemüht. In unserer schnelllebigen modernen Welt kann es beileibe nicht schaden, ein wenig auf die Erhaltung und Achtung derart hoher Werte zu achten. Wobei es sich bei der Mensur weniger um einen Kampf, sondern vielmehr um einen symbolischen Akt handelt, in dem es weder Sieger noch Verlierer gibt.«

»Wie steht es um Ihr Verhältnis zu anderen Bewohnern dieses Hauses? Sie scheinen in einer exponierten Stellung zu sein. Könnte man sagen, dass Sie so etwas wie ein Vorgesetzter sind?«, wollte der Kommissar wissen.

Voss verlor angesichts dieser Formulierung kurzzeitig die Contenance und musste lachen.

»Laienhaft könnte man das so ausdrücken«, erklärte er dann. »Ich bin der Erstchargierte, so nennen wir das. Ich bin der älteste Student unserer Verbindung und nehme die jungen Bewohner des Hauses ein wenig unter meine Fittiche. Dabei handelt es sich um eine überaus ehrenvolle Aufgabe.«

»Ich verstehe«, sagte Löwenstein und blickte von seinen Notizen auf. »Sicherlich haben Sie für die Jungstudenten auch einen ähnlich bizarren Begriff.«

»Das sind unsere Füchse«, meinte Voss, als sei es das Selbstverständlichste auf der Welt.

»Ich glaube, ich verstehe ebenfalls«, merkte Reckmann vielsagend an und konnte ein verschmitztes Lächeln kaum verbergen. Insgeheim fragte er sich, ob sie dieser nassforsche Vorzeigestudent im Grunde auf den Arm nahm. Die von ihm verwendeten Begriffe schienen jedenfalls fast allesamt aus einer völlig anderen Gedankenwelt zu stammen. Aber da war wieder dieser entschlossene Ausdruck im Gesicht des Erstchargierten, der den Beamten zeigte, dass Voss das Gesagte durchaus ernst meinte.

»Wie alt muss man denn sein, oder was muss man leisten, um so ein ›Erstchargierter‹ zu werden?«, fragte Löwenstein und ließ sich dabei noch einmal genüsslich den ungewohnten Begriff auf der Zunge zergehen.

»Meine Leistungen sollen bitte andere beurteilen, und ich bin 32 Jahre alt«, antwortete Voss knapp, der Reckmanns augenscheinliche Belustigung bemerkt hatte und daher für einen Moment etwas unsicher in die Runde blickte.

»Fragen Sie sich eigentlich nicht, was der Grund unseres Besuches ist?«, fragte der Kommissar.

»Darauf wollte ich gerade zu sprechen kommen, aber Sie werden es mir sicherlich gleich sagen«, lautete die Antwort. »Allerdings muss ich zugeben, dass ich bereits angefangen habe, mir Sorgen zu machen.«

»Warum denn?«, fragte Reckmann und versuchte dabei möglichst gleichmütig zu klingen.

»Das ist zunächst einmal Ihr unerwartetes Auftauchen. Zudem vermissen wir einen Kommilitonen unserer Verbindung. Er ist heute am frühen Nachmittag nicht zu dem bei uns obligatorischen Fechtunterricht erschienen. Er ist unentschuldigt ferngeblieben. Das ist sonst absolut nicht seine Art. Ich weiß, er hat einen engen Zeitplan, weil er anschließend gleich zu seinem Footballtraining muss, aber solch ein Verhalten kennen wir sonst nicht von ihm.«

Gisbert Nau legte seine Stirn in Sorgenfalten, da nun augenscheinlich der Zeitpunkt gekommen war, mit dem eigentlichen Grund ihres Besuches herauszurücken.

»Können wir so etwas wie eine Generalversammlung des ganzen Hauses einberufen?«, fragte er dann. »Ich meine, sind derzeit alle Bewohner da?«

»Jetzt mache ich mir richtig Sorgen«, meinte Voss. »Wollen Sie mir nicht bitte vorher sagen, worum es geht? Irgendetwas ist doch passiert!«

»Ich muss darauf bestehen, dass Sie zunächst das ganze Haus zusammenrufen.«

Der Erstchargierte folgte Naus Anweisung. Langsam füllte sich der Saal, so gut es die Tageszeit zuließ. Einige der Mitbewohner waren nicht zugegen, noch an der Uni, gingen ihrem Sport oder sonstigen Freizeitaktivitäten nach.

Von den, wie sich bei dieser Gelegenheit herausstellte, insgesamt 16 Bewohnern des Hauses waren immerhin elf versammelt. Auffällig war, dass alle ein schmales mehrfarbiges Band trugen, welches jeweils um die rechte Schulter und die linke Hüfte lief.

Darauf angesprochen, antwortete einer der Kartenspieler von vorhin:

»Das ist Teil unserer Tradition. Wann immer wir das Verbindungshaus betreten, legen wir dieses Schulterband an als äußeres Zeichen unserer inneren Verbundenheit.«

»Die Farbauswahl korrespondiert natürlich mit jener unseres Wappens«, schaltete sich Voss ein.

Nau beachtete diese Aussage nicht weiter und legte sich unterdessen zurecht, was er sagen wollte. Diesmal sprang Reckmann nicht kurzfristig ein, wie es noch am Nachmittag auf dem Trainingsgelände der Fall gewesen war. Der Kommissar hatte diese ungeliebte Situation selbst durchzustehen. Nervös holte er vorher noch einmal tief Luft, als begebe er sich an eine Herkulesaufgabe. Er bemerkte die feuchten Innenflächen seiner Hände und gab sich alle Mühe, seine Unsicherheit zu überspielen.

»Wir danken Ihnen, dass Sie sich alle hier versammelt haben. Sie sind nicht ganz vollzählig. Sicher werden Sie die Nachricht an Ihre fehlenden Kommilitonen weitergeben.«

Ein knappes Dutzend Augenpaare musterten Nau und warteten darauf, dass er endlich auf den Punkt kam.

»Ich mache es kurz«, fuhr er fort. »Leider habe ich die traurige Aufgabe, Ihnen mitzuteilen, dass Ihr Mitbewohner Marvin Klosterkemper heute Morgen tot in den Kasematten unterhalb des Schlosses aufgefunden wurde.«

Vergleichbar mit den *Marburg Merchants* am Nachmittag hatten die jungen Männer einen Halbkreis gebildet, um zu hören, was ihnen der Kommissar mitzuteilen hatte. Nun brach die Gruppe etwas auseinander und verteilte sich in dem großen Raum. Einige nahmen in der Sitzgruppe am Kamin Platz, während sich andere an den Spieltisch setzten. Die wenigsten blieben stehen. Alle Beteiligten schienen auf ihre eigene Art zu versuchen, mit der erschütternden Nachricht umzugehen.

Nach kurzem Schweigen fragte ein schmächtiger junger Mann mit einer kratzigen Fistelstimme:

»Was ist denn nur passiert?«, und fügte noch an: »Er war mein direkter Zimmernachbar.«

»Das können wir Ihnen noch nicht sagen«, antwortete Reckmann. »Wir stehen erst ganz am Anfang der Ermittlungen.«

»Können Sie uns sagen wie …?«, fragte ein dunkelhaariger Student, der sich auf die Armlehne eines der breiten Ledersessel gesetzt hatte, und brachte mit seiner brechenden Stimme den Satz kaum zu Ende.

»Er ist erdolcht worden«, sagte Nau. »Ich verstehe, dass Sie sicherlich 1000 Fragen haben. Ich muss Ihnen allerdings sagen, dass die Rollen gegenwärtig noch völlig anders verteilt sind. Zur Zeit sind *wir* es, die *Ihnen* Fragen zu stellen haben.«

»Sie sollen uns also bitte mitteilen, wenn Sie uns etwas zu sagen haben. Wer dies lieber unter vier oder acht Augen tun will, möge uns bitte kontaktieren«, erklärte Löwenstein. »Wir verteilen zu diesem Zweck unsere Visitenkarten, die Sie bitte auch an Ihre derzeit abwesenden Mitbewohner weitergeben.«

»Gibt es also jemanden«, fragte Nau und schaute in die Runde, »der uns gleich jetzt etwas mitzuteilen hat?«

Betroffenes Schweigen erfüllte den Raum. Die Studenten schienen ausnahmslos viel zu sehr mit sich selbst und ihren aufgewühlten Emotionen beschäftigt, als sich mit der ihnen gestellten Frage auseinandersetzen zu können. Zwischen einzelnen Personengruppen gab es hier und da ein kurzes Tuscheln, ansonsten herrschte bedeutungsschwangere Ruhe.

Nach einer Pause, in der noch immer niemand Anstalten machte, sich zu Wort zu melden, übernahm einmal mehr Oliver Voss das Wort:

»Das ist ja schrecklich. Erzählen Sie uns bitte alles, was Sie können.«

»Ich fürchte«, entgegnete Löwenstein, »wir haben Ihnen bereits alles gesagt. Schließlich ist für uns der Fall auch erst wenige Stunden alt.«

»Ist irgendjemandem von Ihnen in letzter Zeit etwas Außergewöhnliches an Herrn Klosterkemper aufgefallen?«, versuchte Nau erneut, den jungen Männern etwas zu entlocken.

»Er spielte American Football«, sagte einer seiner Kommilitonen, ein blond gelockter jungenhafter Student. »Vielleicht versuchen Sie es einmal dort.«

Der Kommissar ließ diesen Einwurf lieber unbeantwortet. Aus irgendeinem Grund, der ihm selbst nicht bewusst war, fand er es besser, den Studenten nichts von ihrem nachmittäglichen Ausflug zu dem Trainingsgelände zu erzählen.

»Danke für den Hinweis. Vielen Dank«, sagte er nur lapidar und schaute ein letztes Mal mit auffordernder Miene in die Gesichter der jungen Burschenschaftler.

»Ich denke, wir bringen das Ganze nun besser zu einem Ende«, sagte schließlich Reckmann. »Entschuldigen Sie bitte, dass wir mit einer solchen Nachricht aufwarten mussten. Lassen Sie das alles erst einmal ein bisschen sacken. Sie wissen ja, wo Sie uns erreichen können.«

Voss schüttelte die Hände der drei Beamten und schien sehr daran interessiert, sie nach draußen zu führen. Während er ihnen durch die schweren Flügeltüren vorausging, sagte er:

»Bitte halten Sie uns auf dem Laufenden. Wir alle sind sehr an einer baldigen Aufklärung dieser unglückseligen Angelegenheit interessiert. Ich begleite Sie noch hinaus.«

»Da geht es Ihnen wie uns!«, entgegnete Reckmann trocken.

Als sie bei Pepper in der Eingangshalle ankamen, wurde natürlich insbesondere Nau freudig von dem Golden Retriever begrüßt. Der treue Hund stand auf und wedelte mit dem Schwanz. Der Kommissar bückte sich ein wenig und strich seinem Kameraden über das weiche Fell.

»Da fällt mir noch etwas ein«, sagte der stolze Hundebesitzer. »Ich wäre wirklich sehr interessiert, einmal Ihrem Fechtunterricht beizuwohnen. Wären Sie bitte so nett, das für mich zu arrangieren?«

Voss wirkte etwas erstaunt.

»Ja sicher. Aber ich verstehe nicht …«

»Wenn wir ein wenig mehr über die Lebensumstände des Opfers erfahren, haben wir auch bessere Chancen, uns den Gründen für seinen plötzlichen Tod zu nähern. Alles, was uns etwas über Klosterkempers Alltag erzählt, enthält vielleicht auch mögliche Lösungsansätze!«

»Ich verstehe«, antwortete Voss. »Ich werde mich bemühen, zeitnah etwas für Sie zu arrangieren. Ich rufe Sie dann an.«

Die Eheleute Jochen und Annemarie Klosterkemper hatten schon etwa zehn Minuten in der Polizeiwache im Marburger Ortsteil Cappel gewartet, als die Beamten eintrafen.

Das Elternpaar hatte Marvins Schwester Pauline mitgebracht. Die 15-Jährige lehnte mit dem Kopf an der Schulter ihrer Mutter und kaute gedankenverloren an den Fingernägeln. Während Jochen Klosterkemper einen noch vergleichsweise aufgeräumten Eindruck machte, ließen die verweinten Augen seiner Frau den Kommissar und seine Kollegen in etwa erahnen, was sie in den letzten Stunden durchgemacht hatte.

Nachdem die Beamten in das kleine Besprechungszimmer eingetreten waren, sich kurz vorgestellt und Platz genommen hatten, brach Annemarie Klosterkemper abermals in bittere Tränen aus.

Die beiden hatten sehr jung ihr erstes Kind bekommen. Sie waren nun Anfang 40 und demnach fast noch Teenager, als ihr Sohn Marvin das Licht der Welt erblickte.

Nau schaute etwas verstohlen auf die Kleidung der Klosterkempers. Nicht zuletzt auch Details wie der Schmuck, den alle drei trugen, ließen darauf schließen, dass es der Familie finanziell gut ging. Als die Beamten auf dem Polizeihof parkten, war ihnen eine Luxuskarosse aufgefallen, bei der es sich offenbar um das Auto der Familie Klosterkemper handelte.

Nach den üblichen Beileidsbekundungen, wobei Nau dankbar für die Tatsache war, dass diese abermals von Reckmann übernommen wurden, stand Jochen Klosterkemper plötzlich auf und lief im Raum auf und ab.

»Sie müssen entschuldigen«, sagte er und schaute hektisch von einem Beamten zum anderen. »Ich bin ein erfolgreicher Geschäftsmann und gewohnt, die Zügel in der Hand zu halten. Aber nun wurde ich in die Zuschauerrolle gedrängt. Ich weiß einfach nicht, was ich tun soll.«

»Hegen Sie denn Rachegedanken oder etwas Ähnliches?«, fragte ihn Reckmann ganz direkt.

»Was würden Sie denn an meiner Stelle tun? Das Schwein, das unseren Sohn auf dem Gewissen hat, sollte mir besser nicht begegnen!«

Frau Klosterkemper versuchte, seine Hand zu greifen, aber ihr Mann riss sich los.

»Jetzt wollen wir alle mal schön zur Ruhe kommen«, versuchte Löwenstein die erhitzten Gemüter zu beruhigen, hatte aber damit nur geringen Erfolg.

»Was ist denn überhaupt passiert? Wir haben am Telefon im Grunde nur Bruchstücke verstanden«, meinte Annemarie Klosterkemper.

Reckmann klärte die drei Besucher daraufhin über den noch sehr bescheidenen Stand der Ermittlungen auf.

»Sie müssen bedenken«, merkte Löwenstein an, »dass wir ja erst ganz am Anfang der Untersuchungen stehen.«

»Und Ihre Recherchen im Sportverein und in Marvins Unterkunft haben zu überhaupt nichts geführt?«, fragte der Geschäftsmann.

»Bis jetzt nicht. Können Sie uns zu den beiden erwähnten Themengebieten irgendetwas mitteilen?«, erkundigte sich Nau.

»Er hat immer gesagt, er fühlt sich bei seinen neuen Freunden und im Verein sehr wohl«, brach nun plötzlich seine Schwester ihr Schweigen, die bislang nur mit leerem Blick vor sich hingestarrt hatte.

»Das ist ja sehr interessant«, sagte der Kommissar in einem besonders väterlichen, sanften Ton. »Und was hat er sonst so erzählt?«

»Nichts«, sagte der Teenager kurz, als ob sie plötzlich jedes Interesse verloren hatte, dem Fremden zu antworten. Fast missmutig blickte sie demonstrativ in eine entlegene Ecke des Zimmers.

Ihre Mutter drehte ihr den Kopf zu und sah sie eindringlich an.

»Pauline, Schatz. Du musst den Herren alles sagen, wenn du etwas weißt.«

Das Mädchen nickte nur und schwieg, weil es offensichtlich wirklich nichts weiter zu sagen hatte.

»Gibt es irgendwelche möglichen Gründe für den Mord an Ihrem Sohn?«, fragte Reckmann. »Können Sie sich irgendetwas vorstellen, das vielleicht nicht in seinem direkten Marburger Umfeld begründet liegt?«

Der Vater des Opfers sah den Beamten kopfschüttelnd an. Er lief weiterhin im Zimmer auf und ab wie ein Tiger, der jeden Moment aus seinem Käfig auszubrechen drohte.

»Nein. Allerdings verstehe ich auch nicht wirklich, was Sie eigentlich meinen.«

»Mein Kollege will Folgendes damit in Erfahrung bringen«, übernahm Nau wieder. »Sie wirken, wenn ich das sagen darf, recht gut situiert. Kann es sein, dass sein Tod etwas damit zu tun hat, oder mit anderen Worten: Gab es schon einmal Probleme wie finanzielle Forderungen, Erpressungen oder etwas Vergleichbares?«

»Uns geht es eigentlich erst seit wenigen Jahren wirklich gut«, sagte Frau Klosterkemper. »Es hat relativ lange gedauert, bis wir uns eine gesicherte Existenz aufgebaut hatten und sozusagen auf der Sonnenseite des Lebens standen.«

»Wir haben zeitlebens niemandem auch nur ein Haar gekrümmt, und jetzt so etwas«, sagte Jochen Klosterkemper und ließ sich resigniert auf seinen Platz sinken. »So etwas haben wir wirklich nicht verdient.«

Seine Frau legte den Arm um ihn und küsste ihn auf die Wange. Er griff nach ihrer Hand, sank in sich zusammen und fing an zu weinen.

3. KAPITEL

Am nächsten Morgen spazierte Nau mit Pepper am Lahnufer entlang und genoss den fast schon sommerlichen Anfang des Tages. Helle Sonnenstrahlen lagen über der Szenerie und tauchten alles in bunte Farben.

Der Weg, welcher den Fluss entlangführte, lag nur einen Steinwurf von Naus neuem Haus entfernt, jenem Erbstück, das ihn letztlich wieder zurück in seine Geburtsstadt gebracht hatte. Hier hatte er seine Kindheit und Jugend erlebt. Sein Abitur hatte er in dieser Stadt gemacht und sein Leben genossen, bis es ihn schließlich in die Landeshauptstadt zog, um bei der Kriminalpolizei Karriere zu machen.

Die Natur erwachte an diesem Morgen zu ihrer vollen Schönheit. Es war noch nicht einmal acht Uhr, aber es mochten bereits höhere zweistellige Temperaturen sein, die die Marburger aus ihren Häusern lockten.

Am Bootsanleger vorbei führte die beiden ihr Weg in Richtung Jugendherberge und Lahnwehr. Die vereinzelten Bänke wurden schon von zahlreichen Menschen besetzt, die entweder eine kurze Rast machten oder sich einfach an der Schönheit der Natur erfreuten.

Nau nutzte die Gelegenheit, um die bisherigen Ereignisse des neuen Falles zu überdenken. Er und die Kollegen waren dabei, sich in einige neue Themengebiete einzuarbeiten. Keiner der drei Beamten hatte sich jemals ausführlicher mit Burschenschaften oder American Football auseinandergesetzt – jedes für sich ein Terrain, das es neu zu erobern galt, und in dem es eine Vielzahl von Sitten und Gepflogenheiten kennenzulernen gab. Der Kommissar ging davon aus, dass sie den Tag in erster Linie dazu nutzen würden, sich richtig einzuarbeiten.

Pepper hatte an einer Stelle gestoppt und grub ein wenig im noch etwas morastigen Boden. Nau drehte sich um und schaute den Schlossberg hinauf, der sich beeindruckend über die Studentenstadt erhob.

Was würde wohl die Pathologin Wenzel gerade tun? Wie waren ihre aktuellen Untersuchungsergebnisse? Sicher würde sie sich im Laufe des Tages melden und sie über ihre neuesten Erkenntnisse ins Bild setzen. Er musste an ihren Verlobungsring denken, und so etwas wie ein kurzer Anflug von Wehmut erfasste seine Seele.

Pepper riss Nau aus seinen Gedanken. Der Hund wollte spielen, brachte ihm ein Stöckchen und begab sich bereits in Position, durchzustarten, um es nach erfolgtem Wurf durch sein Herrchen zu holen. Gisbert tat ihm gerne den Gefallen.

Eine Joggerin näherte sich ihnen. Der Kommissar, sonst eher schüchtern, wagte es, sie etwas genauer zu beobachten. Sie mochte Ende 40 sein, war blond und schien großartig in Form. Als sie auf Höhe der beiden war, blickte sie kurz zwischen Pepper und Nau hin und her. Dann lächelte sie herzlich. Mit federnden, langen Schritten lief sie an ihnen vorbei. Nau beeilte sich, das Lächeln zu erwidern. Die Läuferin verschwand bald hinter den Bäumen, und Gisbert seufzte kurz, aber musste dennoch wieder lächeln. Wie viele dieser vielleicht schicksalshaften, aber letztlich doch flüchtigen Begegnungen hatte das Leben doch zu bieten!

Abermals riss ihn der Hund aus seinen Träumen. Er apportierte erneut das Stück Holz, und der Kommissar brachte es wieder auf den Weg.

Nau hoffte, dass Voss Wort halten würde und schnell seinen Besuch beim Fechttraining der ›Elisabethaner‹ arrangierte. Burschenschaften und alles, was damit zusammenhing, waren ihm schon seit jeher suspekt gewesen. Jetzt aber musste er sich damit auseinandersetzen, ob er wollte oder nicht. Irgendwie freute er sich aber auch darauf, wieder einmal in eine neue Materie eintauchen zu können. Vielleicht ließen sich dabei ja die durchaus vorhandenen Vorurteile ausräumen oder eventuell bestätigen. Zu einer der beiden Erkenntnisse würde der Kommissar wohl im Zuge der Ermittlungen zwangsläufig gelangen.

Ludwig Reckmann zupfte sich wie so häufig die Krawatte zurecht. Er und Löwenstein hatten einen Termin mit Vereinsboss Huber. Der Besitzer eines florierenden Autohauses hatte sie herzlich begrüßt und sie in sein geräumiges Büro geführt. Derweil hatte Nau einen anderen Termin. So waren die beiden alleine losgezogen, um sich intensiv mit dem erfolgreichen Geschäftsmann zu unterhalten.

Die Sekretärin hatte gerade Kaffee gebracht, und Löwenstein löffelte Zucker in seine Tasse. Reckmann unternahm nochmals den Versuch, es sich in dem ausladenden Ledersessel bequem zu machen. Sein schmales Gesäß fand auf dem wenig griffigen Kunstleder nur schwer Halt. Anders verhielt es sich bei seinem deutlich gewichtigeren Kollegen, während auch der dicke Firmenchef seinen großen Sessel spielend ausfüllte.

Huber brachte es auf gut und gerne dreieinhalb Zentner. Er bewegte sich in Gewichtsbereichen, die sich nur noch schwer schätzen ließen. Da lag man schnell einmal um 20 oder gar 30 Kilo daneben.

»Was kann ich denn nun für Sie tun?«, fragte der Mann und sein Akzent verriet eindeutig seine bayerische Herkunft.

»Sie haben vermutlich schon von dem überaus tragischen Tod Ihres Spielers Marvin Klosterkemper erfahren?«, vermutete Löwenstein.

»Oh ja, unser Trainer und eines der Vorstandsmitglieder haben mich bereits gestern dahingehend informiert«, sagte Huber und wischte sich mit einem Taschentuch den Schweiß von der Stirn. Trotz der modernen Klimaanlage, die Reckmann eher frösteln ließ, schien der dickleibige Mann sehr mit den für ihn bereits recht üppigen Temperaturen von etwas mehr als 20 Grad zu kämpfen. Reckmann wunderte sich, warum der Unternehmer nicht einfach die Klimaanlage noch kühler eingestellt hatte. »Das ist in der Tat sehr tragisch, besonders wenn man bedenkt, dass wir gerade in einer entscheidenden Phase der Saisonvorbereitung stecken.«

Löwenstein fragte sich, warum alle, die im Verein auf den Tod des jungen Klosterkempers angesprochen wurden, immer zuerst an die sportlichen Aspekte der ganzen Angelegenheit dachten.

»Wir sind in erster Linie hier, um zu erfahren, wie die Strukturen Ihres Vereins sind. Wenn Sie uns allerdings etwas zur Person des Spielers mitteilen wollen oder eine Ahnung haben, warum er sterben musste, dann nur zu«, sagte Reckmann und unterstützte den letzten Teil seiner Ausführungen mit einer auffordernden Handbewegung.

»Zu Marvin kann ich nur sagen, dass er ein sehr guter aufstrebender Spieler war. Man kann sagen, dass er trotz seines jugendlichen Alters eine der Säulen der Mannschaft war.«

»Das haben wir bereits erfahren«, entgegnete Reckmann etwas genervt. »Wir benötigen allerdings nicht unbedingt eine sportliche Einschätzung. Wie steht es denn nun um eine Beurteilung des Mordes? Kennen Sie jemanden, der fähig wäre, ihm so etwas anzutun?«

»Nein, absolut nicht. Für alle im Verein Beteiligten lege ich meine beiden Hände ins Feuer!«, antwortete der Vorstandsvorsitzende mit Bestimmtheit.

»Wie tief sind Sie denn im Tagesgeschäft involviert, dass Sie eine solche Aussage treffen können?«, wollte Löwenstein wissen. »Sie werden doch nicht jeden bis hinunter zum Platzwart persönlich kennen und einschätzen können.«

»Doch«, insistierte Huber, »ganz genauso ist es. Ich hätte keine besseren Worte dafür finden können.«

Als die beiden Polizeibeamten zögerten, fügte er noch hinzu: »Unser Platzwart heißt übrigens Karl Sträter, Telefonnummer null sechs-vier-zwo-eins 38 …«

»Danke, das reicht«, unterbrach ihn Löwenstein und grinste. »Wir glauben Ihnen ja!«

Josef Huber lehnte sich zufrieden in seinem Sessel zurück, soweit dieser seinen ausladenden Hüften ausreichend Platz bot.

»Da bin ich aber froh!«, meinte er ironisch und grinste.

»Sie sind also Vorstandsvorsitzender«, wurde Reckmann wieder sachlich. »Wie sind denn so die weiteren Strukturen in der Vorstandsetage?«

»Der Vorstand setzt sich aus drei Mitgliedern zusammen. Eingesetzt und kontrolliert wird er von einem fünfköpfigen Aufsichtsrat. Wie tief soll ich denn ins Detail gehen? Ich will Sie schließlich nicht langweilen …«

»Nicht allzu sehr«, beruhigte ihn Löwenstein. »Wer setzt den Trainer ein, verpflichtet Spieler, kümmert sich im Allgemeinen um die sportlichen Belange?«

»Das macht natürlich unser sportlicher Leiter, man könnte ihn auch als Manager bezeichnen. Das macht bei uns – sozusagen in Personalunion – Karl-Heinz Schenker. Wollen Sie, dass ich Ihnen auch seine Telefonnummer zitiere?«

»Nein«, antwortete Reckmann. »Es reicht, wenn Sie uns alle relevanten Nummern und Kontaktdaten auf einem Zettel notieren.«

»Das mache ich natürlich«, meinte Huber, aber etwas in seiner Miene verriet, dass er nicht sonderlich erpicht auf diese Zusatzbeschäftigung war. Immerhin waren die beiden Polizisten sicher, dass Huber für solche Aufgaben seine Leute hatte.

»In Ihrem Vorzimmer sitzen gleich drei Damen. Ich vermute, dass Sie von hier aus nicht nur die Geschicke Ihres Unternehmens, sondern auch die des Vereins leiten?«, sagte Löwenstein.

»Ja, das ist richtig«, entgegnete Huber. »Das ist nicht immer ganz einfach, aber die Gegensätzlichkeit meiner vielfältigen Aufgaben sorgt wenigstens dafür, dass mir niemals langweilig wird.«

»Wie trägt sich denn der Verein?«, fragte Reckmann. »Welche finanziellen Mittel müssen aufgewendet werden, um den Spielbetrieb aufrechtzuerhalten?«

»Das reicht insgesamt schon ans Siebenstellige«, kam die Antwort. »Und das, obwohl wir ja kein Profiverein sind!«

»Ähnliches hatte uns auch Betreuer Langner bereits gesagt und dabei ganz besonders den Amateurstatus betont«, erzählte Löwenstein.

»Nur unser Manager und der Trainer werden voll bezahlt, die Einkommen der Spieler richten sich nach ihrem Status und auch ein wenig nach den jeweiligen Einsatzzeiten.«

»Man kann also als Spieler nicht von dem leben, was man hier im Verein verdient?«, konkretisierte Reckmann.

»Man müsste sich schon ziemlich einschränken. Unsere Topleute kämen vielleicht halbwegs über die Runden. Mit einem Zuschauerschnitt von ungefähr 1000 pro Spiel ist eben kein Staat zu machen«, sagte der Vereinsboss und wischte sich ein weiteres Mal den Schweiß von der Stirn. Sein teurer Maßanzug klebte ihm regelrecht am massigen Körper.

»Dafür ist die Sportart einfach noch nicht populär genug«, sagte Löwenstein und nickte verständnisvoll. Dabei schaute er von seinem Notizbuch auf, das schon seit einer ganzen Weile auf seinen Oberschenkeln lag, während er fleißig den Stift zum Einsatz brachte.

»Wie gedenken Sie denn, den Verlust Klosterkempers zu kompensieren?«, erkundigte sich Reckmann.

»Wir tragen uns bereits mit Überlegungen, uns doch noch einmal zu verstärken. Wir sondieren schon den Markt, aber der gibt so kurz vor der Saison nicht mehr allzu viel her.«

»Ist das nicht ein bisschen makaber, so kurz nach dem Tod des Spielers?«, konnte Löwenstein nicht widerstehen, zu fragen.

»Das mag vielleicht kaltherzig erscheinen. Vermutlich würden wir als Außenstehende ähnlich denken«, erklärte

Huber. »Wenn wir aber im August mitten in einer enttäuschenden Saison stehen, machen uns dieselben Leute vermutlich schwerste Vorwürfe, warum wir untätig geblieben sind.«

»Ich verstehe«, meinte Reckmann und nickte.

»Wie sah es denn mit der Karriereplanung Klosterkempers aus?«, erkundigte sich Löwenstein.

Der dicke Mann schaute den Beamten an und wirkte dabei etwas gereizt.

»Wie soll ich das denn bitte wissen?«

»Ich dachte, er hätte mit Ihnen einmal über so etwas gesprochen«, vermutete Löwenstein, einen wunden Punkt entdeckt zu haben, und hakte deshalb gleich nach. »Ist es für Sie nicht von Interesse, Ihre Topspieler langfristig zu binden? Kann es sein, dass er vielleicht Abwanderungsgedanken hegte?«

»Das wäre mir neu«, antwortete Huber knapp.

»Ich habe mich mal ein wenig erkundigt«, bohrte Reckmann weiter nach. »In Ihrer Liga spielen unter anderem auch Vereine aus Frankfurt oder München. Warum sollte es also für einen jungen Mann nicht interessant sein, zu wechseln?«

»Die anderen Vereine können auch nicht mehr bezahlen als wir!«, entgegnete der gebürtige Bayer gleichmütig.

»Ja, aber immerhin handelt es sich um attraktive Städte«, sagte Löwenstein, »in denen man ebenso gut sein Studium zu Ende bringen kann.«

»Da mögen Sie recht haben«, antwortete Huber lapidar. »Jedenfalls ist mir von irgendwelchen Wechselabsichten nichts bekannt.«

»Und Ihre Autofirma läuft gut?«, fragte Reckmann beiläufig.

»Das sehen Sie doch!«, sagte das Schwergewicht, dem es offensichtlich nicht angenehm war, nun auch noch über seinen eigentlichen Hauptberuf befragt zu werden. Er schaute nur kurz zur Uhr, aber dennoch bemerkte es Reckmann.

»Unsere Marke ist schwer im Kommen, wie allgemein die französischen Modelle. Vielleicht darf ich Ihnen einmal unverbindlich einige Prospekte mitgeben?«, schien Huber plötzlich ein Geschäft zu wittern.

Beide Beamte winkten lächelnd, aber mit Nachdruck ab.

»Wie funktioniert denn eigentlich das Sponsoring im Verein?«, kam Reckmann wieder auf das eigentliche Thema ihrer Unterredung zurück.

»Ich selbst habe reichlich Geld in den Verein gepumpt«, betonte Huber, als wollte er von den beiden dafür gelobt werden, »aber es gibt zahlreiche weitere Sponsoren, die etwa über Trikot- oder Bandenwerbung Geld in die Vereinskasse bringen.«

»Was haben die Sponsoren genau davon?«, wollte Reckmann weiter wissen.

»In erster Linie natürlich den Werbe-Effekt. Dieser hat die Stärkung der Marke zur Folge. Der Werbetreibende bringt sich in die Erinnerung des Publikums und bleibt darin haften. Dabei gibt es vielfältige Möglichkeiten. Man kann auch Anzeigen in unserem Stadionmagazin oder auf unserer Webseite schalten.«

»Das ist ein Markt für sich, das sehe ich ein«, meinte Löwenstein, der wieder einmal etliche Zeilen in seinem Notizblock gefüllt hatte. Ob davon irgendetwas bei der Lösung des Falls Verwendung finden würde, mussten die gerade erst beginnenden Ermittlungen noch zeigen. Er klappte das Notizbuch zu, denn auch Reckmann machte Anstalten, aufzubrechen.

»Wir danken Ihnen für dieses sehr informative Gespräch«, sagte der Anzugträger, stand auf und schüttelte Huber die Hand. Löwenstein tat es ihm gleich.

»Entschuldigen Sie bitte, dass ich Sie nicht hinausbegleite. Ich habe noch sehr viel zu erledigen!«, rief ihnen das Schwergewicht hinterher. Die Beamten vermuteten allerdings, dass dies wohl eine größere körperliche Anstrengung für Huber bedeutet hätte.

Nau befand sich fast zeitgleich in dem Fechtsaal der Burschenschaft. Voss hatte ihn am Vormittag angerufen und ihm mitgeteilt, dass er bereits für 13 Uhr einen Termin für ihn arrangiert habe.

»Es ist eine ganz besondere Ausnahme und Ehre, dass Sie hier auf dem ›Paukboden‹, wie wir unser Fechtareal bezeichnen, zugelassen werden«, erklärte ihm Fechtmeister Gregorian von Battenberg, während dieser seine Schutzkleidung anlegte. »Normalerweise findet der Unterricht unter Ausschluss der Öffentlichkeit statt. Aber wir müssen wohl den neuesten Ereignissen Tribut zollen.«

»Ja, Sie haben ja schon bei unserer Begrüßung sehr deutlich gemacht«, entgegnete Nau mit gequältem Lächeln, »dass meine Anwesenheit hier alles andere als erwünscht ist.«

Der Fechtraum im ersten Stock des Gebäudes in der Marburger Oberstadt wirkte ähnlich mit historischem Prunk überladen wie der Saal, in dem sie am Vorabend den Studenten die Nachricht vom Tod ihres Kommilitonen überbracht hatten.

Der hohe Raum beherbergte auf etwa 50 Quadratmetern alles, was man für das Training des Fechtsports benötigte. Eine etwa sieben Meter lange Fechtbahn, eine sogenannte ›*Planche*‹, befand sich in der Mitte des Saales und war für Wettkämpfe und deren Nachstellung zu benutzen. In diversen gläsernen Vitrinen fanden sich zahlreiche Trophäen und Fotografien, aber auch einige Stichwaffen, die wohl zu reinen Ausstellungszwecken dort platziert worden waren. Die zum Training verwendeten Waffen und die Schutzkleidung holte der Fechtmeister aus vergleichsweise schlichten Holzschränken an der Stirnseite des Raumes. Besonders auffällig war eine balkonartige Empore auf einer der beiden Längsseiten des Raumes, die offensichtlich als Zuschauertribüne diente.

»Es ist doch angeblich keinerlei Publikum zugelassen?«, meinte Nau und deutete auf die Zuschauerränge, deren niedrigste Sitzplätze sich erst in etwa gut zwei Metern Höhe befanden. Damit sich niemand zu Tode stürzen konnte, war die Tribüne durch ein schweres Holzgitter geschützt. Der Kommissar konnte nicht erkennen, wie man dort hinaufgelangte. Allerdings befand sich im Hintergrund der Zuschauerreihen eine unscheinbare alte Holztür, die wohl den einzigen Zugang darstellte.

»Es gibt auch interne Zuschauer, zum Beispiel die Mitglieder der Vereinigung selbst. Weibliche Zuschauer sind im Übrigen nicht gestattet«, antwortete von Battenberg.

Nau wusste nichts zu entgegnen, runzelte lediglich die Stirn und dachte sich seinen Teil. Er drehte sich langsam um die eigene Achse und ließ den Raum auf sich wirken. So mussten Turnhallen vor einem Jahrhundert ausgesehen haben. Der Geruch allerdings kam dem Kommissar noch aus der eigenen Schulzeit recht bekannt vor, wenngleich diese ja nun auch immerhin schon einige Jahrzehnte zurücklag. Manche besonders einprägsame Wahrnehmungen vergaß man eben nie!

»Wollen Sie vielleicht auch ein bisschen mitmachen?«, fragte von Battenberg, um Nau aufzuziehen. Gleichzeitig drückte er damit aber auch einmal mehr seine Geringschätzung gegenüber dem Besucher aus. Abfällig musterte der dunkelhaarige Fechtmeister den Kommissar von Kopf bis Fuß.

»Falls Sie mal überprüfen möchten, was Sie noch drauf haben.«

Nau überging auch diese Bemerkung.

»Wann kommen die Jungs?«, fragte er und schaute erwartungsvoll hinüber zu der Eingangstür.

Gut, dass er Pepper wohlweislich nicht hierher mitgenommen, sondern in der Obhut eines Kollegen in der Cappeler Dienststelle belassen hatte, der sich mit dieser Aufgabe des Öfteren befasste. Nau wollte den Golden Retriever nicht zu lange alleine lassen. Jetzt, wo ihm der überaus intensive Sporthallengeruch in die Nase stieg, sah er seine Entscheidung um so mehr bestätigt. Er blickte zur Uhr.

»Sie müssen jeden Augenblick kommen«, meinte der etwa 40-jährige athletische Mann mit dem markanten Kinn.

Kaum sagte er es, erschienen auch schon zwei der Studenten. Einen davon glaubte Nau sofort wieder zu erkennen. Er war sich sicher, den jungen Mann schon bei der Unterredung vom Vortag kennengelernt zu haben.

»Justin, richtig?«, begrüßte er ihn per Handschlag. Der junge Student nickte zurückhaltend.

»Und ich bin Timo, ich war gestern nicht im Haus, als Sie hier waren«, sagte der andere junge Mann, der in seiner Fechtmontur fast ein bisschen verwegen aussah. Eine lange blonde Strähne, die ihm ins Gesicht fiel, gab ihm einen leicht rebellischen Touch. Der junge Kerl hatte bestimmt einen ziemlichen Schlag bei den Frauen! Allerdings behielt Nau diesen Gedanken natürlich für sich.

Mit dem Eintreffen der beiden Fechtnovizen wurde der Ton von Battenbergs Nau gegenüber deutlich freundlicher.

»Wollen Sie sich bitte etwas seitlich, in ein paar Metern Entfernung, dort drüben aufhalten?«, ersuchte er ihn und deutete auf einen Punkt etwas abseits der Planche.

»Aufwärmen!«, befahl der Mann kurz, und die beiden Studenten vollzogen prompt einige Dehnungsübungen und kurze Läufe.

»Während die beiden sich warmmachen, erklären Sie mir bitte einiges über die Mensur.«

»Na, dann legen Sie mal los!«

»Ich würde gerne etwas über die Fechtmeister wissen. Wie viele von ihnen gibt es denn?«, fragte Nau.

»Wir sind eine Gilde von insgesamt etwa 20 Personen, welche die Fechtkunst an die jüngeren Generationen weitergibt.«

»Alleine in Marburg?«, hakte Nau ungläubig nach.

»Alleine in dieser Stadt, so ist es!«, antwortete Gregorian von Battenberg und schaute den Aufwärmübungen der Studenten aufmerksam zu. Auch im Profil, das musste Nau zugeben, sah der auch nicht mehr allzu junge Mann doch recht stattlich aus. Immerhin schien er selbst noch regelmäßig zu trainieren. Zumindest von der rein sportlichen Seite her schienen die Jungs also bei dem recht übel gelaunten Zeitgenossen in guten Händen zu sein.

Nau zog die Augenbrauen nach oben. Dass es in der Tat so viele Fechtmeister gab, hatte er sich beim besten Willen nicht vorstellen können. Von Battenberg bemerkte das offenkundige Erstaunen des Kommissars und musste grinsen.

»Das hätten Sie nicht gedacht, was?«

»Nein, das hätte ich wirklich nicht«, antwortete der. »Was genau ist eigentlich mit der Mensur gemeint?«

»Die beiden Fechter stehen sich mit einem exakt festgelegten Abstand gegenüber, diesen bezeichnet man als Mensur, so einfach ist das!«

Danach gab von Battenberg den beiden Studenten einen kurzen Wink.

»Los! Macht es ihm einmal vor, die Mensur meine ich!«

»Wir sind aber noch nicht richtig warmgemacht, außerdem trage ich auch noch keine Schützer«, entgegnete Timo keck. Wie Nau den Fechtmeister einschätzte, musste dieser Widerspruch einem ziemlichen Affront gleichkommen. Von Battenberg schluckte kurz und ging darüber hinweg.

»Ist ja nur zu Demonstrationszwecken. Stell dich also nicht so an!«

Der rebellische Student gab klein bei. Die beiden nahmen ihre Trainingswaffen und stellten sich in einem bestimmten Abstand auf, sodass sie sich mit leicht ausgestreckten Armen berühren konnten.

»Sehen Sie? Das ist die Mensur«, sagte Timo und schaute kurz zu Nau hinüber. Von Battenberg machte ein kurzes schnalzendes Geräusch mit dem Mund und brachte den Jungen damit zum Schweigen. Offensichtlich handelte es sich wohl um eine Art Vergehen, wenn einer der Fechter während dieser Handlung sprach.

Dann begannen die jungen Männer abwechselnd, ritualisiert wirkende langsame Schläge jeweils im Oberarm- und Kopfbereich des Gegners auszuführen. Dabei wurden die einzelnen Schläge nicht durchgezogen, sondern im Grunde nur angedeutet. Die beiden Kontrahenten standen sich dabei fast starr gegenüber. Das Einzige, was sich bewegte, war der jeweilige Fechtarm. Auf Nau machte das Ganze einen eher folkloristischen als kriegerischen Eindruck.

»Sie sehen, dass die beiden Teilnehmer sogenannte ›Korbschläger‹ verwenden. Dies sind stumpfe Waffen, mit denen man nicht zustechen kann«, erklärte von Battenberg. »Wohl aber kann man mit ihnen selbstverständlich Hiebe ausführen.«

»Warum hatte der Tote dann einen so deutlichen Schmiss im Gesicht?«, fragte der Kommissar. »Das kann doch nur vom Fechten kommen!«

»Sicher, so etwas kann immer mal passieren«, räumte der Fechtlehrer freimütig ein. »Manche Kämpfe werden mit scharfen Waffen ausgeführt, dabei kann es mitunter zu Unfällen kommen.«

»Das ist ja nicht sehr erfreulich«, murmelte Nau mehr zu sich selbst als zu seinem Gesprächspartner.

»Da müssen die Jungs durch, um zu vollwertigen Mitgliedern zu werden«, erklärte von Battenberg. »Zwei Pflichtmensuren haben die Aktiven zu überstehen. Das ist jeweils eine ritualisierte Schlagfolge mit scharfen Klingen und selbstverständlich dem Risiko, verletzt zu werden. So ein Schmiss gehörte in früheren Zeiten bei Verbindungsstudenten fast schon zum guten Ton!«

»Geht es dabei nur um die Mitgliedschaft oder auch um die Ehre, materielle Dinge oder sonst etwas?«, fragte Nau.

»Sekundanten und ein Unparteiischer achten peinlich genau auf die Einhaltung der festgelegten Mensur-Regeln«, begann der Fechtmeister zu referieren, ohne auf Naus eigentliche Frage einzugehen. »Dabei werden diese grundsätzlich nur zwischen Mitgliedern zweier unterschiedlicher Verbindungen ausgefochten. Es handelt sich um einen traditionellen, symbolischen Akt, bei dem es grundsätzlich keine Sieger oder Verlierer gibt.«

›Ein Ritual der Mannwerdung, nur ohne Keulen‹, dachte Nau und fragte sich, warum seine Frage im Grunde genommen unbeantwortet blieb.

All die bislang nur oberflächlichen Ressentiments, die er immer gegen Burschenschaften gehegt hatte, schienen sich spätestens an diesem Dienstagmittag voll und ganz zu bestätigen. Sicher war es grundsätzlich begrüßenswert, wenn Heranwachsende Schutz und eine Heimstätte fanden – aber doch nicht um jeden Preis!

»Lasst gut sein«, raunte von Battenberg seinen beiden Schützlingen zu, »wir fangen in einigen Minuten mit dem eigentlichen Unterricht an!«

»Aber dennoch kann die Handlung als solche auf Außenstehende schon etwas martialisch wirken«, wagte Nau anzumerken.

»Das ist doch alles mittlerweile völlig verweichlicht«, entfuhr es daraufhin dem Fechtlehrer. »Man sagt *›edel und roh ist die Mensur‹*, aber das sind heutzutage doch nur noch Worthülsen. Früher handelte es sich um eine echte Mutprobe für die jungen Männer. Inzwischen ist jedes Mal ein Arzt dabei, und die Kontrahenten tragen solche Utensilien wie Röhrenbrillen, Halsbinden oder

Ohrenleder, um eventuelle ernsthafte Verletzungen zu vermeiden.«

Abermals wusste der Kommissar nichts zu entgegnen und zog es vor, sich lieber auszuschweigen. Wollte man mit seinen Ermittlungen vorankommen, war es manchmal einfach besser, die eigene Meinung für sich zu behalten.

»Let's go!«, sagte von Battenberg und klatschte aufmunternd in die Hände.

Die beiden Studenten durchliefen unterschiedliche Übungen, die offensichtlich dazu dienen sollten, die Konzentration sowie den Umgang mit der Waffe zu verbessern. Ein besonders wesentlicher Bestandteil des Trainings war es, den Fechtlehrer zu attackieren, der sich bei diesen Übungen mit einer ebenso großen wie antiquiert wirkenden Korbmaske schützte. Es ging augenscheinlich nicht zuletzt darum, in den Angriff zu gehen, ohne dabei die Verteidigung zu vernachlässigen.

Nach manchen ausgeführten Aktionen gab von Battenberg seinen Schülern dann auch folgerichtig recht lautstarke Anweisungen, Korrekturen und Ratschläge mit auf den Weg. Diszipliniert folgten sie all seinen Aufforderungen.

Der Kommissar beobachtete alles mit kritischem Blick. Ab und an war ihm, als wollte der junge Timo Kontakt zu ihm aufnehmen. Wenn der Student sich unbeobachtet fühlte, glitt ein verstohlener Blick von ihm zu dem so freundlich wirkenden Polizeibeamten. Obwohl es ihm anfangs leicht befremdlich erschien, ging Nau schon nach kurzer Zeit darauf ein und lächelte des Öfteren wohlwollend zurück.

Während einer kurzen Trinkpause sprach Nau den Fechtmeister erneut an, wenngleich er damit rechnen musste, abermals nicht auf allzu großes Entgegenkommen zu stoßen.

»Entschuldigen Sie die erneute Störung. Mich würde noch interessieren, wie es um das grundsätzliche Verhältnis zwischen den jungen Studenten und der älteren Generation, zu der Sie ja auch gehören, bestellt ist.«

»Wir verstehen uns alle sehr gut!«, antwortete von Battenberg lapidar.

»Nein, das meinte ich nicht. Gibt es auch konkrete Abhängigkeiten zwischen Jung und Alt, beispielsweise finanzieller Art?«

»Es gibt die ›Alten Herren‹ wie ich es einer bin, und es gibt die ›Füchse‹. Zwei davon erleben Sie gerade in einer ihrer ersten Fechtstunden. Im Grunde finanzieren wir den jungen Männern ihr Studium. Was glauben Sie sonst, warum die alle so günstig hier wohnen? Dieses Haus, und das ist bei anderen Verbindungen ganz ähnlich, trägt sich nur deshalb, weil wir *Alten Herren* es bezahlen.«

»Wie wird man denn so ein *Alter Herr*?«, wollte Nau wissen.

»Automatisch mit Abschluss des Studiums«, folgte die Antwort prompt. »Es gibt beispielsweise auch gesellschaftliche Anlässe wie Bälle, die zwar von den Studenten organisiert, aber von unsereins finanziert werden.«

»Das ist alles hochinteressant«, musste der Kommissar eingestehen und dachte insgeheim darüber nach, welche Arten von Abhängigkeiten aus solchen Konstellationen wohl entstehen mochten. »Was erhalten Sie denn als Gegenleistung?«

»Es ist wie ein Generationenvertrag, da die jeweiligen Rollen innerhalb der Burschenschaften ja immer wieder weitergegeben werden. Wenn Justin und Timo ihren

Abschluss haben, werden sie ebenfalls automatisch zu *Alten Herren* und unterstützen ihrerseits die nächste Generation«, erläuterte Gregorian von Battenberg, und man sah ihm an, wie das Gesagte ihn mit Stolz erfüllte. Die beiden Studenten kamen aus ihrer kurzen Pause zurück und wollten weitermachen.

»Es erfüllt uns einfach mit großer Freude, die Entwicklung der jungen Menschen zu begleiten«, fuhr der Fechtmeister rasch fort. »Wir unterstützen sie, wo wir nur können.«

»Wenn sie richtig mitziehen«, warf der Kommissar schnell ein.

»Ja genau, das ist allerdings Voraussetzung.«

»Man sagt ›*Verbindungen schaffen Verbindungen*‹, so habe ich es zumindest gelesen«, meinte Nau.

»Exakt. Wir können unter anderem auch behilflich sein bei der Jobsuche. Wer sich entsprechend verhält, dem stehen im Grunde alle Türen offen. Wir wollen junge Leute, die bereit sind, Verantwortung zu übernehmen«, erklärte von Battenberg. »Wer sich verweigert, für den werden die Türen verschlossen bleiben.«

»Ich verstehe«, sagte der Kommissar und dachte sich abermals seinen Teil.

4. KAPITEL

»Ich werde bei dem Jungen auf jeden Fall auf Tuchfühlung bleiben«, meinte Nau und kraulte Pepper, der unter dem Schreibtisch seines Herrchens in der Cappeler Polizeidienststelle lag und schlummerte.

»Wenn Sie sagen, dass er derart hin und her gerissen schien, mit Ihnen reden zu wollen«, entgegnete Löwenstein, »hat er Ihnen ja vielleicht wirklich etwas mitzuteilen.«

»Ich habe allerdings das Gefühl, dass man bei ihm nichts erzwingen kann«, gab der Kommissar zu bedenken. »Er hat einfach seinen eigenen Kopf.«

»Sie mögen ihn«, sagte Löwenstein und schaute verständnisvoll zu seinem Vorgesetzten hinüber.

»Ja richtig, das kann ich wohl nicht verhehlen. Obwohl ich ihn kaum kenne, glaube ich, ihn bereits einschätzen zu können. Ich war in dem Alter ganz genau so: Immer meinen eigenen Weg gehen und nur nicht zu viel auf das Urteil anderer geben«, sagte Nau und lächelte fast verträumt. »Daher weiß ich auch genau, dass er von selbst auf uns zukommen muss. Zu viel Druck von außen wäre da nur kontraproduktiv, dann verschließt er sich, und man kommt nicht mehr an ihn heran.«

Nau hatte am Ende des Fechtunterrichts kurz das Gespräch mit Timo gesucht, aber sehr schnell war von Battenberg hinzugekommen und hatte jeden Gedanken an eine ruhige Unterhaltung mit dem Studenten im Keim erstickt. Dabei hatte Timo den Beamten ohnehin in aller Eile zurückgewiesen, indem er betonte, er wisse nicht, was dieser von ihm wolle.

»Vielleicht verließ ihn doch letzten Endes der Mut. Aber da war etwas in seinen Augen, das nach einem persönlichen Gespräch trachtete«, meinte Nau.

»Klingt fast wie eine Passage aus einem schnulzigen Liebesroman«, meinte Reckmann ironisch und zog an seiner Zigarette.

»Ja, hört sich tatsächlich etwas schwülstig an«, musste Nau selbst zugeben und grinste, »aber ich weiß nicht, wie ich es anders ausdrücken soll.«

»Interessant ist, dass es bei den Studentenverbindungen zwischen den Generationen so starke Abhängigkeiten gibt«, merkte Löwenstein an.

»Aber sind die wirklich stark genug, dass sie über kurz oder lang sogar zum Mord führen können?«, gab Reckmann zu bedenken.

»Ich vermute schon«, sagte Nau. »Wenn die Abhängigkeit so ausgeprägt ist, dass die komplette Lebensentwicklung damit steht und fällt.«

»Mal angenommen«, meinte Reckmann und drückte seine Zigarette aus, »ich wäre ein Student und mein sogenannter ›Alter Herr‹ drehte mir plötzlich den Geldhahn zu. Was hätte ich dann davon, ihn umzubringen?«

»Don't bite the hand that feeds you«, warf Nau schnell ein.

»Genau«, sagte Reckmann. »Beiße nicht die Hand, die dich ernährt.«

»Oder ›einem geschenkten Gaul …‹, aber lassen wir das«, brachte Löwenstein in die Diskussion ein und grinste.

»Genau, Schluss mit der Zitate-Sammlung, wobei es schon bemerkenswert ist, wie viele althergebrachte Weisheiten und Verse auf manche Situationen passen«, meinte der Kommissar und kratzte sich an der Schläfe.

»*Zum Schluss fiel uns kein Reim mehr ein, drum ließen wir das Reimen sein*«, haute Löwenstein noch schnell einen einfachen Paarreim heraus und bewies damit plötzlich ein Talent, mit dem er bislang immer hinter dem Berg gehalten hatte. Nau hob als Zeichen der Anerkennung kurz seinen rechten Daumen und kam dann zum eigentlichen Thema ihrer Unterhaltung zurück:

»Ich denke, wenn man das Ganze aus einem anderen Blickwinkel betrachtet, kommen erst die wirklich interessanten Aspekte dieser Abhängigkeit zum Vorschein«, erklärte er und machte eine kurze Pause, während die Kollegen nichts erwiderten, sondern nur darauf warteten, dass der Kommissar auch noch die Erklärung für das Gesagte hinterherschickte.

»Es stellt sich doch die Frage«, sprach er weiter, »was manche Studenten bereit sind, für gewisse Vergünstigungen und Vorteile an Gegenleistungen zu erbringen.«

»Und inwieweit wissen die *Alten Herren* davon und nutzen diese Bereitschaft aus, um gewisse Gefälligkeiten regelrecht zu erzwingen?«, ergänzte Reckmann.

»Wenn wir da mal in kein Wespennest gestochen haben!«, ereiferte sich Löwenstein, der keinen Hehl daraus machte, dass er den neuen Fall als sehr aufregend empfand.

»Die Frage ist nur, ob besagte ›Gefälligkeiten‹ auch einen Mord einschließen würden«, brachte Nau den Gedanken zu Ende und schenkte sich ein Glas Mineralwasser ein.

»Wenn ich überlege, wie antiquiert das alles bei unserem Besuch auf mich gewirkt hat, kann ich mir so etwas durchaus vorstellen«, sagte Löwenstein. »Da hing doch in jeder Ecke noch der Mief von vorgestern!«

»Dennoch sollten wir uns vor zu schnellen Urteilen in Acht nehmen«, mahnte Nau und hob den rechten Zeigefinger. »Keine voreiligen Schlüsse bitte, obwohl ich in diesem speziellen Fall auch fast dazu neige.«

»Ja, das sollten wir beachten«, räumte Löwenstein ein. »Wobei es mir bei derlei Gedankengut regelmäßig hochkommt. Diese braune Gesinnung stinkt doch zum Himmel!«

»Auch hier sollten wir vorsichtig sein«, sagte Reckmann und machte mit beiden Händen eine beschwichtigende Geste. »Wie ›braun‹ deren Gesinnung tatsächlich ist, müssen wir erst noch herausfinden. Wir können nicht sofort ein riesiges Fass aufmachen, und am Ende haben wir es doch nur mit einer vielleicht etwas skurrilen Art der Brauchtumspflege zu tun.«

»Sehr richtig«, bekräftigte Nau. »Wir wissen noch nicht genau, mit welchem Feind wir es hier eigentlich zu tun haben. Bis es so weit ist, sollten wir nicht zu voreiligen Schlüssen gelangen. Dennoch müssen wir natürlich nicht zuletzt auch derartigen Gedanken nachgehen und unsere Recherchen in dieser Richtung vorantreiben.«

»Ich habe im Netz mal wieder ein bisschen die Fühler ausgestreckt«, sagte Reckmann. »Auffällig ist, dass Verbindungsstudenten kürzere Studienzeiten vorweisen und auch bessere Noten haben. Das ist übrigens statistisch belegt und nicht einfach wegzudiskutieren.«

»Mich überrascht das beileibe nicht«, meinte Löwenstein und blickte genervt zur Zimmerdecke. »Da muss sich manche Vetternwirtschaft und Küngelei zwangsläufig positiv auf die studentische Karriere auswirken.«

»Es bleibt uns vorerst wohl nichts anderes übrig, als im Internet zu stöbern und außerdem alle uns zugänglichen Informationsquellen anzuzapfen«, überging Nau die Aussage des Kollegen. »Wir haben so viele Namen und Daten gesammelt, dass es sich vielleicht auszahlen kann, einfach mal alle zu überprüfen. Mag sein, dass es zu einer der zahlreichen Personen irgendwelche Auffälligkeiten gibt.«

»Ja, das macht Sinn«, meinte auch Reckmann. »Sowohl im Verein als auch in dem Verbindungshaus haben wir eine Menge Leute erfasst. Irgendjemand von ihnen muss doch einfach etwas auf dem Kerbholz haben.«

»Bleibt die Frage, ob uns das auch bei der Lösung des Falles weiterhilft«, bemerkte Nau mit skeptischer Miene. »Aber das ist für den Anfang mal ein richtiger Ansatz. Nicht auszudenken, es gäbe auf diesem Wege etwas zu entdecken, und wir ließen diese Möglichkeiten unausgeschöpft.«

»Wenn wir dieses Thema nun zunächst einmal genügend durchdiskutiert haben, können wir Ihnen noch schnell von unserem Besuch beim Vereinsvorsitzenden erzählen«, sagte Löwenstein.

»Richtig, schießen Sie mal los. Was für einen Eindruck hatten Sie denn von ihm?«

»Einen sehr dicken, um nicht zu sagen imposanten«, meinte Reckmann und blies die Backen auf. »Er ist – wie soll ich sagen? Es fehlt nicht viel und er benötigt eine eigene Postleitzahl.«

Nau war sonst nicht derjenige, der sich über die körperlichen Unzulänglichkeiten anderer lustig machte, aber bei der Formulierung des Kollegen musste selbst er lachen.

»Ist es wirklich so schlimm?«, fasste der Kommissar sich relativ schnell wieder und nahm einen kräftigen Schluck aus dem Glas mit Mineralwasser, das vor ihm auf dem Schreibtisch stand.

»Allerdings«, antwortete Löwenstein, der selbst recht deutliches Übergewicht hatte und deshalb schnell wieder sachlich wurde. »Er breitet seine schweren Flügel über den Verein aus wie eine Glucke und schützt alle daran Beteiligten. Er hat uns sehr souverän zahlreiche Einblicke in die Vereinsstrukturen gewährt, nur bei der Frage, ob Klosterkemper vielleicht vor einem Vereinswechsel stand, wurde er etwas dünnhäutig.«

»Ja, das ist mir auch aufgefallen«, bestätigte Reckmann. »Ich fand ihn in diesem Punkt auch eher ausweichend.«

Der Kommissar schaute auf die Uhr und stand auf. Pepper, der noch etwas schläfrig war, und seine Kollegen taten es ihm gleich.

»Wir müssen nach Gießen. Wenn Sie ausnahmsweise mal mit meiner alten Klapperkiste vorliebnehmen, können Sie mir alles genauer erzählen, und ich kann dennoch den Hund mitnehmen.«

»Kein Thema, machen wir!«, sagte Löwenstein locker und zog seine alte abgewetzte Lederjacke an, während Ludwig Reckmann nur schweigend nickte.

Die kurze Fahrt nach Gießen verlief wie im Fluge. Es dauerte keine halbe Stunde, bis sie mit der Pathologin neben dem Behandlungstisch standen, auf dem sich der Tote befand. Auch ihr junger Assistent Ralf Meiers war anwesend und schaute seiner Vorgesetzten über die Schulter. Nau hatte natürlich Pepper, wie immer bei den eher ungeliebten Besuchen in der Gerichtsmedizin, im Wagen zurückgelassen, selbstverständlich nicht ohne einige Fenster etwas zu öffnen, damit dieser genug Luft bekam.

»Wir können es im Grunde kurz machen«, begann die Pathologin. Sie hatte ihr langes Haar zu einem Pferdeschwanz zusammengebunden, damit es ihr bei der Arbeit nicht in die Quere kommen konnte. »Besonders viel Neues hat die Untersuchung nicht ergeben.«

Die Beamten ließen ihre Worte vorerst unkommentiert. Erfahrungsgemäß war dies kein Ort, an dem man besonders aus sich herausging. Glücklicherweise war der Leichnam mit einem grünen Tuch bedeckt, sodass nur sein Kopf zu sehen war.

Nau hatte in Pathologien schon deutlich unappetitlichere Anblicke ertragen müssen. Er konnte gut und gerne auf einen geöffneten Brustkorb und in diversen Schälchen präsentierte Organe verzichten.

»Wir haben sämtliche Routinechecks durchgeführt«, erklärte Katja Wenzel. »Ich habe selten einen so gesunden Körper zu untersuchen gehabt. Herr Klosterkemper war in jeder Hinsicht topfit. Das Messer ist, wie schon am Fundort erwähnt, zwischen der vierten und fünften Rippe eingedrungen, der junge Mann dürfte mit Sicherheit sofort tot gewesen sein. Sie sind mir wahrscheinlich dankbar, wenn ich Ihnen das verletzte Organ nicht zeige?«

»Ach, lassen Sie ruhig!«, winkte Löwenstein ab und verzog das Gesicht. Je weniger ›blutig‹ solch ein Besuch in der Gerichtsmedizin war, um so besser.

»In Ordnung, ist ja auch nicht nötig«, meinte sie. »Es sieht genauso aus, wie man es von einem Herzen erwartet, dem man so etwas angetan hat.«

»Würden Sie denn sagen, dass der Stich professionell ausgeführt wurde?«, fragte Nau.

»Will man jemanden umbringen, so kann man das Organ überhaupt nicht besser treffen. Wenn das Messer beispielsweise von einer Rippe abgerutscht wäre, hätte es demzufolge auch eine andere Verletzung verursacht. Ob es sich allerdings nur um einen Glückstreffer handelte, oder ob der Täter eine entsprechende Qualifikation mitbrachte, lässt sich weder durch die Verletzung am Herzen selbst noch durch die Eintrittswunde feststellen.«

Während des kurzen Vortrags der Kollegin verschwand Meiers in einem Nebenraum und brachte einen Dolch mit, der sich in einem durchsichtigen Beutel befand.

»Hier habe ich die Tatwaffe«, sagte er und übergab Reckmann das Beweisstück.

»An ihr wie auch an der Leiche befand sich keinerlei Fremd-DNA«, erklärte die Pathologin. Wir haben den Dolch auch unter dem Mikroskop untersucht. Nichts! Man könnte meinen, er würde direkt aus dem Laden stammen.«

»Wirklich überhaupt nichts?«, fragte der Kommissar sichtlich enttäuscht. »Noch nicht einmal kleine Hautzellen unter den Fingernägeln des Opfers, die auf einen Kampf und damit auf den Täter schließen lassen würden?«

»Ich wünschte, ich könnte Ihnen mehr anbieten«, sagte Frau Wenzel und zuckte mit den Schultern. »Wo nichts ist, ist eben nichts.«

Nau wollte sich nun ebenfalls die Waffe genauer anschauen. Als er schließlich die Hülle in der Hand hielt, bemerkte er sofort, dass es sich dabei um so etwas wie einen alten Bekannten handelte. Schon die olive Farbe hätte ihm von Weitem auffallen müssen. Dieses Kampfmesser der Bundeswehr war ihm in seiner kriminalistischen Karriere schon des Öfteren begegnet. Es hatte eine etwa 14 Zentimeter lange Klinge aus rostfreiem Stahl und einen stabilen Griff aus Kunststoff in ungefähr gleicher Länge.

»Es lässt sich mit diesem Ding offensichtlich besonders gut morden«, sagte er zynisch und legte die Stirn in Falten.

»Diese Art Messer ist Ihnen nicht fremd«, stellte Löwenstein fest.

»Ich hatte schon mehrere Morde aufzuklären, die damit erfolgten«, sagte Nau und nickte, während er mit starrem Blick auf die Waffe schaute.

»Und, schlechte Erinnerungen?«, fragte Reckmann in einem fast beiläufig wirkenden Tonfall.

»Nicht schlechter als bei anderen Waffen«, antwortete Nau. »Es ist nur komisch, dass einem offensichtlich manches im Leben immer wieder begegnet! Außerdem habe ich einen Fehler gemacht. Ich hätte mir schon vorher einmal die Waffe ein bisschen genauer ansehen sollen. Dieses Messer hätte ich gleich erkennen müssen, sogar schon am Fundort der Leiche, wenngleich wir dadurch in unseren Ermittlungen wohl auch noch nicht weiter wären.«

»Ach nehmen Sie es sich nicht so zu Herzen«, sagte die Pathologin tröstend, »in dem schummrigen Licht der Kasematten haben auch wir kaum etwas erkannt, dabei waren wir ständig ganz tief über die Leiche gebeugt.«

»Danke, das ist sehr nett«, sagte er und lächelte Katja Wenzel an, was sie ihrerseits mit einem herzerwärmenden Blick beantwortete. Es tat gut, dass gerade von ihr eine derartige Aufmunterung erfolgte.

»Dann müssen wir also den Kreis der Verdächtigen auch noch auf Angehörige der Bundeswehr und sonstige Wehrdienstleistende ausweiten?«, vermutete Löwenstein.

»Das kann quasi in die Millionen gehen«, gab Reckmann zu bedenken. Seine Begeisterung, die sprichwörtliche Nadel im Heuhaufen zu suchen, hielt sich deutlich in überschaubaren Grenzen.

»Da müssen Sie sich keine Gedanken machen«, räumte Nau ein. »Diese Kampfmesser gibt es wie Sand am Meer. Man muss nicht gedient haben, um in ihren Besitz zu gelangen. Alle möglichen Anbieter im Internet tragen einem das Ding praktisch hinterher.«

»Wie viel muss man dafür denn auf den Tisch legen?«, fragte Löwenstein und strich sich mit der rechten Hand über seinen Dreitagebart.

»Etwa 30 Euro«, antwortete Nau.

»Gibt es irgendwelche Restriktionen?«, erkundigte sich Reckmann.

»Sie müssen lediglich Ihre Volljährigkeit nachweisen.«

Löwenstein nahm die Hülle mit dem Messer in die Hand und machte ein grüblerisches Gesicht.

»Das sind ja fast amerikanische Verhältnisse«, empörte er sich. »Schließlich handelt es sich hierbei um kein Spielzeug. Damit kann man mindestens so viel Schaden anrichten wie mit einer Schusswaffe. Da sollte es doch schwieriger gemacht werden, an so etwas heranzukommen!«

»Das erklärt aber auch, warum jemand das Messer einfach am Tatort zurücklässt. Ansonsten wäre es doch herausgeschmissenes Geld«, meinte Reckmann. »Aber bei dem genannten Betrag ist das ja weiter kein Verlust. Ich hätte jedenfalls gedacht, so ein Messer wäre deutlich teurer.«

»Ein sehr interessanter Aspekt!«, lobte Nau. »Ich hatte mich ebenfalls schon mit diesem Thema auseinandergesetzt. Immerhin ist das Messer teuer genug, dass man sich fragen kann, warum jemand es in der Leiche stecken lässt, statt es wieder herauszuziehen.«

»Vielleicht geschah es aus einer Art Panik heraus?«, spekulierte Löwenstein. »Der Täter wollte fliehen, aber das Opfer war noch nicht ganz tot. Er konnte den Anblick des Sterbenden nicht ertragen und suchte deshalb schnell das Weite.«

»Glauben Sie mir«, fühlte sich der junge Meiers dazu berufen, das Gesagte richtigzustellen. »Es gab keinen langen Todeskampf, Klosterkemper war sofort tot!«

»Ich könnte mir eher denken«, meinte der Kommissar, »dass sich dahinter vielleicht eine Botschaft verbirgt. Es könnte doch immerhin sein, dass der Täter damit irgendeine Symbolik verbindet.«

»Wenn ja«, fragte Reckmann, »was will uns der Täter damit sagen?«

»Und will er das überhaupt?«, erinnerte Nau. »Es kann ja durchaus sein, dass er das Messer einfach aus geringer Wertschätzung hat stecken lassen. Entweder gegenüber der Tatwaffe selbst oder aber gegenüber dem Opfer.«

»Aber bin ich nicht als Täter darum bemüht«, bemerkte die Pathologin, »möglichst nichts am Tatort zurückzulassen? Ich bin doch in Sorge, dass die Tatwaffe Rückschlüsse auf mich zulassen könnte. Als Täter versuche ich doch, es den Ermittlern so schwierig wie möglich zu machen.«

»Mit den Rückschlüssen haben Sie absolut recht. Immerhin befindet sich an dem Messer eine Seriennummer, die in den Schaft eingraviert ist. Meine Erfahrung zeigt, dass uns dies vielleicht nicht unbedingt direkt zum Täter führt. Zumindest ist dies nicht sonderlich wahrscheinlich, da solche Messer in der Regel durch zahlreiche Hände gehen, aber dennoch sollten wir möglichst den Käufer ermitteln. Schaden kann es jedenfalls nichts!«

Gisbert Nau saß in dem gemütlichen Ohrensessel, der in seiner Wohnstube stand. Er hatte sich entschlossen, den Abend mit dem Hören von Schallplatten und CDs zu verbringen. Dabei wollte er die Musik voll und ganz in sich aufnehmen. Nichts und niemand sollte ihn von diesem Genuss ablenken.

Nirgends brannte elektrisches Licht. Der Kommissar hatte zwei Kerzen angezündet, die flackernde Schatten an die Wand warfen.

Pepper lag etwas abseits in seinem Korb und schlummerte schon wieder. Angesichts der Tatsache, dass er an diesem Tag nicht sonderlich viel unterwegs gewesen war, erstaunte dies sein Herrchen ein wenig. Immerhin hatte er seinen Hund am frühen Abend noch für eine gute halbe Stunde spazieren geführt.

Eine recht melancholische, aber irgendwie auch romantische Stimmung erfüllte den Raum. Gisbert war einfach danach. Er legte schon seit geraumer Zeit eher ruhigere Musik auf.

Seine umfangreiche Platten- und CD-Sammlung wurde wieder einmal einer eingehenden Studie unterzogen. In regelmäßigen Abständen stand er wieder auf und suchte aus, was immer ihm gerade in den Sinn kam.

Stücke von Simon and Garfunkel waren darunter, ebenso die Dire Straits und auch Cat Stevens. Mit Titeln von REM oder auch Journey kamen dann etwas neuere

Interpreten zum Zug. Nau konzentrierte sich vor allem auf Lieder, die er schon länger, teils seit Jahren, nicht mehr gehört hatte.

Auf einem kleinen Abstelltisch neben ihm stand eine Flasche Rotwein und ein halb volles Glas. Selten trank er Alkohol, aber wenn, dann gelang es ihm, es zu einem wirklichen Genuss werden zu lassen.

Viele neue Eindrücke waren seit dem vorherigen Morgen auf ihn eingeströmt, zahllose Personen hatten eine kurze Nebenrolle in den Ermittlungen gespielt. Noch war nicht abzusehen, *wer* irgendwann eine Hauptrolle ausfüllen würde und *zu welchem Zeitpunkt*.

Nau ließ die Atmosphäre im Zimmer ganz bewusst auf sich einwirken, schließlich hatte er sie eigens zu diesem Zweck selbst kreiert. Musik war ein besonders wichtiger Teil seines Lebens. Er bewunderte insgeheim die Gabe mancher Künstler, großartige Songs zu erschaffen. Er hatte seine Jugend in den 70er Jahren verbracht, also bildete dieses Jahrzehnt auch so etwas wie seine musikalische Heimat.

Langsam, nach und nach, gelang es ihm, innerlich abzuschalten und seine Gedanken zu ordnen.

5. KAPITEL

Die so zahlenstarke Besuchergruppe dieses Mittwochvormittags ging Karl-Friedrich Bender ein wenig auf die Nerven. Ein mittelständisches Unternehmen aus der Region hatte um diesen besonderen Termin gebeten, um einen Teil ihres Betriebsausfluges in den Marburger Kasematten zu verbringen.

Der Touristenführer konnte sich nicht erklären, warum diese Gruppe so gar nicht bei der Sache war. Vielleicht war die Teilnehmerzahl einfach zu groß, sodass die Aufmerksamkeit der Zuhörer mit der Zeit gegen null zu gehen schien. Immerhin waren es fast 30 Personen, die er im Rahmen der Führung durch die düsteren Gänge und Wehranlagen zu schleusen hatte. Eine so große Anzahl an Personen war ohnehin schon schwer zu begeistern. Derartige Firmengruppen dachten oftmals auch einfach nur mehr daran, im Anschluss gemeinsam irgendwo einzukehren und einen über den Durst zu trinken. Seine üblichen Versuche, der Besichtigung eine gewisse Würze zu verleihen, indem er einige Spannungsmomente einbaute, waren von vornherein zum Scheitern verurteilt.

So hatte Bender heute wenig Gelegenheit, die Gruppe durch seine Erzählkunst und den Wohlklang seiner kräftig-markanten Stimme zu fesseln. Dabei genoss er es sonst sehr, seinen Besuchern den einen oder anderen Schauer über den Rücken zu jagen. Ein Abstecher in die Kasematten war für so etwas ja prädestiniert.

Fremdsprachenkenntnisse waren an diesem Tag nicht vonnöten, denn die Bürobelegschaft eines Zulieferunternehmens aus der Automobilindustrie bestand zum größten Teil aus deutschen Muttersprachlern, während die wenigen Kollegen ausländischer Herkunft in der deutschen Sprache gut geschult waren. Fast vermisste es Bender, einige englische Sätze einstreuen zu können. Auch das konnte mitunter für ein wenig Abwechslung bei einer solchen Besichtigung sorgen.

Gut, dass es in den Kasematten an zahlreichen Stellen recht dunkel war. Es hätte nicht unbedingt die Begeisterung seiner Zuhörerschaft gesteigert, wenn sie gesehen hätten, mit welch frustrierter Miene er die heutige Tour hinter sich brachte. Noch etwa 20 Minuten, dann war die Führung zu Ende. Dann hatte er seine Pflicht und Schuldigkeit getan und würde endlich nach Hause zu seiner Frau zurückkehren können, die sicherlich bereits das Mittagessen zubereitete.

Mit aufgesetzter Höflichkeit bog er um die nächste Ecke, die leider hell erleuchtet war. Aus Teilen der Personengruppe hinter ihm war ein hoher Geräuschpegel zu vernehmen, der von allerlei Privatgesprächen herrührte. Durch die Bauart der steinernen Gänge vervielfachte sich dieser noch. Die Belegschaft des Unternehmens kam einander näher! So gesehen wurde der Zweck eines solchen Ausflugs erfüllt. Ein Gedanke, mit dem sich Bender allerdings kaum trösten konnte. Wie sehr liebte er es, wirklich Interessierten die Geheimnisse der unterirdischen Schlossbefestigung näherzubringen. Wie enervierend war hingegen die Erfahrung dieses Morgens!

»Wann werden wir denn fertig?«, fragte eine aufgedrehte, völlig übertrieben geschminkte Dame Ende 30.

Bender musste sich gar nicht erst umdrehen, um sie zu erkennen, denn sie hatte ihn schon den ganzen Weg über mit unsinnigen Fragen nach Nebensächlichkeiten gelöchert. »Ich müsste nämlich bald mal pinkeln!«

Vielstimmiges Gelächter folgte. Teils lauthals und ungeniert, von anderen Teilnehmern kam es eher als ein unterdrücktes, fast schuldbewusstes Kichern. Bender musste wirklich seine Nerven und Gefühle unter Kontrolle halten, anderenfalls hätte er die Veranstaltung sofort an Ort und Stelle abgebrochen!

Der Rentner schluckte zweimal und atmete tief durch. Er hatte sich innerlich so sehr echauffiert, ohne es zeigen zu können, dass ihm sein altes, ohnehin nicht mehr ganz gesundes Herz bis zum Hals schlug. Als er sich einigermaßen beruhigt hatte und wieder etwas besser fühlte, sagte er:

»Wir haben noch etwa eine Viertelstunde vor uns. Abkürzen können wir nichts, wir müssen also den Weg bis zum Ende weiterverfolgen. Dort zeige ich Ihnen dann, wie Sie zu den nächstgelegenen Toiletten kommen.«

Der allgemeine Geräuschpegel legte sich allerdings kaum.

»Ich darf Sie alle weiter um Ihre Aufmerksamkeit bitten und an Ihre Kollegialität appellieren. Diejenigen unter Ihnen, die sich wirklich für die Kasematten interessieren, sollen doch Gelegenheit bekommen, zu hören, was ich sage. Also etwas mehr Ruhe bitte!«

Fast fühlte er sich auf verlorenem Posten. Selbst eine Schülergruppe war eine einfachere Klientel als diese Firmenbelegschaft! Bender konnte sich des Eindrucks nicht erwehren, dass bereits bei der Anfahrt nach Marburg reichlich Alkohol geflossen sein musste.

Routinemäßig spulte er am nächsten Haltepunkt seinen Text ab. Mittlerweile war er sogar ganz froh, dass er nicht auch noch alles zu übersetzen hatte, so ging es schneller weiter. Er sehnte sich einem möglichst baldigen Ende entgegen.

Ein wenig später gelangten sie in einen besonders düsteren und engen Abschnitt der Anlage.

»Da liegt einer und schläft seinen Rausch aus!«, rief ein Buchhaltertyp in Bierlaune. Sie waren allerdings noch etwa gut 20 Meter von der Stelle entfernt, wo ein auf dem Rücken liegender Körper schemenhaft zu erkennen war.

Endlich hatte Bender in der Gruppe jenes Maß an Aufmerksamkeit, das er schon so lange ersehnt hatte. Sie kamen langsam näher, und die Augen gewöhnten sich an die speziellen Lichtverhältnisse dieser Stelle. Die Umrisse der Person wurden deutlicher, und die Teilnehmer der Besichtigung reckten die Köpfe.

»Dem steckt ein Messer in der Brust!«, schrie eine junge Frau und schlug anschließend die Hände vor ihrem Mund zusammen.

Die Gruppe kam mit einem Respektabstand von ein paar Metern in einem Halbkreis zum Stehen. 30 Augenpaare schauten zwischen dem augenscheinlich leblosen Körper und Bender hin und her. Der fühlte sich dazu berufen, den weißhaarigen altmodisch gekleideten Mann an der Schulter zu fassen. Er rüttelte ihn, um festzustellen, ob sich nicht doch noch etwas Leben in dem Fremden regte.

»Besser nicht berühren!«, rief ein offensichtlich sehr aufgewühlter junger Mann, woraufhin sich einige der Anwesenden nach ihm umdrehten. »Ich meine wegen dem Verwischen von Spuren und so …«

Bender schnürte es vor Aufregung fast den Hals zu. War dieser Fund nicht schon ungewöhnlich genug, so hatte er obendrein auch noch die Verantwortung für die gesamte Gruppe zu tragen. Fast zwangsläufig fühlte er sich somit in die Rolle des Handelnden gedrängt.

Er zog ein Taschentuch aus seiner Hosentasche, bedeckte damit Zeige- und Mittelfinger seiner rechten Hand und berührte so die Gegend des vor ihm liegenden Mannes, wo er dessen Halsschlagader vermutete.

»Nichts?«, fragte die klein gewachsene Seniorin der Gruppe besorgt, während sie sich in die erste Zuschauerreihe drängte.

Bender drehte sich der inzwischen völlig verstörten Besuchergruppe zu und schüttelte nur den Kopf, dann stand er mühsam auf. Dieses Bücken ging an seinen alten, morschen Knochen nicht ganz spurlos vorüber.

»Ach kommen Sie«, sagte ein anderer Kollege lallend, der offensichtlich zu dieser relativ frühen Stunde bereits besonders tief ins Glas geschaut hatte. »Das ist doch nur Teil der Besichtigung. Applaus, Applaus!« Danach fing er an zu klatschen, aber kein Mitglied der Belegschaft machte mit.

Die meisten der Anwesenden hatten den Ernst der Lage erkannt, während einige mit glasigen Blicken die unwirkliche Szenerie betrachteten.

»Der war aber eh schon sehr alt«, sagte ein seinerseits auch nicht sonderlich junger Mitarbeiter, als hätte das etwas Relativierendes oder gar Tröstliches.

»Was tun wir jetzt?«, fragte wieder die Dame, die offensichtlich den Altersvorsitz innehatte, und nahm eine Brille aus ihrer Handtasche, um den skurrilen Fund etwas eingehender betrachten zu können. Sie machte einige Schritte nach vorn. Als sie das Messer und die von ihm verursachte Wunde in der Brust des Opfers näher inspiziert hatte, machte sie angewidert einen kleinen Ruck nach hinten und nahm ihre Sehhilfe wieder ab.

Bender schaute erneut in die Runde. Er wirkte dabei irgendwie besonders rat- und kraftlos.

»Kann mal bitte jemand hinausgehen und 110 anrufen?«, bat er. »Dort entlang …etwa 700 Meter …« Er deutete in eine Richtung, dann spürte er, wie seine Knie weich wurden und nachgaben.

Eine gute halbe Stunde später stand Reckmann genau an jener Stelle, an der Bender in Ohnmacht gefallen war, und diskutierte angeregt mit seinen Kollegen.

»Wie geht es dem Kasemattenführer?«, fragte Nau Peter Löwenstein, der gerade von einem Telefonat zurückgekommen war. Er hatte diese Stelle vorübergehend verlassen müssen, da sein Handy dort keinen Empfang hatte, was wohl angesichts der Lage der Kasematten für alle Mobiltelefone galt.

»Ihm geht es wieder passabel. Er sitzt bereits aufrecht im Notarztwagen und hat sich ganz gut gefangen«, antwortete Löwenstein. »Sie sind gerade losgefahren. Er soll auf jeden Fall noch ein paar Stunden beobachtet werden, ist immerhin schon weit über 60.«

»Gut, bleiben Sie am Ball! Wir müssen wissen, wann und wo wir uns mit ihm unterhalten können«, wies ihn der Kommissar an.

»Unser neues Opfer wirkt auch nicht gerade jünger als sein Finder«, meinte Reckmann und beugte sich über die Leiche.

»Eher älter«, bekräftige Nau.

»Schon seltsam. Wir waren gerade erst in Gießen, und nun stehen wir vor der nächsten Leiche«, bemerkte Löwenstein. »Haben wir es hier also am Ende mit einem Serienkiller zu tun?«

»Der Fundort ist ja immerhin diesmal ein etwas anderer«, merkte Reckmann an. »Es sind etwa 500 Meter Luftlinie von der ersten Stelle. Umgebracht wurde ja das erste Opfer, da legt sich die Spurensicherung mittlerweile fest, nicht in den Kasematten.«

»Kann es vielleicht sein, dass er zeitgleich mit dem ersten Opfer ermordet und hier abgelegt wurde, und es nur länger gedauert hat, bis man ihn schließlich fand?«, fragte Löwenstein. »Die Kasematten erstrecken sich immerhin über ein ganz erhebliches Areal, wie ich gestern noch gegoogelt habe.«

»Das glaube ich kaum«, erläuterte Nau, während er sich nun seinerseits über die Leiche beugte, um sie sich etwas genauer anzuschauen. »Der macht mir keineswegs den Eindruck, als läge er schon zwei Tage hier.«

»Diesmal handelt es sich nicht um das gleiche Messer«, sagte Reckmann.

»Ja«, bestätigte Nau. »Deshalb habe ich mich gerade heruntergebeugt. Ich wollte nicht wieder denselben Fehler machen wie beim letzten Mal. Es ist ein ganz anderes Exemplar, aber wir werden sicher herausfinden, dass es auch dieses an praktisch jeder Straßenecke zu kaufen gibt.«

»Ja, das fürchte ich auch!«, meinte Löwenstein, und sein Gesichtsausdruck zeigte deutlich, wie wenig er von der Tatsache hielt, dass an gefährliche Waffen so einfach heranzukommen war.

»Zusammen studiert haben werden die beiden Opfer

jedenfalls nicht!«, bemerkte Reckmann zynisch zu deren Altersunterschied.

»Aber vielleicht gibt es über die Burschenschaft eine Verbindung«, gab Nau zu bedenken. »Immerhin wissen wir ja, dass die alten Mitglieder noch gehörigen Einfluss auf die *Füchse* der *Elisabethaner* besitzen.«

»Wir müssen aber auch überprüfen, ob das neue Opfer in dem Football-Verein tätig war«, bemerkte Löwenstein.

»Oh, da kommen sie!«, rief Reckmann aus und deutete mit dem Zeigefinger auf die beiden Pathologen, die gerade um die nächstgelegene Ecke bogen.

Nau ging ihnen die letzten Meter entgegen und gab beiden die Hand. Nur weil Frau Wenzel sich mittlerweile augenscheinlich verlobt hatte, war dies ja noch lange kein Grund, weniger freundlich miteinander umzugehen. Immerhin hatten sie einander erst beim letzten Fall kennengelernt, seit welchem auch schon wieder etliche Monate ins Land gezogen waren, und seitdem sie sich nicht mehr gesehen hatten.

»Nicht, dass Sie sich hier häuslich einrichten!«, sagte sie mit einem Lächeln.

»Nein, das hatte ich nicht vor«, entgegnete der Kommissar. »Ich hoffe, das ist unser letzter Besuch hier.«

Während auch die Kollegen der Spurensicherung eintrafen, machte sie sich an eine erste Untersuchung der Leiche.

»Sobald Sie an die Papiere des Opfers gelangt sind, sagen Sie uns bitte Bescheid, sofern er welche dabei hatte!«, meinte Reckmann.

»Genau«, sagte der Kommissar, »dann ist uns gleich eine erste Recherche im Internet möglich.«

Reckmann hatte Nau am Vortag darüber informiert, dass er inzwischen mit einem internetfähigen Smartphone ausgestattet war, und sie auf diese Weise auch ständigen Zugriff auf das WWW hatten.

»Alles klar!«, sagte die Pathologin kurz. Man merkte ihr bereits an, dass sie sich nun im Arbeitsmodus befand und möglichst in den nächsten Minuten nicht mehr gestört werden wollte.

Nau vermied nach Möglichkeit fast alles, was mit dem Internet und den sozialen Medien zu tun hatte. Allerdings hatte er schon im Zuge des letzten Falles vor einigen Monaten gemerkt, dass auch er sich derartigen Errungenschaften nicht mehr länger würde verschließen können. Selbstverständlich besaß auch er ein Handy, aber es war noch denkbar einfach ausgestattet. Neben der Telefonie hatte es kaum Funktionen zu bieten – ein Umstand, den Nau eigentlich genoss.

Es half nichts, er würde in den nächsten Tagen in die Elektronikgeschäfte in Wehrda und im Erlenring-Center gehen und sich informieren. Nicht, dass er neuen Entwicklungen grundsätzlich ablehnend gegenüberstand, aber er wollte auch nicht jeden Trend einfach so mitmachen. Immerhin sah der Kommissar jetzt ein, dass manche Innovation ihm zumindest auf beruflicher Ebene durchaus hilfreich sein konnte.

Einige Minuten waren inzwischen vergangen, in denen die drei Beamten die Pathologen und die Spurensicherung in Ruhe arbeiten ließen und sich zu diesem Zweck auch um etwa 15 Meter zurückgezogen hatten.

»Ottokar Nebeling, Baujahr 1937«, rief Frau Wenzel auf einmal unvermittelt hinüber und vertiefte sich augenblicklich wieder in ihre Aufgabe.

»Dann hat er sich doch ganz gut gehalten«, meinte Reckmann. »Ich hätte ihn doch eher ein paar Jahre jünger geschätzt.«

Dabei zückte er bereits seine neueste technische Errungenschaft und steckte sie gleich wieder weg, da hier unten natürlich auch sein Smartphone keinen Empfang hatte.

Daraufhin blickte Nau sich um und begann zu überlegen. Wo lag die Talseite der Anlage?

»Kommen Sie mit«, sagte er kurzentschlossen zu seinen Kollegen und gab Frau Wenzel einen kurzen Wink, damit sie bemerkte, in welcher Richtung sie sich fortbewegten. »Mit ganz viel Glück haben wir nach einigen Dutzend Metern doch Empfang!«

Die Kollegen folgten ihm und fragten sich, was der Kommissar ausgeheckt haben mochte. Nau ging voran und richtig – nach etwa 25 Metern kamen sie an eine Wegbiegung, an die sich nur wenig später ein weiterer Kanonenstand mit einer eigens dafür angelegten Schießscharte befand.

»Wir haben tatsächlich Glück. Ich hatte recht, Talseite ist gleich Beschussseite! Ich dachte mir, dass es auf dieser Seite doch auch wieder einige Geschütze und die entsprechenden Schießscharten geben müsste!«

Reckmann schaltete sein Smartphone wieder ein und bald navigierte er durch die diversen Haupt- und Untermenüs. Im Gegensatz zu Löwenstein zuvor erwischte er hier nun eine akzeptable Netz-Verbindung. Der Kommissar schaute interessiert zu Reckmann hinüber, der ein recht abwechslungsreiches Mienenspiel zeigte, ohne damit eine wirkliche Gemütsregung zu verraten.

»Ist Ihnen der Mantel des Opfers aufgefallen?«, fragte Löwenstein. »So etwas sieht man sonst eigentlich nur in Filmen. Scheint mir so etwas wie ein Kutschermantel zu sein.«

Nau nickte nur kurz und schaute abermals zu Reckmann hinüber, der gerade dazu ansetzte, etwas zu sagen.

»Er war Geschichtsprofessor hier an der Uni.«

Danach machte er eine kurze Pause, weil er Links zu folgen schien, die wohl diverse weitere Informationen lieferten.

»Zudem gibt es von ihm zahlreiche Publikationen, geschichtliche Sachen eben, passend zum Beruf. Von einer Mitgliedschaft bei einer Burschenschaft ist in den Schlagzeilen zunächst einmal nichts zu entdecken.«

»Das ist doch schon mal recht aufschlussreich«, meinte Löwenstein und machte sich gleich – so gut es die Lichtverhältnisse zuließen – einige Notizen. »Die Bücher besorgen wir uns!«

Reckmann tippte weiterhin an seinem Smartphone herum und kniff dabei die Augen zu. Er stand der Schießscharte am nächsten, um das beste Licht zu haben, und natürlich wegen des ungestörten Empfangs.

»Brauchen Sie etwa eine Brille?«, frage Nau eher scherzhaft.

»Ich habe in letzter Zeit wirklich des Öfteren Probleme«, gestand Reckmann. »Die Arme werden zu kurz.«

Der Beamte blätterte sich weiter durch zahlreiche Dateien und kniff immer stärker die Augen zu.

»Ich gehe mal auf die Bildersuche, die ist oft auch sehr hilfreich.«

»Welches Suchwort geben Sie ein?«, wollte Löwenstein wissen und kam an seine Seite.

»Seinen Namen natürlich und den Begriff Burschenschaft, notfalls muss ich es später noch ändern, falls ich nicht gleich damit Erfolg habe.«

Gisbert Nau ließ die beiden Kollegen einfach machen. Es reichte, wenn sich bereits zwei Köpfe über dem kleinen Display den Platz streitig machten, zumal die Schießscharte auch nicht gerade allzu viel Platz bot, obwohl auch sie für eine relativ wuchtige Kanone vorgesehen war, die in einigem Abstand davor stand. Gespannt wartete er jedoch, ob sie noch mit weiteren Details würden aufwarten können.

»Da haben wir ihn ja!«, rief plötzlich Löwenstein aus.

»Und das schon auf Seite 2 der Suche!«, ergänzte Reckmann.

»Ja was denn nun?«, fragte ihr Vorgesetzter ungeduldig.

Nun wechselte auch der Kommissar seine Position und gesellte sich zu den Kollegen.

»Hier links auf dem Bild«, sagte Reckmann, »ist er deutlich bei einem Ball der Burschenschaft zu sehen.«

»Etwa 15 Jahre jünger zwar und nicht ganz so faltig, aber auch damals schon an seinem markanten weißen Haar zu erkennen«, ergänzte Löwenstein.

»Außerdem trägt er auch so ein Burschenschafts-Bändchen, wie es gestern die Studenten hatten«, bestätigte Nau. »Sogar ebenfalls in den Farben Schwarz, Rot und Weiß, wie wir es beobachtet haben.«

»Die drei Farben waren es? Sind Sie sicher?«, fragte Reckmann nach.

»Ja, in diesem Detail irre ich mich bestimmt nicht, wenn ich auch sonst keineswegs fehlerfrei bin. Ich habe mir gedacht, dass die Farbauswahl noch einmal wichtig werden kann, zumal jede Verbindung ja vermutlich ihre eigene hat.«

»Also wissen wir jetzt«, fasste Löwenstein noch einmal zusammen, »dass er Kontakt zu einer Burschenschaft hat oder zumindest hatte. Außerdem scheint es sich wahrscheinlich sogar um ›unsere‹ *Elisabethaner* zu handeln.«

»Hier sind noch einige weitere Bilder«, meinte Reckmann und zeigte auf den kleinen Bildschirm.

Zum ersten Mal konnte Nau aus unmittelbarer Nähe beobachten, wie der Kollege mit einfachen Fingerbewegungen über den Touchscreen navigierte. Der Kommissar ersparte sich, seiner Verwunderung darüber Ausdruck zu verleihen. Damit hätte er sich vermutlich ohnehin nur unnötig als völlig unbedarft gegenüber neueren Errungenschaften der Technik zu erkennen gegeben.

»Hier ist er bei einer Preisverleihung oder etwas Ähnlichem an der Uni«, sagte Löwenstein. »Wenn ich bedenke, dass das Foto noch in Schwarz-Weiß ist, und mir anschaue, wie viel jünger er darauf wirkt, würde ich sagen, dass es in den 60er Jahren entstanden ist.«

»Könnte hinkommen«, pflichtete ihm Reckmann bei.

»Was haben wir denn da?«, rief Nau überrascht aus und kniff nun seinerseits die Augen zusammen, als würde dies die Darstellung vergrößern. Er zeigte auf eines der Bilder der Übersichtsseite, und Reckmann klickte es daraufhin an.

»Das ist ja sehr interessant«, sagten dann Löwenstein und der Kommissar fast unisono.

Das nun vergrößerte Bild zeigte einen Zeitungsartikel, in dem von seltsamen Verschwörungstheorien die Rede war. Er stammte aus der Mitte der 80er Jahre und trug die Überschrift: *Untersuchung eingestellt, Nazi-Professor bleibt unbehelligt.*

»Stilistisch könnte es fast von der Zeitung mit den vier Buchstaben stammen, aber es kommt ganz eindeutig von der hiesigen Lokalpresse«, kommentierte Reckmann.

»Von der Zeitung mit den *zwei* Buchstaben!«, sagte Löwenstein trocken und sorgte für ein kurzes Schmunzeln bei den Kollegen. In der Tat handelte es sich um einen Artikel aus der Gazette des Marburger Presse-Marktführers.

»Löwenstein, vielleicht lesen Sie mal vor?«, delegierte Nau. »Wir müssen uns ja nicht zu dritt die Köpfe an dem kleinen Gerät platt drücken.«

Löwenstein übernahm die ihm zugewiesene Rolle und es stellte sich tatsächlich heraus, dass er ein guter Vorleser war.

Offensichtlich hatte sich Professor Nebeling in jener Zeit wenig Freunde in Marburg gemacht. Seine Behauptung, es handle sich bei dem Doppelgrab in der Elisabethkirche nicht um die letzte Ruhestätte des Reichspräsidenten Paul von Hindenburg und seiner Frau Gertrud, zog wohl zahlreiche Konsequenzen nach sich.

»Die liegen in der E-Kirche?«, entfuhr es Reckmann. »Wussten Sie das?«

Sowohl Nau als auch Löwenstein nickten nur, während Letzterer weiterlas.

Reckmanns Reaktion war beileibe nicht ungewöhnlich. Nicht jeder Marburger wusste von der Tatsache, dass die beiden von Hindenburgs in der Turmhalle der Elisabethkirche bestattet waren. Es war nicht gerade Bestandteil des täglichen Lebens innerhalb der Studentenstadt.

Als die Rote Armee 1945 Ostpreußen erreichte, ließ Hitler die beiden Särge des Ehepaars aus dem Tannenberg-Denkmal bergen und in Richtung Westdeutschland verschiffen. Man wollte damit verhindern, dass die Särge in feindliche Hände fielen.

Während Nau und Löwenstein den Artikel mit Gleichmut zur Kenntnis nahmen, da sie die historischen Fakten bereits kannten, zog Ludwig Reckmann seine Augenbrauen vor Erstaunen immer weiter nach oben.

Im Sommer 1945 wurden die beiden Zinksärge der von Hindenburgs schließlich von der amerikanischen Armee in einem thüringischen Salzbergwerk entdeckt.

Zur endgültigen Beisetzung des Ehepaars in dem Marburger Gotteshaus kam es dann im August 1946.

»Wow!«, reagierte Reckmann nochmals. »Das habe ich wirklich nicht gewusst!«

»Lesen Sie weiter im Lokalteil auf Seite 8«, schloss Löwenstein seinen Vortrag und schaute die Kollegen groß an.

»Na prächtig«, reagierte Nau zynisch. »Wie immer im Leben wird man weiter verwiesen!«

»Und was ist nun mit der Auflösung?«, fragte Reckmann. »Wer soll stattdessen in dem Grab liegen? Es wird ja eingangs nur gesagt, dass es Nebelings Meinung nach nicht der Reichspräsident und seine Frau sind.«

»Vielleicht war das ja die komplette Aussage«, meinte Löwenstein. »Eventuell geht es nur um Nebelings Behauptung, dass sich von Hindenburg nicht in dem Grab befindet. Aus dem bisherigen Artikel geht nicht zwangsläufig hervor, dass darin im weiteren Verlauf auch noch gesagt wird, ob stattdessen jemand anderes in dem Grab liegt und um wen es sich handelt.«

»Ich denke aber doch, dass da noch was kommt«, überlegte Nau. »Da der Tote in dem damaligen Artikel sogar als ›Nazi-Professor‹ bezeichnet wird, ist die Richtung vielleicht auch schon vorgezeichnet. Ich bin jedenfalls äußerst gespannt darauf, was sich noch alles an Überraschungen im zweiten Teil des Artikels finden mag.«

Es entstand eine kurze Pause, in der alle über das soeben Gehörte nachdachten. Dann fiel dem Kommissar noch eine Frage ein:

»Steht denn dort irgendwo der Name des Redakteurs? Den könnten Sie dann zur Sicherheit schon mal notieren, Peter, damit er uns nicht verloren geht!«

»Hier steht es«, sagte Reckmann. »Es handelt sich um einen gewissen Roland Majowski.«

Peter Löwenstein zückte einmal mehr seinen Notizblock, während Reckmann ergänzte:

»Ich denke aber nicht, dass wir unbedingt den Namen des Redakteurs brauchen, um an den Artikel zu gelangen. Der findet sich bestimmt im Archiv der Zeitung, da werden auch Titel und Datum ausreichen, um ihn ausfindig zu machen!«

»Damit werden Sie wahrscheinlich recht haben«, entgegnete Nau. »Falls der Verfasser dieser Zeilen allerdings noch lebt, könnte es sehr interessant sein, ihn persönlich zu treffen. Vielleicht weiß er ja mehr, als er damals zu Papier gebracht hat.«

»Steht denn im Internet irgendwo ein Verweis auf den zweiten Teil des Artikels?«, fragte Löwenstein. »Ich meine, wenn Sie vielleicht die Suchbegriffe etwas anpassen?«

»Soll ich Ihnen erste Ergebnisse liefern oder störe ich?«, fragte überraschend die Pathologin, die unbemerkt zu ihnen herübergekommen war und so ebenfalls einen kurzen Blick auf Reckmanns Smartphone erhaschte. Sie hatte ihren Assistenten angewiesen, bei der Leiche zu bleiben, während sie sich außer dessen Sichtweite bewegte, um die drei Männer zu finden.

»Wir waren mitten in der Internet-Recherche«, klärte

sie Löwenstein auf. »Wir haben in der Tat einiges Interessantes über Professor Nebeling erfahren.«

»So, dann lassen Sie mal hören!«, meinte sie. Inzwischen war auch Meiers zu ihnen herübergekommen und schaute neugierig zwischen den Anwesenden hin und her. Frau Wenzels Anweisung, bei der Leiche zu bleiben, ließ er dabei geflissentlich außer Acht.

Der Kommissar gab ihr eine kurze Zusammenfassung der neuesten Erkenntnisse, während sein Kollege das Smartphone ausschaltete und in einer Seitentasche seiner Anzugjacke verschwinden ließ.

»Und was haben *Sie* an Neuigkeiten für uns?«, fragte Reckmann besonders freundlich und versuchte, dabei lässig zu wirken. Auch ihm war der Liebreiz der jungen Pathologin natürlich nicht entgangen. Der Beamte war zwar glücklich verheiratet, aber er handelte nach der Maxime ›Appetit holen kann man sich auch auswärts, aber gegessen wird nur zu Hause‹. Ein kleiner Flirt während der Dienstzeit war demnach durchaus im Bereich des Erlaubten. Allerdings zeigte die junge Frau auch diesmal keinerlei Anzeichen, in irgendeiner Form auf seine Avancen zu reagieren. Schließlich war es nicht das erste Mal, dass er versuchte, ihr mit einem allzu machohaften Verhalten zu imponieren. Vermutlich bemerkte sie es nicht einmal.

»Wie schon bei der letzten Leiche, kann ich auch in diesem Fall mit keinen sonderlich großen Erkenntnissen aufwarten«, begann sie ihre kurze Bewertung der vorgefundenen Sachlage. »Auch das heutige Opfer ist mit einem gezielten Stich ins Herz umgebracht worden. Professor Nebeling war sofort tot. Wie beim letzten Opfer ist die Mordwaffe zwischen der vierten und fünften Rippe eingedrungen. Das Messer könnte entweder leicht abgerutscht sein, oder der Täter war diesmal deutlich größer. Das können wir allerdings erst sagen, wenn wir den Toten genauer untersucht haben. Ich vermute allerdings stark, dass die Waffe einfach ein wenig von der Rippe abgelenkt wurde und deshalb etwas schräger eingedrungen ist. Wie gesagt, wird eine genauere Analyse bei uns im Institut Aufschluss geben!«

»Uns ist schon aufgefallen, dass es diesmal ein anderes Messer war, es also nicht vom selben Hersteller stammt«, warf Reckmann rasch ein, um sich bei Frau Wenzel in ein möglichst gutes Licht zu rücken.

»Ja, das hätte ich Ihnen auch gesagt, wenn Sie mich nicht unterbrochen hätten!«, konterte die Pathologin kühl. »Allerdings dürfte die Beschaffenheit des Messers, was etwa die Länge der Klinge und andere Eckdaten angeht, durchaus gleichartig sein.«

»Sie haben das Messer heute aber ebenfalls noch nicht aus dem Körper herausgezogen?«, fragte Nau.

»Wir machen das wieder im Institut wie bei der Leiche von neulich«, antwortete der junge Assistent Meiers. »Ist einfach besser so. Sie wissen schon, damit wir den Eintrittswinkel der Waffe feststellen können!«

»Die Länge der Messergriffe unterscheidet sich jedenfalls nur um wenige Millimeter, sodass wir davon ausgehen können, dass es sich in Bezug auf die Klinge ganz ähnlich verhält«, ergänzte die Gerichtsmedizinerin.

Weil Katja Wenzel eine längere Sprechpause einlegte, fragte Löwenstein:

»Ansonsten haben Sie vermutlich wieder keinerlei Spuren an dem Toten entdeckt, die Rückschlüsse auf den Täter zulassen?«

»Wir haben kein Blut oder andere Spuren an der Kleidung des Opfers gefunden. Allerdings haben wir unter seinem rechten Ring- und Mittelfinger einige nicht körpereigene Hautschuppen entdeckt. Diese mögen vielleicht stumme Zeugen des Umstands sein, dass sich der Professor noch zu wehren versucht hat.«

»Ich verstehe!«, sagte Nau. »Vielleicht eröffnet dies ja einen Ermittlungsansatz. Allerdings haben wir natürlich bislang noch keinen Verdächtigen, bei dem Sie einen entsprechenden DNA-Abgleich anstellen könnten.«

Danach verabschiedeten sie sich. Der Kommissar ging mit seinen beiden Kollegen noch hinüber zu der Gruppe der Spurensicherung. Reckmann kannte einen der Mitarbeiter und kam deshalb schnell mit ihm ins Gespräch.

Der Mann drückte sein Bedauern darüber aus, dass es leider am Fundort der Leiche offensichtlich kaum etwas zu entdecken gab. Wie schon bei dem ersten Toten, deutete nichts darauf hin, dass der Mord in den Kasematten erfolgt war. Ebensowenig gab es Hinweise auf die jeweiligen Tatorte. Er und seine Kollegen hatten bislang nur die üblichen Rückstände aufgefunden, die an Orten wie diesem eben vorlagen: Kaugummi-Reste, einige Papierschnipsel, eine nicht einmal ganz leere Zigarettenschachtel und andere achtlos weggeworfene Dinge, die hier eigentlich nichts zu suchen hatten. Der Umstand, dass regelmäßig Besuchergruppen durch die Kasematten geführt wurden, die dabei einiges an Müll hinterließen, erschwerte die Zuordnung der Fundstücke.

Dennoch tüteten die fleißigen Mitarbeiter der Spurensicherung alles halbwegs interessant scheinende Material ein und nummerierten es. Immerhin war ja nicht auszuschließen, dass irgendetwas davon noch eine Relevanz bekam. Alles würde ins Labor gehen und dort DNA- und sonstigen Analysen unterzogen werden.

6. KAPITEL

Gisbert Nau und seine Begleiter kehrten etwa in der Mittagszeit wieder in ihre Dienststelle im Marburger Ortsteil Cappel zurück. Der Kommissar begrüßte freudig seinen Vierbeiner, den er wieder einmal in der Obhut eines Kollegen gelassen hatte, der ohnehin ausschließlich Büroarbeit verrichtete und sich somit ständig in dem Gebäude aufhielt.

Es dauerte allerdings nicht allzu lange, bis die Nachricht kam, dass der Touristenführer nach ein paar Stunden aus der ärztlichen Beobachtung entlassen worden war und nun nach Hause fahren durfte.

»Ich habe ihm gesagt, dass ich ihn aus der Klinik abhole und zurück in seine Wohnung nach Michelbach fahre«, sagte Löwenstein und zog seine Lederjacke an. »Bei der Gelegenheit kann ich mich gleich mit ihm unterhalten. Er wirkte von der Idee sofort recht angetan. Vermutlich, weil er sich keine Gedanken mehr darüber machen muss, wie er nun nach Hause gelangt. Vielleicht hat er ja – wenn das auch noch so unwahrscheinlich ist – irgendetwas beobachtet.«

»Okay, viel Erfolg«, meinte Nau und hob die Hand zum Gruß.

Sie hatten schon zuvor besprochen, dass es am besten war, Löwenstein alleine mit der Aufgabe zu betrauen, Herrn Bender nach seiner Entlassung zu befragen. Der Kommissar brauchte Reckmann für weitere Online-Recherchen, schließlich kannte der sich am besten mit dem Internet aus. Außerdem war es ohnehin nicht sehr wahrscheinlich, dass ein Gespräch mit dem Rentner allzu viele neue Erkenntnisse bringen würde.

»Bender war anscheinend der einzig Nüchterne der gesamten Gruppe«, meinte Reckmann und schmunzelte, weil er sich an ihre Ankunft an der Stelle in den Kasematten erinnerte, wo die Besuchergruppe Professor Nebeling gefunden hatte. Wegen seiner Ohnmacht hatten sie noch kein Wort mit Bender gesprochen, und ihre Versuche, der ganz offensichtlich stark alkoholisierten Firmenbelegschaft etwas Sinnvolles zu entlocken, waren kläglich gescheitert.

Löwenstein würde nun eine ganze Weile fortbleiben. Der westlich der Stadt gelegene Ort Michelbach befand sich ein ganzes Stück außerhalb. Eine Fahrt von der Klinik aus, zu welcher der Kollege ja auch zunächst einmal gelangen musste, würde schon nahezu eine halbe Stunde in Anspruch nehmen.

»Wie sieht es mit dem Internet aus?«, fragte Nau. »Kommen wir an den zweiten Teil des Artikels heran?«

»Geben Sie mir noch ein paar Augenblicke«, lautete Reckmanns Antwort. »Ich bin gleich so weit.«

Gisbert Nau beobachtete seinen Kollegen, trank dabei einen Kaffee und war fasziniert zu sehen, was man so aus dessen Mienenspiel herauslesen konnte. Manchmal schaute er enttäuscht, dann wieder hoffnungsvoll und im nächsten Moment fast verbittert. Dann lag ihm ein Fluch auf den Lippen. Der Kommissar konnte sehen, wie sie sich fast unmerklich bewegten.

»So, nun habe ich es endlich geknackt«, sagte Reckmann schließlich erleichtert. »Ich hatte schon gedacht, wir müssten bei der Zeitung erst das Archiv durchstöbern. Die Menüführung in dem Online-Archiv ist ziemlich gewöhnungsbedürftig. Da dauert es seine Zeit bis das Programm kapiert hat, wo man eigentlich hin will.«

»Haben Sie Teil 2 des Artikels?«, wiederholte Nau seine Frage. »Dann lassen Sie mal hören!«

Der Kommissar lehnte sich zurück, verschränkte die Arme hinter dem Kopf und schaute zur Zimmerdecke. Dabei versuchte er, das Gehörte gleich zu visualisieren, damit er es möglichst richtig verstehen und einordnen konnte.

»Sie hatten so etwas ja fast schon geahnt«, begann Reckmann. »Professor Nebeling hat nicht nur die Theorie in den Raum gestellt, dass die in dem Grab liegenden Personen nicht der ehemalige Reichspräsident und seine Frau sind, sondern er behauptete ferner, er wisse auch, um wen es sich in Wahrheit handelt. Das glauben Sie nicht!«

Ludwig Reckmann machte eine längere, fast theatralische Pause.

»Laut dem Herrn Professor soll es sich dabei um Adolf Hitler und Eva Braun handeln!«

Reckmann machte eine weitere Pause, um die Reaktion Naus abzuwarten. Er schaute zu seinem Chef hinüber, aber der verharrte nach wie vor in seiner nachdenklichen Pose und schien in der Tat intensiv nachzudenken.

»Er habe Belege dafür, dass die Leichen der beiden Genannten entgegen anders lautenden Behauptungen doch noch von Gefolgsleuten aus dem belagerten Berlin herausgeschafft worden seien, damit sie nicht den Russen in die Hände fielen.«

»Verstehe ich das richtig?«, vergewisserte sich Nau. »Den Suizid Hitlers erkennt der Professor aber an.«

»Ja, ich verstehe das so«, antwortete Reckmann, nachdem er sicher war, dem Kommissar nichts Falsches zu sagen. »Lebend sind sie nicht mehr aus dem Führerbunker herausgekommen. Der Suizid war bewusst gewählt. Er hat sich nicht die Blöße geben wollen, ähnlich wie zuvor Mussolini, von seinen Feinden gerichtet zu werden.«

»Und wie meint der Herr Professor, soll dies alles vonstatten gegangen sein?«, fragte Nau in scharfem Ton und schaute dabei nun erstmals wieder seinen Kollegen an.

»Der Artikel lässt sich nicht dezidiert dazu aus«, antwortete dieser. »Hier steht nur, dass man nicht sonderlich ausführlich über die Theorien des Professors berichten wolle, um ihm nicht noch unnötig eine Plattform zu bereiten. Auch seien die Ermittlungen damals so schnell wie möglich eingestellt worden, um nicht irgendwelchen rechtsradikalen Spinnern die Möglichkeit zu geben, aus der Elisabethkirche deren Kult- und Pilgerstätte zu machen.«

»Diese Überlegung ist sicherlich richtig«, meinte Nau und nickte. »Die Stichhaltigkeit einer solchen Vorsichtsmaßnahme ist ganz sicher nicht von der Hand zu weisen.«

»Und was halten Sie nun von der ganzen Angelegenheit?«, wollte Reckmann wissen.

Nau war es unangenehm, zu einem so heiklen Thema gleich ein Statement abgeben zu müssen, ohne sich zuvor in Ruhe Gedanken darüber gemacht zu haben. Er verschränkte abermals die Hände hinter dem Kopf, um so seine Unsicherheit zu überspielen, und erzielte damit aber exakt den gegenteiligen Effekt.

»Ich weiß noch nicht so recht, was ich davon halten soll«, begann er zögerlich. »Einerseits klingt das Ganze beinahe wie ein schlechter Scherz, aber wie bei so vielem, was von einem Wissenschaftler angestoßen wird, neigt man auch hier fast dazu, noch einmal etwas genauer darüber nachzudenken.«

»Also, ich kann mir nicht vorstellen, dass da etwas dran ist«, entgegnete Reckmann.

»Sie haben bis vor Kurzem auch noch nicht gewusst, dass von Hindenburg und seine Frau im Turm der Elisabethkirche liegen«, gab Nau zu bedenken. »Ich will damit nur ausdrücken, dass man nicht zu schnell mit einem Urteil bei der Hand sein sollte. Wobei es sich schon um eine reichlich kühne These handelt. Es wäre vielleicht interessant, einmal herauszufinden, womit genau Professor Nebeling seine Meinung begründete.«

»Vielleicht sollten wir also doch einmal den Verfasser des Artikels kontaktieren«, meinte Reckmann.

»Das sollten wir auf jeden Fall!«, bestätigte Nau. »Sofern er uns den Gefallen tut, noch am Leben zu sein.«

Reckmann machte sich sofort wieder an die Recherche und gab den Namen des Journalisten ein, um etwas über dessen Verbleib herauszufinden.

»Stand denn in dem Artikel irgendetwas über die politische Motivation des Professors?«

»Nein, nur der Nazi-Zusammenhang in der Überschrift. Ich vermute, dass es zu dem Thema noch einige frühere Artikel gibt, wo näher darauf eingegangen wird. Aber lassen Sie mich erst den Zeitungsmann suchen«, antwortete Reckmann.

Der Kommissar nutzte die Gelegenheit, noch einmal gründlich über alles nachzudenken. Er war froh, dass sie sich gleich zu Beginn ihrer Ermittlungen mit der kuriosen Theorie des Professors auseinandergesetzt hatten. Auch wenn noch keinerlei Einordnung oder gar abschließende Bewertung der ganzen Sache möglich war, so gewährte sie doch so etwas wie einen Zugang zu der Persönlichkeit des seltsamen Alten, der bereits das zweite Opfer war, dass sie in den Kasematten vorgefunden hatten.

Nau begann darüber nachzudenken, ob sie es tatsächlich mit einem Serientäter zu tun hatten. Vieles sprach dafür. Allerdings warf dies gleich wieder eine ganze Reihe weiterer Fragen auf: Welche Gemeinsamkeiten gab es zwischen den beiden Opfern? Da war ganz eindeutig die Tatsache, dass sich beide im Umfeld derselben Burschenschaft bewegten. Es war noch im Detail zu klären, ob Professor Nebeling nur mit den Elisabethanern bekannt oder tatsächlich auch ein *Alter Herr* war, der schon per Definition wirklich viel mit ihnen zu tun hatte.

Dem Kommissar kam auch die Frage der aus einer solchen Beziehung fast zwangsläufig entstehenden Abhängigkeiten in den Sinn. Ging es am Ende um Gefälligkeiten oder geleistete Tribute irgendeiner Art, die den beiden so unterschiedlichen Opfern letztlich das Leben gekostet hatten? Eine Verbindung musste zwischen ihnen bestehen, die über eine eher zufällige Mitgliedschaft in einer studentischen Organisation deutlich hinausging.

Oder war es doch so, dass ein blutrünstiger Täter zwei Mitglieder ein und derselben Studentenverbindung als Opfer seines wie auch immer begründeten Rachefeldzuges auserkoren hatte?

Egal, wie man es auch betrachtete: Die wichtigste Frage von allen war sicherlich, ob es noch weitere Opfer geben konnte oder mit den beiden Morden nun die Beweggründe des Täters befriedigt waren. Schon wegen des nur geringen zeitlichen Abstandes von gerade einmal zwei

Tagen zwischen den beiden Funden befürchtete Nau das Schlimmste.

Er tätigte einige Telefonate. Es ging darum, Kapazitäten freizubekommen, damit die Kasematten regelmäßig überwacht werden konnten. Mindestens das war Nau den beiden bisherigen und potenziellen weiteren Opfern schuldig. Nach einigen freundschaftlichen Verhandlungen mit Vorgesetzten erreichte er, dass ab sofort in den Kasematten stündliche Patrouillengänge durch Streifenbeamte erfolgten. Auch wurde eine deutlich erhöhte Polizeipräsenz um das Schloss herum veranlasst. Es sollte ausreichen, um einen Täter von möglichen weiteren Schandtaten abzuhalten, aber auch unauffällig genug sein, um keine Panik oder zumindest Besorgnis innerhalb der Bevölkerung zu erregen.

»So, ich habe ihn!«, sagte Reckmann und riss den Kommissar damit aus seinen Überlegungen.

»Ist keine Verwechslung möglich?«, fragte dieser nach.

»Nein, ich bin sicher, dass er es ist. Ich habe diverse Einträge überprüft und Querverbindungen gecheckt«, meinte Reckmann. »Um dann noch die letzte Sicherheit zu bekommen, habe ich sogar noch Fotos verglichen aus seiner Zeit als Reporter mit aktuelleren Belegen. Er ist es definitiv. Roland Majowski ist mittlerweile Anfang 70 und wohnt in der Seniorenresidenz am Rosenpark unweit der Hauptpost.«

»Die kenne ich sogar. Ein Onkel von mir lebte mal da«, sagte Nau.

Reckmann war unsicher, ob diese Aussage seines Chefs nach einer Antwort, einer Rückfrage oder überhaupt nach einer Reaktion verlangte. So schwieg er lieber und nickte ihm nur zu.

Nau schwieg ebenfalls, allerdings aus anderen Gründen. Er dachte darüber nach, wie er die Kräfte seiner Kollegen am besten einteilen konnte. Es galt, den Reporter in der genannten Seniorenresidenz zu besuchen, während Löwenstein sich ja bereits um den Touristenführer Bender kümmerte. Zudem hätte der Kommissar liebend gern der Elisabethkirche einen Besuch abgestattet. Auch wenn er dort keine konkreten Erkenntnisse erwartete, hätte er die Atmosphäre des Gotteshauses gerne auf sich wirken lassen. So machte er es stets im Zuge von Ermittlungen: Nau besuchte die Orte bestimmter Geschehnisse, dann konnte er die Dinge in der Regel besser beurteilen. Das setzte allerdings voraus, dass er diese Orte alleine aufsuchte.

Andererseits hätte er aber auch das Gespräch mit dem Zeitungsreporter auf keinen Fall verpassen wollen. Wer wusste schon, was dieser ihnen womöglich alles über Professor Nebeling erzählen konnte? Der Gedanke, die Termine nacheinander abzuarbeiten, bereitete ihm regelrecht ein schlechtes Gewissen. Schließlich hatten sie es augenscheinlich mit einem Serienkiller zu tun, da konnte es auf jede Minute ankommen. Der Kommissar rechnete im Grunde fest damit, in zwei Tagen die nächste Leiche präsentiert zu bekommen, wenn sie nicht vorher mit Erfolgen aufwarten konnten.

Schweren Herzens entschloss er sich, mit Reckmann gemeinsam das Altersheim aufzusuchen, und erst im Anschluss an den Besuch alleine in die Elisabethkirche zu gehen. Nach seiner Rückkehr sollte Reckmann dann gemeinsam mit Löwenstein die Recherchen in den modernen Medien weiter vorantreiben.

Peter Löwenstein winkte ab. Er war im Grunde genommen schon zu lange bei den Benders und hatte sich eingehend mit dem Rentner unterhalten, wenngleich ihm schon frühzeitig klar wurde, dass das Gespräch zu keinen neuen Erkenntnissen führen würde.

Dankend verzichtete er mit seiner Geste auf einen weiteren Kaffee. Auch ein Stück Kuchen hatte er bereits verzehrt. Der ebenso gutmütige wie bisweilen auch etwas behäbige Polizeibeamte hatte der Anfrage Frau Benders nicht widerstehen können und sich letztlich breitschlagen lassen. Kurz darauf hatte er einen Teller vor sich auf dem rustikalen Wohnzimmertisch stehen, auf dem sich ein Stück Bienenstich mit einem ordentlichen Schlag Sahne befand.

Er hatte kaum umhin können, noch eine Weile bei diesen herzensguten Leuten zu verweilen, aber so langsam machte er sich doch Gedanken, dass es womöglich besser war, bald die Rückfahrt anzutreten.

Schnell hatten sie die dienstlichen Fragen durchgearbeitet und waren dazu übergegangen, über alle möglichen Banalitäten zu reden. Fast kam es Löwenstein so vor, als besuche er endlich wieder einmal seine Eltern, die allerdings beide schon vor einigen Jahren das Zeitliche gesegnet hatten.

Mit einem weiteren Blick zur Uhr stand der Beamte nun schließlich doch auf. Er verabschiedete sich von Frau Bender und bedankte sich für die hervorragende Bewirtung. Karl-Friedrich Bender begleitete ihn noch zur Haustür, wobei sie noch einmal kurz auf die abstrusen Ereignisse in den Kasematten zu sprechen kamen.

»Ich habe ja extra noch mal richtig Englisch gelernt, als ich vor ein paar Jahren die Chance auf den Job hatte«, sagte Bender, während er ihm die Tür öffnete.

»Ja, das sagten Sie schon«, antwortete Löwenstein und lächelte leicht gequält. Er hatte längst verstanden, dass das Leben der beiden Rentner recht ereignislos verlief und sein Besuch schon so etwas wie eine große Ausnahme darstellte.

»Es soll ja auch noch ganz andere Gänge in den Kasematten geben«, sagte Bender plötzlich unvermittelt, um den Small Talk noch für eine kurze Weile aufrecht zu erhalten.

»Wie?«, fragte Löwenstein plötzlich hellhörig. »Was meinen Sie damit?«

»Man munkelt, dass in früherer Zeit noch weitere Gänge in den Fels geschlagen wurden, unter anderem einer, der nach unten in die Stadt führt. Wenn die eines Tages mal gefunden werden, bekomme ich noch richtig viel zu tun!«, scherzte er.

Der Polizist blieb nun doch noch einmal im Türrahmen stehen. Wenn es mit dem Teufel zuging, konnten die Morde am Ende noch etwas mit diesen geheimnisvollen Gängen zu tun haben? Da war es besser, doch noch einmal nachzufragen, auch wenn ihm klar war, dass Bender durchaus zu Übertreibungen neigte.

»Sind Sie sicher?«, fragte er. »Oder kann es sein, dass es sich um reine Gerüchte handelt?«

»Man hört alle paar Monate mal so was, ich kann aber gar nicht sagen, woher das kommt«, meinte der Alte.

»Was befindet sich denn in diesen Gängen und wo führen sie hin?«, erkundigte sich Löwenstein.

»Das weiß ich auch nicht«, antwortete Bender. »Mein Gedächtnis ist nicht mehr das Beste. Aber ich erinnere mich, dass es zum Beispiel eine Verbindung zur Elisabethkirche gegeben haben soll.«

»Können Sie sich vorstellen, dass die Morde etwas mit diesen zusätzlichen Gängen zu tun haben?«, fragte der Beamte und legte den Kragen seiner Lederjacke zurecht.

»Ich kann mir vieles vorstellen«, lächelte Bender. »Ich habe Ihnen ja von meinen fantasievollen Textbeiträgen bei den Besichtigungen berichtet. Ich gestalte sie eben gerne spannend, aber mit Morden oder deren Hintergründen habe ich weiß Gott nichts am Hut.«

»Ja, ich erinnere mich«, sagte Löwenstein und lächelte verständnisvoll. »Haben Sie vielen Dank für diese Informationen und Ihre Gastfreundschaft!«

Würdevoll und erhaben präsentierte sich das frühgotische Gebäude aus dem 13. Jahrhundert. Reckmann und Nau passierten das mächtige, reich verzierte Hauptportal der Elisabethkirche, neben dem rechts und links die beiden beeindruckenden Türme etwa 80 Meter hoch aufragten. Das schwere Tor schlug deutlich hörbar ins Schloss, obwohl Reckmann sich alle Mühe gab, den Aufschlag abzufedern.

Ihre ursprünglichen Pläne hatten sich zerschlagen. Der Reporter hatte ihre Absicht durchkreuzt, zunächst ihn zu besuchen. Er hatte einen Arzttermin und war erst später wieder in der Seniorenresidenz anzutreffen. So kam es, dass Nau entgegen seines eigentlichen Vorhabens nun doch gemeinsam mit Reckmann das Gotteshaus betrat. Pepper befand sich einmal mehr in der Obhut des Kollegen.

Sie mussten nicht lange gehen, um zu dem Grab der von Hindenburgs zu gelangen. Gleich links neben dem Hauptportal befand sich die Gedenkstätte im Fuß des linken Turmes.

An den Wänden des von einem wuchtigen Doppelgrab dominierten Raums fanden sich zahlreiche Wappen von Rittern des Deutschen Ordens mit der jeweiligen Jahreszahl ihres Eintritts. Die schweren Steinplatten am Fußboden und an den Wänden verliehen diesem Ort eine museale, fast staatstragende Atmosphäre. Insbesondere Reckmann, der noch niemals zuvor dort gewesen war, beschlich ein Gefühl, als würde ihn der Hauch der Geschichte umwehen.

Reckmann, der in Geschichte nicht gerade sattelfest war, war tief beeindruckt vom Anblick der Grablege dieses Mannes, der Deutschlands Schicksal für einige Jahrzehnte maßgeblich mitgeprägt hatte. Staunend, aber eben auch entsprechend unkritisch stand er vor dem pompösen Grab und versuchte jedes auch noch so kleine Detail zu erfassen.

Gisbert Nau zog die Stirn in Falten. Für ihn lag dort nicht nur ein großer Staatsmann, sondern auch ein ganz wesentlicher Steigbügelhalter Hitlers bei dessen Machtergreifung im Januar 1933. Auch von Hindenburgs Taten aus früheren Jahren stand der Kommissar durchaus kritisch gegenüber. Von Hindenburg hatte mit Erich Ludendorff im Jahre 1916 die Oberste Heeresleitung übernommen und das Land faktisch in einer Art Militärdiktatur regiert, die nicht gerade dazu angetan war, die Schrecken des Ersten Weltkriegs möglichst zügig zu beenden.

Später verbreitete er vor der Weimarer Nationalversammlung die sogenannte *Dolchstoßlegende*, nach der das Deutsche Heer ›im Felde unbesiegt geblieben‹ und von den November-Revolutionären durch einen Waffenstillstand zum Ende des Ersten Weltkrieges ›von hinten erdolcht‹ worden sei – eine historische Unwahrheit, die der von ihm inthronisierte Hitler jedoch gerne und oft für die eigene fragwürdige Propaganda verwendete.

Die beiden Beamten standen also vor dem Grab des berühmten Staatsmannes und gingen dabei völlig unterschiedlichen Assoziationen und Emotionen nach.

»Lassen Sie uns weitergehen!«, raunte Nau nach einer Weile, und sie setzten sich wieder in Bewegung.

Sie ließen sich weiter von der beeindruckenden Architektur und der lichten Höhe des Gotteshauses gefangen nehmen. Langsam, fast andächtig schritten sie durch das Mittelschiff, bis sie linker Hand jene Statue entdeckten, die sie als kleinere Nachbildung bereits in der Vitrine im Saal der Studentenverbindung gesehen hatten.

Es handelte sich dabei um die sogenannte ›Französische Elisabeth‹. Sie befand sich etwa auf Höhe des imposanten Kreuzaltars, der das Mittelschiff gewissermaßen in zwei Hälften teilte.

War die Kirche bis dorthin vornehmlich religiös geprägt, so befanden sich dahinter zahlreiche, mitunter auch durchaus weltliche Ausstellungsstücke. Nicht verwunderlich also, dass dort für den Besucher der gebührenpflichtige Teil der Kirchenbesichtigung begann. Menschen, die aus rein religiösen Gründen das Gebäude betraten, sollten nicht gezwungen sein, dafür einen Obolus entrichten zu müssen. Wer die Ausstellung besichtigen wollte, hatte dafür zu zahlen.

Nau und Reckmann gingen nach links in den Elisabethchor, wo sich auch das Grab der Heiligen in einem kostbaren Mausoleum befand. Deren umlaufende lateinische Inschrift verehrte sie als *Gloria Teutoniae*, als ›Ruhm Deutschlands‹. Ihr Ruf wurde nicht zuletzt durch die Tatsache begründet, dass sie sich während ihres kurzen

Lebens vornehmlich um die Armen und Kranken kümmerte.

Im rechten Teil des Kirchenschiffs, dem Landgrafenchor, waren die weltlichen Aspekte des Gebäudes stärker vertreten. Hier befanden sich die Grabmale der Hessischen Landgrafen aus dem 13. bis 15. Jahrhundert. Durch die bunten Kirchenfenster fiel das Licht in immer neuen Schattierungen auf die steinernen Relikte der Vergangenheit.

»Das ist ja fast ein bisschen gruselig«, raunte Reckmann und stieß Nau vorsichtig in die Seite. »Eine richtige Grabkammer!«

Der Kommissar nickte nur und schwieg. Die schweren Monumente aus Stein, die in kurzen Abständen nebeneinander aufgereiht waren, hatten in der Tat etwas Ehrfurcht einflößendes.

In der Sakristei sahen sie dann den prächtigen goldenen Schrein, der im Jahre 1240 angefertigt wurde, um die Gebeine der Heiligen Elisabeth aufzunehmen.

»Wow!«, entfuhr es Reckmann lauter als er wollte, sodass sich sogleich eine andere Besucherin zu ihnen umdrehte und ihn mit gerunzelter Stirn um Ruhe bat.

»Es handelt sich um vergoldetes Kupfer«, flüsterte Nau ihm ins Ohr. »Die Basis besteht aus Eichenholz.«

»Ich muss zugeben, dass ich ziemlich beeindruckt bin von dem Ganzen hier«, raunte Reckmann zurück. »Haben Sie schon irgendwelche Erkenntnisse gewonnen?«

»Nicht viele«, gab der Kommissar zu. »Aber ich bin dennoch ganz froh, dass wir hier waren.«

Abermals warf ihnen die andere Besucherin einen unfreundlichen Blick zu.

»Lassen Sie uns gehen«, flüsterte Reckmann. »Bevor uns die Lady mit ihren Blicken noch tötet.«

»Immerhin lägen wir dann zwischen all den Grabstätten schon ganz richtig«, antwortete Nau und machte sich auf den Weg. Gemessenen Schrittes verließen sie das eindrucksvolle Kirchengebäude. Als sie wenig später erneut vor dem mächtigen Hauptportal standen, fanden sie sich in lauten Geräuschen des Straßenverkehrs wieder. Es war, als wären sie zurückgekehrt in der ›ganz normalen‹ Alltagswelt.

Auf dem Weg in die Seniorenresidenz rief Nau noch schnell Löwenstein auf seinem Handy an. Es stellte sich heraus, dass der seit Kurzem wieder im Büro war. Der Kommissar setzte ihn in Kenntnis, wo sie waren und dass sie etwa eine Stunde später wieder eintreffen würden.

Dann fragte er nach Löwensteins Eindrücken aus dem Gespräch mit Herrn Bender.

»Erwartungsgemäß hat sich nicht allzu viel ergeben«, berichtete der Kollege. »Er hat nichts beobachtet und war viel zu sehr damit beschäftigt, sich um die Besuchergruppe zu kümmern, bis ihn dann die Ohnmacht übermannt hat. Allerdings war ich fast schon wieder gegangen, als mir Bender beiläufig erzählt hat, dass man schon seit längerer Zeit immer mal wieder von weiteren unterirdischen Gängen munkelt, unter anderem auch von solchen, die hinunter bis in die Stadt und sogar in die Elisabethkirche führen.«

»Das ist in der Tat interessant. Ich erinnere mich, auch schon einmal von so etwas gehört zu haben. Das muss aber etliche Jahre her sein. Recherchieren Sie doch mal, was Sie so im Internet dazu finden«, sagte Nau.

»Ich habe übrigens gerade Ihren Hund zu mir geholt, da ich ja noch nicht wusste, wann Sie kommen. Ich hoffe, das ist Ihnen recht?«, erzählte Löwenstein.

»Prima«, sagte Nau. »Was sollte ich dagegen haben?«

»Ich werde dann gleich mit ihm eine Viertelstunde hinausgehen. Er kommt mir so vor, als bräuchte er ein klein wenig Auslauf. Sie werden ja nicht allzu schnell wieder hier im Büro sein.«

»Vielen Dank, das ist eine sehr gute Idee. Ich hätte Sie ohnehin noch um diesen Gefallen gebeten. Wenn ich gewusst hätte, wie dieser Tag läuft, hätte ich ihn vermutlich zu Hause gelassen. Ich mache mir schon Vorwürfe, dass ich heute noch kaum Zeit mit ihm verbracht habe.«

Sie hatten den kurzen Weg zu der Seniorenresidenz natürlich zu Fuß zurückgelegt. Schließlich handelte es sich nur um einige Hundert Meter, sodass sie bereits nach wenigen Minuten ankamen.

Die Anlage zeichnete sich nicht zuletzt dadurch aus, dass die Pensionäre mitten in der Stadt leben konnten. Der Hintergedanke war wohl, so vermutete Nau, dass sie sich somit auch weiterhin ›mitten im Leben‹ befinden sollten. Fixpunkte wie die Elisabethkirche, die Hauptpost, der Bahnhof und auch die Lahn befanden sich in unmittelbarer Nähe. Den Senioren wurde auf diese Weise ein Stück Lebensqualität zuteil, das sicherlich nicht zu unterschätzen war.

Voraussetzung war aber dabei in jedem Fall, dass die Rentner sich noch in einem Gesundheitszustand befanden, der ihnen erlaubte, diesen Standortvorteil tatsächlich zu nutzen. Während die beiden Beamten durch die gepflegten Anlagen gingen und nach dem richtigen Eingang suchten, hoffte Nau, dass diese Beschreibung auch auf Roland Majowski zutraf. Immerhin residierte er in einem Wohnkomplex, der die Bezeichnung ›betreutes Wohnen‹ trug. Der ehemalige Reporter lebte also vermutlich noch relativ eigenständig und war wohl kein echter Pflegefall. Dies nährte wiederum die Hoffnung, dass er noch einiges über Professor Nebeling und seine gewagten Theorien zu berichten wusste.

Nau und Reckmann wurden durch eine Schwester vom Empfang zur Wohnung Majowskis begleitet, da der Weg ihrer Aussage nach wohl ein wenig schwer zu finden war.

»Er ist vor ein paar Minuten zurückgekommen und erwartet Sie bereits«, sagte sie, während sie an seiner Tür klingelte. Mit einem kurzen, freundlichen Winken verabschiedete sie sich.

Die beiden hörten, wie sich hinter der Tür langsam jemand näherte.

Die Tür öffnete sich, und Herr Majowski stand ihnen mit seinem Rollator gegenüber. Mit einer kurzen Begrüßung bat er sie herein und führte sie in ein kleines, aber gemütliches Wohnzimmer.

Majowski trug eine schlichte graue Strickjacke, eine farblich nicht gerade dazu passende beige Stoffhose und Pantoffeln.

»Bitte setzen Sie sich«, meinte er und deutete auf eine kunstlederne Sitzgruppe, die aus einem Doppelsitzer und zwei einzelnen Sesseln bestand.

Nau nahm neben Reckmann auf dem Zweisitzer Platz und verzog etwas das Gesicht, als der Kunstlederbezug unter ihnen beiden einige knirschende Geräusche machte.

»Schön, dass Sie sich Zeit für uns nehmen«, begann Reckmann.

»Das mache ich doch gerne«, antwortete der alte Mann, und man merkte, dass ihm das Reden schwer fiel. Er setzte sich rechts von ihnen in den Sessel. »In meinem Alter hat man nicht mehr allzu viel Besuch, die meisten Verwandten und Freunde sind doch schon längst …«

Er brachte den Satz nicht zu Ende, aber ein Anflug von Traurigkeit umspielte seine Augen, und er blickte gedankenverloren zu Boden.

»Entschuldigen Sie, ich habe Ihnen noch nichts zu trinken angeboten. Junger Mann«, sagte er und deutete dabei auf Reckmann, »gehen Sie doch schnell in die Küche und holen Sie eine Flasche Wasser und zwei Gläser!«

»Lassen Sie mal gut sein«, ging Nau dazwischen, bevor der Kollege aufstehen konnte. »Machen Sie sich keine Umstände, wir werden auch nicht allzu lange bleiben.«

»Wir haben nur einige Fragen an Sie«, übernahm Reckmann. »Fragen, die Ihre Zeit als Redakteur betreffen. Erinnern Sie sich noch gut daran?«

»Oh ja. Wobei ich sagen muss, dass mein Gedächtnis nicht mehr das Beste ist. Aber an diese Zeit habe ich überwiegend gute Erinnerungen«, sagte Majowski, und seine Miene erhellte sich zusehends. »Wissen Sie, ich wurde damals noch gebraucht. Und meine Frau lebte noch, die nun schon seit acht Jahren tot ist.«

Eine kurze peinliche Pause entstand, in der niemand etwas zu sagen wusste.

»Das tut uns leid«, sagte Reckmann schließlich. »Es geht um Ihre Artikel bezüglich Professor Nebeling.«

Der Beamte beließ es bewusst zunächst bei der Nennung des Namens, um festzustellen, ob der ehemalige

Redakteur bereits darauf reagierte. Allerdings erfolgte noch keinerlei Reaktion.

»Es ging damals um relativ abstruse Theorien, nach denen in dem Grab in der Elisabethkirche nicht die Eheleute von Hindenburg liegen sollten, sondern einige Nazi-Größen«, erklärte Nau.

»Ich erinnere mich noch«, sagte der Mann jetzt, und ein leichtes Lächeln umspielte seine Lippen. »Ich bin geistig noch auf Zack, auch wenn mein Körper vielleicht etwas anderes sagt.«

»Das freut uns für Sie«, meinte der Kommissar mit einfühlsamer Stimme. »Was können Sie uns denn zu dieser Sache berichten?«

»Was genau wollen Sie wissen?«, fragte er zurück. »Oder anders ausgedrückt: Auf welchem Stand sind Sie denn?«

Reckmann informierte den Rentner kurz und zog einen Notizblock hervor, wie sie es sonst nur von Löwenstein kannten.

»Die geschichtlichen Hintergründe sind Ihnen also bekannt«, meinte Majowski. »Sie sind mit mir einer Meinung, dass Nebelings Ansichten reichlich verquer sind?«

»Wir würden eine Bewertung gerne Ihnen überlassen«, antwortete Reckmann unsicher. »Schließlich haben Sie sich ja seinerzeit persönlich mit der Angelegenheit befasst.«

»Sehr diplomatisch«, sagte der Alte und grinste Nau an, wobei er auf Reckmann deutete. »Die vermeintlichen Beweise, die Professor Nebeling auf den Tisch legte, waren allesamt widerlegbar und stammten meist aus sehr zwielichtigen Quellen. Das Kartenhaus stürzte schnell in sich zusammen.«

»Sie haben ihn gleich in der Überschrift als Nazi-Professor bezeichnet. Wie fundiert ist das?«, fragte Reckmann.

»Es hatte auch in früheren Zeiten schon reichlich Publikationen von ihm gegeben, vermutlich ist das zwischenzeitlich alles längst vergriffen. Auf jeden Fall stand er damit immer schon in Verdacht, rechtsradikale Ansichten zu vertreten. Er war aber stets rhetorisch geschickt genug, es so zu formulieren, dass er nicht auf dem Index landete. So konnte er sein Zeug als ›Wissenschaft‹ verkaufen, ohne dass man ihm nachweisen konnte, damit eine politische Richtung zu vertreten.«

»Ich habe mal dahingehend nach ihm geforscht, aber keine seiner Publikationen gefunden«, erklärte Reckmann. »Allerdings bin ich noch nicht allzu sehr in die Tiefe gegangen.«

»Vielleicht wird so etwas auch in rechten Kreisen sozusagen unter dem Ladentisch vertrieben«, gab der Kommissar zu bedenken.

»Wir müssen Ihnen noch die Hintergründe erläutern, warum wir überhaupt auf diese Sache gestoßen sind«, sagte Reckmann und erzählte kurz von den Ereignissen in den Kasematten.

»Können Sie sich vorstellen, dass der Professor aufgrund seiner Ansichten ermordet wurde, oder haben Sie eine andere Vermutung?«, erkundigte sich anschließend Nau.

»Das kann ich mir durchaus vorstellen, obwohl ich keine konkreten Ansatzpunkte für Sie habe. Er war einfach grundsätzlich nicht von der Sorte Mensch, der ich Vertrauen schenke. Von seinesgleichen würde ich kein Auto oder Haus kaufen, wenn Sie verstehen, was ich meine«, sagte er mit kurzem Lachen.

»Haben Sie im Zuge Ihrer Recherchen auch von seiner Mitgliedschaft in der Studentenverbindung erfahren?«, bohrte Nau weiter.

»Das habe ich tatsächlich«, bestätigte Majowski, »wie ich auch sonst das eine oder andere Mal über Burschenschaften berichtet habe. Ich kenne mich also auch damit einigermaßen aus.«

»Das ist alles hochinteressant«, entgegnete Reckmann. »Gut, dass wir bei unseren Ermittlungen auf Sie gestoßen sind. Bei Ihnen handelt es sich ja um eine wahre Wissensquelle!«

Geschmeichelt schaute der Rentner ein weiteres Mal nach unten und strich mit der rechten Hand durch sein noch bemerkenswert volles graues Haar.

»Ich finde spannend, dass auch Ihr zweiter Mord im Umfeld der gleichen Burschenschaft stattgefunden hat. Vermuten Sie denn ein internes Problem oder glauben Sie eher an einen außenstehenden Täter?«

»Wir sind noch nach allen Seiten offen«, antwortete Nau vage. »Aber was können Sie uns denn über die Burschenschaften berichten? Wie ist Ihre Einstellung dazu?«

»Ich bin nicht gerade ein Fan davon!«, sagte Majowski mit entschlossenem Blick. »Diese Vereinsmeierei war noch nie meine Sache, wie auch das stoische Festhalten an völlig überkommenen Traditionen.«

»Meinen Sie denn, dass die Strukturen in solchen Verbindungen vielleicht zu irgendwelchen Kausalitäten und Abhängigkeiten führen können«, fragte der Kommissar, »die letztlich sogar in einem oder mehreren Morden gipfeln?«

»Ich habe in meinem Reporterleben zu viel Kurioses erlebt, um dies von vornherein ausschließen zu können«, lautete die Antwort des Rentners. »Die hierarchischen Strukturen in zumindest manchen dieser Verbindungen sind derart ausgeprägt, dass es sicherlich zu enormen Drucksituationen kommen kann.«

7. KAPITEL

Gisbert Nau saß in dem kleinen Lokal und schaute angespannt auf die Uhr. Der junge Timo, der ihm schon während der Fechtstunde mit seinem Auftreten imponiert und den Eindruck erweckt hatte, mit Nau in Kontakt treten zu wollen, hatte ihn vor einer guten Stunde auf dem Handy angerufen und um ein Treffen gebeten.

Hier, in der gemütlichen Kneipe schräg gegenüber von Marburgs wohl traditionsreichstem Buchladen und dem Oberstadtaufzug, war um diese Zeit schon reichlich Betrieb. Es war zehn nach neun abends, und Nau wartete bereits seit einer Viertelstunde auf das Eintreffen des jungen Studenten.

In dem Lokal herrschte ein reges Kommen und Gehen. Studenten und Angestellte, die vielleicht noch einige Einkäufe erledigt hatten, wollten hier noch eine Kleinigkeit essen oder trinken, bevor sie nach Hause gingen. Diese verließen nach und nach die Kneipe, während andere kamen, die um diese Zeit langsam dazu übergingen, die Nacht einzuläuten.

Nau hatte sich bewusst einen Sitzplatz in einer etwas entlegeneren Ecke des Lokals ausgesucht, in deren Nähe es wenig Publikumsverkehr gab, sodass sie – wenn Timo denn endlich kommen sollte – ungestört und vor allen Dingen unbeobachtet miteinander reden konnten.

Der Kommissar schaute mittlerweile angespannt zum Eingang. Dieser lag zwar am anderen Ende der Kneipe, aber doch so, dass er ihn gut einsehen konnte. War dem Studenten etwas dazwischengekommen? Aber Nau hielt Timo nicht für den Typ Mensch, der ohne sich abzumelden, einem Treffen einfach so fernblieb.

Bei seinem Anruf hatte der junge Mann noch nicht erkennen lassen, worüber er sich mit dem Kommissar unterhalten wollte. Auch auf dessen Nachfrage hin betonte er nur, dass es ihm wichtig sei, sich möglichst heute noch mit Nau zu treffen. Kein Wort ließ er sich entlocken, worum es ihm bei diesem Treffen ging.

Nau hatte sich Kopien der zahlreichen von ihnen aufgenommenen Personendaten mit nach Hause genommen, um sie jederzeit greifbar zu haben. Nach dem Anruf des Studenten hatte er sich noch einmal die Daten Timos angesehen.

Er hieß mit vollem Namen Timo Brettschneider und stammte aus Braunschweig. Er befand sich im zweiten Semester seines Jurastudiums. Mehr gaben die Aufzeichnungen nicht her, schließlich hatten sie eine komplette Footballmannschaft, deren Betreuer und eine vielköpfige Burschenschaft erfasst. Die Daten über abwesende Mitglieder wurden im Übrigen anhand der durch ihre Kameraden erlangten Informationen ergänzt. Aufgrund der zu erfassenden Datenfülle waren die Angaben zu den Einzelpersonen natürlich nicht allzu ausführlich oder gar tiefer gehend.

Einmal mehr ging die Eingangstür auf. Zu Naus Erleichterung erschien Timo und schaute sich mit hastigen Blicken in dem Lokal um. Der Kommissar gab ihm einen kurzen Wink, als ihn seine Augen streiften, die unter einem Kapuzenpulli hervorlugten. Daraufhin kam der junge Mann zu ihm herüber und setzte sich eilig neben ihm auf die Eckbank.

Nau war etwas erstaunt, denn Brettschneider machte fast den Eindruck eines Verfolgten. Ohne sich weiter um den Beamten zu kümmern, wanderten seine Blicke zunächst einmal durch die Reihen der anderen Besucher. Erst eine ganze Weile später, als er sich vergewissert zu haben schien, dass sie unbeobachtet waren, reichte er Nau kurz die Hand. Sie war schweißnass. Er schob die Kapuze in den Nacken und atmete tief durch.

»Was ist denn los?«, fragte der Kommissar. »Deine Hände triefen vor Schweiß, und man könnte meinen, eine halbe Armee wäre hinter dir her!«

»Mir geht es gut!«, sagte er floskelhaft und schaute sich ein weiteres Mal um. »Ich kann nicht allzu lang bleiben, darf keine Aufmerksamkeit erregen.«

»Wessen Aufmerksamkeit?«

»Das ist genau das Problem. Ich weiß es nicht. Aber irgendetwas geht in unserer Verbindung vor. Etwas, das mir wirklich Angst macht«, sagte der junge Mann und winkte den Kellner herbei, um etwas bestellen zu können. »Ein Bier bitte, und zwar ein kleines! Ich muss bald wieder gehen.«

»Wie kommst du darauf? Ich darf dich doch duzen?«

»Ja klar, tun Sie sich keinen Zwang an!«, antwortete er schnippisch und überlegte kurz. »Ich kann es kaum definieren. Es ist wie ein Gewitter, das in der Luft liegt.«

»Ich verstehe«, log Nau, »aber werde mal konkreter!«

»Ich bin ja relativ neu dabei, deshalb weihen mich die Alteingesessenen in nichts ein. Außerdem habe ich schon des Öfteren klar gemacht, dass ich nicht so beseelt bin von dem Verbindungsleben wie die meisten anderen. Das schafft nicht gerade Vertrauen. Ich will einfach nur meine Ruhe haben, aber auch nicht ihre Aufmerksamkeit auf mich lenken.«

»Wer also nicht richtig mitzieht, steht außen vor?«, fragte Nau.

»Ja, so könnte man es ausdrücken«, meinte Timo und nahm das bestellte Bier entgegen, welches überraschend schnell kam. Bei der Gelegenheit orderte Nau per Handzeichen noch ein weiteres für sich.

»Dein Bier hatten sie wohl noch irgendwo rumstehen! Frisch gezapft ist anders.«

»Sind Sie nicht mehr im Dienst?«, fragte Brettschneider mit vorwitziger Miene und wischte die blonde Strähne aus dem noch sehr jungenhaften Gesicht.

»Nein, nicht offiziell. Irgendwann habe ich auch mal Feierabend. Ich betrachte das mehr als ein Treffen in der Freizeit unter Freunden«, sagte Nau und schaute dabei dem Jungen tief in die Augen, um sein Vertrauen zu gewinnen.

»Irgendetwas geht da vor«, kam der junge Mann auf das Thema zurück, und dem Kommissar fiel auf, dass er nahezu dieselbe Wortwahl wie zuvor benutzte.

»Ja, das sagtest du bereits«, entgegnete er lächelnd. »Kannst du denn bitte deine Aussagen mit ein klein wenig mehr Inhalt füllen?«

»Ich möchte Sie bitten, alles, was ich Ihnen sage, vertraulich zu behandeln«, meinte Timo und wartete die Antwort seines Gesprächspartners nicht erst ab. »Ich bin nicht scharf darauf, aus der Verbindung entlassen zu werden, ich würde nämlich trotz allem gerne Karriere machen. Es braucht aber nicht viel, und man muss bei den Elisabethanern *cum infamia* die Koffer packen.«

»In Schimpf und Schande«, übersetzte Nau und stellte fest, dass einige Lateinkenntnisse doch noch hängen geblieben waren. »So möchte allerdings niemand ausscheiden, das sehe ich ein. Ich kann dir nichts versprechen, aber ich denke, wir können dich schon irgendwie aus allem heraushalten.«

Der junge Student überlegte kurz.

»Ihr Ehrenwort reicht mir«, sagte er fast feierlich.

»Das hast du!«, antwortete der Kommissar völlig unpathetisch. »Nun aber mal raus mit der Sprache. Was genau hast du deinen Kommilitonen vorzuwerfen?«

»*Radio Unerhört* berichtet schon vom zweiten Mord. Ich weiß ja nicht, ob Sie einen Mörder von außen vermuten oder eher an einen Streit zwischen dem Professor und Marvin glauben. Wie stehen da Ihre Ermittlungen?«

»Ich bin eigentlich gekommen, weil ich glaubte, ich würde etwas von *dir* erfahren«, antwortete Gisbert zurückhaltend. »Ich weiß nicht ob es ratsam ist, einem Mitglied der Verbindung Details der Ermittlungen unter die Nase zu reiben. Das musst du verstehen!«

Nau wusste, dass er mit dieser Aussage hoch pokerte, aber er konnte sich einfach nicht erlauben, zu viel von seinen bisherigen Erkenntnissen preiszugeben. Immerhin war es möglich, dass Timo ihn im Grunde für die Verbindung ausspionieren sollte.

»Ich kann dir nur mit bestem Gewissen verraten«, sagte Nau vorsichtig, »dass wir noch so gut wie gar nichts wissen. Unter anderem ist uns bekannt, dass der Professor mit manchen fragwürdigen Ansichten aufwartete.«

»In dieser Richtung wird auch jetzt gemunkelt. Ich werde Ihnen keine Namen verraten, aber es gibt ein anderes Jungmitglied, das meint, der Professor habe völlig neuartige Erkenntnisse über die Heilige Elisabeth gewonnen. Wie Sie sich denken können, wären große

Teile der Verbindung wenig erbaut darüber, wenn unsere Patronin und Namensgeberin ins Gerede käme.«

Der Kommissar stutzte kurz und dachte nach. Nach allem, was er in den letzten Tagen über Burschenschaften und deren Innenleben gelernt hatte, konnte ihn eine solche Aussage nicht mehr überraschen. Dennoch beäugte er den jungen Mann kritisch, ob dieser ihm nicht etwa einen ganz besonders fetten Bären aufband.

Timo Brettschneider schaute sich nun allerdings gerade wieder hektisch, fast ängstlich in der Gaststätte um. Seine Aufregung wirkte nicht gespielt. Nau wusste noch nicht, ob er seiner inneren Stimme vertrauen sollte, die ihm sagte, dem Jurastudenten Glauben zu schenken.

»Marvin und der Professor sind sich schon öfters über wissenschaftliche Themen in die Haare geraten«, erzählte der junge Mann weiter. »Sie teilten wohl dasselbe Steckenpferd. Sie haben bei Verbindungsabenden richtige Streitgespräche geführt, die am Ende in lauten Drohungen und Flüchen endeten.«

»Aber ist so ein Streit um fachliche Inhalte Grund genug, einen Menschen umzubringen?«, dachte der Kommissar laut nach. »Wobei man sich in diesem Fall noch fragen muss, wer dann wohl den Professor auf dem Gewissen hatte.«

»Ich wollte Ihnen jedenfalls nur die Grundstimmung in der Verbindung wiedergeben«, meinte der Student und nahm einen Schluck seines Bieres, das erwartungsgemäß schal schmeckte. »Irgendetwas scheint sich zusammenzubrauen, auch wenn ich nicht genau erkennen kann, was es ist. Ständig stehen Grüppchen beieinander, und es wird getuschelt. Wenn wir Neulinge dazukommen, dann verebbt plötzlich das Gespräch.«

»Welcher Art sollen denn die Details sein, die Nebeling über Elisabeth zusammengetragen haben will?«, fragte Nau.

»Ich kann es Ihnen nicht sagen. Natürlich haben wir *Füchse*, also die jungen Studenten in der Verbindung, auch schon wilde Spekulationen angestellt, worum es sich handeln kann. Einer meinte, dass Elisabeth ja vielleicht gar nicht so heilig gewesen sei, wie es die Geschichtsschreibung uns glauben machen will. Ein anderer Kommilitone vermutete, dass vielleicht Gelder veruntreut wurden beim Bau der Elisabethkirche, was sie selbst ja dann nicht mehr erlebt hätte. Auf jeden Fall muss es sich wohl um etwas handeln, das für einigen Aufruhr sorgen würde, sollte jemand damit an die Öffentlichkeit gehen.«

»Dann würde eine Legende posthum in sich zusammenfallen«, dachte Nau abermals laut nach.

»Sie wissen aber schon, dass die Theorien des Professors sich bislang stets als leicht widerlegbar erwiesen haben?«, fragte er dann.

»Dessen sind wir uns bewusst«, antwortete Timo. »Deshalb war es ja so naheliegend, dass eine derart tief greifende Behauptung nur von dem Professor stammen konnte. Vielleicht hat er ja diesmal einfach recht. Wenn man an die Morde denkt, scheint es ja tatsächlich so zu sein!«

Nau schwieg eine ganze Weile.

Der junge Mann beobachtete den Kommissar, dessen Bier inzwischen ebenfalls eintraf.

»Worüber denken Sie nach?«, fragte der Student.

»Für den Fall, dass tatsächlich ein Körnchen Wahrheit daran wäre, habe ich mir gerade folgende Frage gestellt: Sollte es tatsächlich eine derart sensationelle Enthüllung geben, muss man sich einmal vorstellen, was das konkret bedeuten würde. Immerhin gründen die Stadt Marburg und sogar das Land Hessen teilweise auf der Legende dieser Frau. Wenn nun herauskäme, dass sie eine völlig andere war, ist gar nicht auszudenken, welche Umsätze mit einer solchen Publikation zu erzielen wären. Ich rede von Beträgen, die ohne Weiteres auch ein plausibles Mordmotiv darstellen könnten.«

Timo Brettschneider saß staunend da und war auf einmal so gefesselt von Naus Gedankengang, dass er für eine Weile vergaß, die Umgebung auf der Suche nach möglichen Beobachtern zu scannen.

»Der Professor wusste ja, wie man so etwas verlegt. Da müsste eine solche Publikation noch nicht einmal sonderlich seriös recherchiert sein. Allein eine solche Behauptung würde auf großes Medien- und letzten Endes auch Leserinteresse stoßen«, sagte er dann.

»Das sehe ich genauso!«, bestätigte der Kommissar und nahm einen kräftigen Schluck aus dem frischen Glas vor ihm. Er musste sich zusammenreißen und wollte sich nicht allzu schnell auf diesen Gedanken versteifen, aber auf den ersten Blick schien alles zusammenzupassen.

»In welche Richtung recherchieren Sie denn sonst so?«, wollte Brettschneider wissen.

»Ich kann dir nicht allzu viel verraten, aber neuerdings beschäftige ich mich unter anderem mit der Frage, wie weit das System der Kasematten verzweigt ist und ob es eventuell auch unterirdische Gänge gibt, die bisher noch nicht entdeckt wurden.«

Brettschneider schaute abermals auf die Uhr. Seine Anspannung stand ihm plötzlich wieder wie zuvor schon ins Gesicht geschrieben. Hastig trank er sein Glas aus.

»Ich gehe dann jetzt besser!«, meinte er. »Ich bin im Grunde schon viel zu lange hier.«

»Musst du denn tatsächlich Repressalien befürchten?«, fragte Nau. »Was können sie schon tun, wenn sie von unserem Treffen erfahren?«

»Wenn das Ganze hier auffliegt, muss ich mir eine neue Bleibe suchen, davon kann ich ausgehen. Und das ist noch die harmloseste Konsequenz, die ich mir ausmalen kann.«

»Beantworte mir bitte noch eine Frage: Wer sind die Personen, von denen du die meisten Probleme zu erwarten hättest? Wer bildet also sozusagen die Führungsriege in deiner Burschenschaft? Kannst du mir das bitte sagen?«

Der junge Student lächelte, aber Bitterkeit mischte sich in seine Gesichtszüge. »Das kann und will ich Ihnen nicht sagen. Vermutlich habe ich Ihnen schon zu viel erzählt!«

Timo stand auf und kramte in seiner Hosentasche.

»Lass mal gut sein, das zahle ich!«, sagte Nau. »Und schau, dass du unbemerkt nach Hause kommst, damit du dir nicht tatsächlich eine neue Wohnung suchen musst, ob nun mit oder ohne Schimpf und Schande.«

Der junge Mann verabschiedete sich mit einem kurzen Lächeln und zog seine Kapuze wieder über den Kopf. Dann verschwand er so unauffällig, wie er gekommen war.

Nau blieb noch einige Minuten, zahlte ihre beiden Deckel und trank in Ruhe sein Glas aus. Er freute sich bereits insgeheim, seinen Hund wiederzusehen, für den er den ganzen Tag über viel zu wenig Zeit gehabt hatte. Müde und voll bizarrer Gedanken trat er zu Fuß den Heimweg an. Er musste nur den kurzen Weg den Schlossberg hinuntergehen. Dabei kam er an dem ehrwürdigen Gebäude der Alten Universität und am Rudolphsplatz vorbei.

Es war noch recht warm. Es schlug gerade 22 Uhr und er fühlte sich in seiner dünnen Lederjacke gerade richtig angezogen. Es mochten noch etwa 15 Grad sein. Er atmete die klare Abendluft ein. Nach dem Aufenthalt in der recht stickigen Kneipe tat ihm die frische Brise gut.

Er blieb auf der Weidenhäuser Brücke stehen und lehnte sich mit den Armen auf das Geländer. Er schaute hinunter auf das sanfte Wellenspiel der Lahn und beobachtete die Häuser auf beiden Seiten des Ufers. In zahlreichen von ihnen brannte noch Licht, das sich im Wasser spiegelte. Hinter ihm wurde es für eine Weile lauter, denn die Ampeln waren umgesprungen und ließen die Rechtsabbieger aus der Universitätsstraße auf die Brücke einfahren.

Nau ließ die zahlreichen Gedanken des langen Tages noch einmal Revue passieren. Noch bildeten sie eine wirre Collage in seinem Kopf, denn er hatte noch keine Gelegenheit gehabt, sie zu ordnen. Bilder vom Tag aus den Kasematten, der Elisabethkirche und der Seniorenresidenz mit Herrn Majowski mischten sich mit den frischen Eindrücken mit Timo Brettschneider in der Kneipe. Er gähnte herzhaft. Es wurde Zeit, die letzten Meter nach Hause zu gehen und möglichst bald sein Bett aufzusuchen. Am Morgen wartete ein neuer Tag mit vermutlich nicht minder zahlreichen Erfahrungen und Eindrücken.

8. KAPITEL

Am nächsten Morgen wachte Gisbert Nau eher unsanft auf. Der Wecker riss ihn unerbittlich aus seinen Träumen. Normalerweise war er wach, bevor der Apparat ihn weckte, aber der anstrengende Vortag hatte seine Spuren hinterlassen, und Naus auch nicht mehr ganz junger Körper holte sich den Schlaf, den er brauchte.

Pepper lag am Fußende des Bettes und hatte ganz offensichtlich ebenfalls noch bis eben geschlafen. Nachdem Nau die Augen langsam geöffnet hatte, sah er, dass bereits helle Sonnenstrahlen durch die neu angebrachten Jalousien fielen.

»Wach auf, Pepper!«, sagte er und tastete nach seinem Vierbeiner. »Ich glaube, heute fällt das Frühstück aus, wir müssen uns beeilen, um rechtzeitig ins Büro zu kommen.«

Naus Hand hatte Pepper verfehlt, denn der Hund war nun doch bereits von dem Bett heruntergesprungen. Der Wecker lief noch immer. Der Kommissar hatte nach langem Suchen einen Apparat gefunden, der einen guten Song spielte. Er drückte auf die ›Aus‹-Taste, und das Hauptthema von ›In-A-Gadda-Da-Vida‹ von der Gruppe Iron Butterfly verstummte.

Dieser Song hatte die nötige Durchschlagskraft, um ihn auch aus dem tiefsten Schlaf zu reißen. Es hatte Jahre gedauert, ihn schließlich in einer Internet-Auktion im Ausland zu finden. Nau hätte etwas darum gegeben, einen Wecker mit einem Lied von Uriah Heep zu besitzen, besonders den Song ›Bird of Prey‹ mit seiner dramatischen Anfangspassage hätte er zum Wachwerden als sehr effektiv empfunden, aber das World Wide Web gab in dieser Hinsicht leider nichts her. Natürlich hätte ein Radiowecker seine Aufgabe ebenso gut erfüllt, aber Nau war nun einmal kein Radiohörer.

Als Nau nach unten in die Wohnstube kam, hatte Pepper bereits die Reste des Trockenfutters vertilgt.

»Warte mein Lieber, ich gebe dir etwas Frisches!«, sagte der Kommissar und nahm den leeren Futternapf mit in die Küche, wusch ihn aus und füllte ihn mit dem halben Inhalt einer neuen Dose. »So, hau rein, Pepper!«

Während sein Hund fraß, sprang Nau schnell unter die Dusche, dann zog er sich an, und nur etwa eine Viertelstunde später befanden sie sich schon wieder auf dem Weg in das Dienstgebäude in Cappel. Er verzichtete auf ein richtiges Frühstück, sondern nahm sich lediglich einen Apfel, eine Banane und einen am Vorabend zubereiteten Tee mit zur Arbeit. Die Thermoskanne fühlte sich noch lauwarm an, das nächste Mal würde er etwas mehr Vorlauf brauchen, damit er ein wirklich kaltes Getränk würde mitnehmen können.

Die Fahrt über die Weintraut- und Cappeler Straße verlief zügig, denn sie erwischten eine grüne Welle. Erst an der Kreuzung, an der sie links in die Beltershäuser Straße abzubiegen hatten, mussten sie vor einer roten Ampel warten. Ein kleines Stück weiter erreichten sie bereits die Polizeidirektion.

Er nutzte die Anfahrt, um sich umzuschauen. Es war ein weiterer herrlicher Frühlingstag und für die Jahreszeit fast schon zu warm und freundlich. Gute 20 Grad mochten es bereits sein, wobei der Tag ja im Grunde vor Kurzem erst angefangen hatte.

»Was gab es gestern Abend?«, fragte Löwenstein ein wenig später ungeduldig, während er Pepper begrüßte, indem er ihm kräftig über die Ohren strich. »Erzählen Sie uns alles!«

Nau berichtete recht ausführlich von seinem Gespräch mit Timo Brettschneider. Dabei vergaß er auch nicht zu erwähnen, wie nervös der junge Mann augenscheinlich gewesen war.

»Warum war das so?«, erkundigte sich Reckmann. »Hatten Sie den Eindruck, dass ihm jemand gefolgt ist?«

»Als seine Blicke durch den Raum schweiften, habe ich natürlich auch heimlich die Lage überprüft, aber nichts Auffälliges entdecken können.«

»Eine ganz komische Sache«, meinte Löwenstein, während er sich einen Kaffee einschenkte. »Ich weiß wirklich noch nicht, was ich davon halten soll.«

»Ihre Aussage war nun ungefähr so schwammig wie die eines Politikers am Wahlsonntag«, sagte Reckmann grinsend. »Was wollen Sie uns damit sagen?«

»Genau, analysieren Sie mal!«, nahm Nau den Gedanken auf.

»Es ist ja durchaus legitim, dass sich der junge Mann Sorgen macht«, erklärte Löwenstein. »Ich wäre an seiner Stelle auch vorsichtig mit allem, was ich sage. Jedenfalls solange ich ein wirkliches Interesse daran habe, mein Studium unter diesen Umständen durchzuziehen. Wenn ihm die ganze Situation so zuwider ist und er mit all den Sitten und Gebräuchen nichts anfangen kann, warum verlässt er dann nicht einfach die Verbindung? Weshalb sucht er sich nicht eine neue Bleibe oder studiert notfalls sogar in einer anderen Stadt weiter?«

»Das habe ich mich allerdings auch schon gefragt«, meinte Reckmann. »Kann es vielleicht sogar sein, dass er quasi so eine Art ›Doppelagent‹ ist? Wir versuchen, ihn gewissermaßen als unseren Informanten heranzuziehen, aber in Wirklichkeit spioniert er im Grunde stattdessen *uns* aus? Kann das sein?«

»Ich verstehe Ihre Bedenken und kann nicht umhin, zuzugeben, dass wir keinen Beweis haben, dass er es ehrlich mit uns meint«, erläuterte der Kommissar. »Aber alles, was ich an Lebenserfahrung in die Waagschale zu legen habe, gibt mir das Gefühl, dass wir ihm vertrauen können.«

»Und was halten wir von der kühnen Story hinsichtlich Elisabeth? Irgendwie wirkt die Geschichte doch ziemlich an den Haaren herbeigezogen«, sagte Reckmann. »Zumal es ja um unseren Professor geht. Wie unseriös seine Recherchen sind, wissen wir ja mittlerweile.«

»Ja, spätestens seit Ihrem Gespräch mit dem Reporter sollte man auf Nebelings Fantastereien nicht allzu viel geben«, pflichtete ihm Löwenstein bei.

»Allerdings geht es ja weniger um den Wahrheitsgehalt seiner Ansichten«, konterte Nau, »sondern vielmehr um die Frage, ob ihm jemand Glauben schenkt und welche Konsequenzen das gegebenenfalls haben kann.«

»Würde es denn Sinn machen, noch einmal eingehender bei Herrn Brettschneider nachzufragen?«, wollte Löwenstein wissen. »Vielleicht würde er ja dann mit mehr Details herausrücken. Ich denke da vor allem an die Namen der Wortführer.«

»Er hat schon ziemlich deutlich gemacht, dass er dazu nicht bereit ist«, sagte Nau. »Allerdings gehe ich sowieso davon aus, dass es nahezu alle älteren Studenten und *Alten Herren* der Verbindung sind. Man hat entweder voll und ganz mitzuziehen oder gar nicht. Diese, ich nenne es mal ›Nibelungentreue‹, ist wohl nahezu grenzen- und bedingungslos.«

»Man muss auch bedenken, dass die Elisabethaner täglich auf diesen nahezu bedenkenlosen Gehorsam hingetrimmt werden«, erklärte Löwenstein.

»Finden Sie das nicht ein wenig drastisch ausgedrückt?«, fragte Reckmann.

»Nennen Sie es, wie Sie wollen«, entgegnete der Mann mit dem Dreitagebart. »Für mich hat das fast schon militärische Strukturen. Ich habe gestern mal im Internet nach typischen Bekleidungsgepflogenheiten innerhalb der Burschenschaften gesucht und habe dazu einige Bilder ausgedruckt.«

Er hielt nacheinander einige Seiten hoch, sodass die Kollegen sie gut sehen konnten. Es war einiges an Kleidung zu erkennen, das mitunter recht stark an Militäruniformen erinnerte. Oftmals war sie mit allerlei Orden und sonstigen Abzeichen geschmückt.

»Das sehe ich nicht so eng«, meinte Reckmann und winkte ab. »So etwas gibt es auch in Hülle und Fülle in Schützen- und Karnevalsvereinen.«

»Die kann ich aber auch nicht leiden!«, konterte Löwenstein trotzig, was Nau ein kurzes Lächeln abnötigte.

Der Kommissar hörte der verbalen Auseinandersetzung der beiden Kollegen aufmerksam zu. Er wusste, dass beide mitunter treffende Ansichten und stichhaltige Argumente in solche Diskussionen einbrachten.

»Ich weiß keinen anderen Weg, als nochmals vor Ort mit den Elisabethanern zu sprechen«, sagte er schließlich. »Am liebsten würde ich inkognito jemanden einschleusen, der uns auf dem Laufenden hält, aber so etwas ist auf die Schnelle einfach nicht zu installieren.«

»Zumal so ein Mann ja auch das Vertrauen der anderen Hausbewohner gewinnen muss«, ergänzte Reckmann. »So etwas geht nicht von heute auf morgen.«

»Was sollte das bringen?«, fragte Löwenstein.

»Brettschneider hat sehr deutlich gemacht, dass es in der Verbindung brodelt. Vielleicht kann es also nicht schaden, etwas Präsenz zu zeigen und somit Schlimmeres zu verhindern.«

»Sie denken also ernsthaft darüber nach, offen auf die Studenten zuzugehen, statt im Hintergrund zu ermitteln?«, fragte Reckmann.

»So ist es«, antwortete der Kommissar. »Ich denke in der Tat darüber nach, bin aber noch zu keiner Entscheidung gelangt.«

»Und wie genau stellen Sie sich das vor?«, erkundigte sich Löwenstein.

»Es würde wohl darauf hinauslaufen, dass ich mich selbst, so lange es nötig scheint, in der Studentenverbindung einquartiere. Wenn wir ewig nur vor der Tür stehen bleiben, kommen wir vermutlich nicht weiter.«

Reckmann schaute den Kommissar einigermaßen verblüfft an und fragte nach einer Weile:

»Wie wollen Sie dort hineinkommen? Spielt da die Staatsanwaltschaft mit, oder unterziehen Sie sich einer plötzlichen Verjüngungskur und fangen auf Ihre alten Tage doch noch an zu studieren?«

»Das mit den alten Tagen verbitte ich mir!«, sagte

Nau lachend und wurde gleich wieder ernst. »Natürlich müsste es der Staatsanwalt erst absegnen. Letzten Endes ist es aber doch auch nichts anderes, als müsste er einen Durchsuchungsbeschluss ausstellen. Ich denke, das sollte klappen.«

»Etwas ungewöhnlich wäre es allerdings schon, wenn Sie dort wie Miss Marple auf Verbrecherjagd gingen«, meinte Löwenstein und brachte die Kollegen mit diesem schrägen Vergleich zum Schmunzeln.

»Jetzt einmal im Ernst«, meinte Reckmann dann. »Sind Sie sich darüber im Klaren, dass Sie sich eventuell großen Gefahren aussetzen?«

»Durchaus, aber wie wollen wir sonst in die Angelegenheit eingreifen? Anders erhalten wir wohl keinen Zugang«, erläuterte Nau. »Ich bin doch ohnehin eigentlich Privatmann und trete nur in Aktion, wenn Sie mich alle paar Monate bei schwierigen Fällen dazurufen. So gesehen kann doch niemand etwas dagegen haben.«

»Rechtlich gesehen stimmt das so nicht, und das wissen Sie«, konterte Reckmann.

»Immerhin dürfen wir uns um Sie Sorgen machen«, fügte Löwenstein hinzu. »Wir würden dem nur zustimmen, wenn wir rund um die Uhr jemanden in der Nähe hätten, der jederzeit eingreifen kann, wenn es die Situation erfordert.«

»Dem würde ich zustimmen, aber ich habe mich ja ohnehin noch längst nicht entschieden«, antwortete Gisbert Nau.

»Es stellt sich nur die Frage«, bemerkte Reckmann, »ob wir mit einer solchen Aktion nicht mit Kanonen auf Spatzen schießen. Angenommen, Sie ziehen in der Verbindung ein, dort geschieht vielleicht nichts, aber irgendwann kommt es doch zu dem nächsten Kasematten-Mord. Ich meine, wir sollten aufpassen, dass wir uns nicht versehentlich zu sehr auf die falsche Spur konzentrieren.«

»Damit haben Sie völlig recht«, meinte der Kommissar. »Das ist der eigentliche Grund, warum ich noch zu keinem Entschluss gelangt bin, wie wir weiter vorgehen sollen. Wenn allerdings der nächste Mord geschieht und ich könnte unwiderlegbar bezeugen, dass die Verbindung daran nicht beteiligt war, wüssten wir immerhin schon einmal, dass wir die Burschenschaft oder deren Mitglieder als Täter ausschließen könnten.«

»Aber auch wenn Sie vor Ort sind, werden Sie ja unmöglich die ganze Verbindung mit all Ihren Mitgliedern überwachen können. Um besseren Einblick zu erlangen, schlage ich vor, dass wir uns bei der Staatsanwaltschaft die Erlaubnis holen, die Telefone des Hauses abhören zu können«, sagte Reckmann.

»Grundsätzlich eine gute Idee, aber das müssen wir erst einmal durchbekommen. Bei der Beweislage dürfte das gegenwärtig schwierig werden. Noch dazu müssten wir auch alle Mobilnummern ermitteln, damit die Überwachung beinahe zu 100 Prozent lückenlos wäre«, erwiderte Nau.

»Aber auch dann gibt es natürlich immer noch die Möglichkeit, öffentliche Fernsprecher zu benützen«, gab Löwenstein zu bedenken.

»Eine *wirklich* lückenlose Überwachung gibt es sowieso nie«, meinte Reckmann, und sein Vorgesetzter nickte.

»Selbst dann würde sich immer noch die Frage stellen, ob wir nicht aufs falsche Pferd setzen«, sagte dieser daraufhin und schaute grüblerisch auf seinen mittlerweile wieder schlafenden Hund. »Und dann haben wir ja noch Marvins Sportverein. Da gibt es bestimmt auch noch Ermittlungspotenzial, das wir überhaupt noch nicht ausgeschöpft haben.«

»Wie steht es eigentlich um Professor Nebelings familiären und sonstigen Hintergrund? Sind wir da weiter?«, fragte Reckmann und schaute dabei Löwenstein an, der sich am vorigen Nachmittag um diese Fragen kümmern wollte.

»Es gibt einige berufliche Bekanntschaften, die aber augenscheinlich nicht sonderlich intensiv gepflegt wurden, und kaum Familie«, erzählte Löwenstein, während er sein unvermeidliches Notizbuch durchblätterte. »Er hat einen Sohn nebst Schwiegertochter in Österreich und eine Schwester in Bayern, die allerdings schon vor Jahren an Leukämie gestorben ist. Ansonsten ist nur eine Enkelin bekannt, die Tochter des Sohnes, die nicht allzu weit entfernt, nämlich in Darmstadt, wohnt. Sie habe ich schon des Öfteren versucht anzurufen, konnte sie aber noch nicht erreichen. Die Schwiegertochter habe ich in Österreich erwischt, sie zeigte sich bestürzt, war aber schon von unserer Pathologin Frau Wenzel in Kenntnis gesetzt worden. Insgesamt gibt es keinerlei Auffälligkeiten.«

Wenig später rief die gerade Erwähnte an und berichtete von den neuesten Untersuchungsergebnissen. Allerdings nahm sie allzu großen Erwartungen gleich von vornherein den Wind aus den Segeln, indem sie betonte, dass es ohnehin kaum etwas zu berichten gab.

Aufgrund der Lebertemperatur und anderer Untersuchungen berichtete sie, dass der Todeszeitpunkt etwa bei drei Uhr nachts festgelegt werden konnte. Nau fragte zur Sicherheit noch einmal nach, und sie bestätigte, dass es sich natürlich um die vorherige Nacht handelte. Damit war also ausgeschlossen, dass die zweite Leiche vielleicht zeitgleich mit der ersten zu Tode kam, aber erst einige Tage später in den Kasematten abgelegt wurde – ein abstruser Gedanke, den Nau ja selbst schon von sich geschoben hatte.

Immerhin ergab sich damit ein kleiner Unterschied zur ersten Leiche, da diese nach Aussage der Pathologin mit einem Todeszeitpunkt von ein Uhr nachts aufwartete.

Es habe sich bei dem Messerstich um eine ähnlich präzise ausgeführte Tat wie beim ersten Mal gehandelt, führte die Pathologin anschließend aus. Ferner bestätigte sie abermals, dass weder die eigene Untersuchung noch die der Spurensicherung irgendetwas Weiterführendes ergeben hatte. Wie auch schon am ersten Fundort, gab es auch am zweiten keinerlei Besonderheiten.

»Wie verhält es sich denn mit den Hautschuppen, die Sie an Nebelings Hand gefunden haben?«, fragte Nau.

»Am Mittel- und Ringfinger der rechten Hand«, präzisierte die Gerichtsmedizinerin. »Es handelt sich in der Tat um menschliche DNA, so viel ist sicher! Es kommt also nicht etwa daher, dass er ein Tier gekrault hat. Ebenso wenig stammt sie von ihm selbst.«

»Na das ist doch schon mal etwas!«, rief der Kommissar aus.

»Ja, allerdings haben wir es durch alle uns zur Verfügung stehenden Verbrecherdateien gejagt«, relativierte sie. »Wir haben dort nichts gefunden. Keinerlei Deckungsgleichheit. Es ist also wohl keiner von Ihren üblichen Kunden.«

»Dies entspricht unserer Vermutung, dass der Täter vielleicht eher aus Gesellschaftsschichten stammt, die man in unseren Verbrecherdateien eher nicht vermutet«, gab Nau zur Auskunft.

»Einen kleinen Unterschied gibt es allerdings noch«, meinte die Pathologin. »Während beim ersten Opfer das Messer völlig zielsicher, fast chirurgisch genau in das Herz eindrang, ist es beim zweiten ein wenig von einer Rippe abgerutscht. Es ist also nicht ganz so kerzengerade eingedrungen, war aber wohl genauso schnell tödlich. Die Rekonstruktion der Stichführung zeigt uns, dass der Täter in beiden Fällen etwa gleich groß ist.«

Zum Abschluss des Telefonats ließ sich Nau noch den Hersteller des Messers nennen. Es war zwar nicht abermals eine Waffe, die auch bei der Bundeswehr zum Einsatz kam, dennoch konnte man dabei getrost von einem Massenprodukt sprechen. Eine Herleitung zum Täter über den Kauf des Messers würde sich also vermutlich als schwierig, wenn nicht unmöglich erweisen. Immerhin fand sich auf dem Schaft eine Seriennummer, was die Suche etwas erleichtern würde. Nau stellte den Apparat laut, damit Löwenstein sie sich notieren konnte, danach beendeten sie das Gespräch.

»Wie steht es denn um Ihre Ermittlungen bezüglich des ersten Messers?«, fragte Nau. »Auch das hatte ja eine Seriennummer. Haben wir den Käufer schon ermittelt?«

»Ach so«, meinte Reckmann, »das hatte ich Ihnen noch nicht gesagt. Die Ermittlung führte ins Nichts. Die Seriennummer war Teil einer nach Tausenden zählenden Bestellung durch die Bundeswehr. Das werden wir aus naheliegenden Gründen nicht weiterverfolgen können. Die Infos zum Verbleib des Messers verlieren sich in einer Kaserne im Schwäbischen. Allerdings habe ich noch herausgefunden, dass solche Messer gerne unter dem Ladentisch oder sogar auf Sammlerbörsen wiederverkauft werden. Der Täter kann also über unzählige Wege daran gelangt sein, nicht zuletzt natürlich auch über das Internet.«

»Gute Recherche!«, lobte Nau, um gleich anschließend zu rügen: »Bitte denken Sie immer daran, mir alles gleich zu sagen, sobald sich etwas Neues ergeben hat, damit ich stets auf dem neuesten Stand bin.«

»Es war eben so viel zu tun in letzter Zeit, da habe ich nicht mehr daran gedacht oder vielmehr gemeint, ich hätte es Ihnen bereits gesagt«, versuchte Reckmann zu erklären.

»Ich mache Ihnen ja keinen Vorwurf«, relativierte Nau, »nur denken Sie bitte daran. Damit meine ich Sie *beide*!«

Die Kollegen nickten und wirkten fast ein wenig eingeschüchtert.

»Was gibt es hinsichtlich geheimer Gänge?«, fragte Nau Löwenstein. »Sie wollten sich doch mal schlau machen.«

»Ja. Allerdings hat sich auch da nicht allzu viel ergeben«, entgegnete der Kollege. »Es handelt sich in aller Regel eher um Spekulationen und Vermutungen. Man findet gelegentlich Seitenverweise in Artikeln, die besagen, es hielten sich solche Gerüchte fest innerhalb der Bevölkerung, aber alles ist sehr vage. Ich habe fast den Eindruck, als habe irgendjemand so etwas in die Welt gesetzt, und nun wird dieses Halbwissen immer wieder mal aufgewärmt.«

»Das stimmt allerdings«, meinte Reckmann. »Mit gezielt gestreuten Fehlinformationen kann man eine Gesellschaft wunderbar von anderen Problemen ablenken.«

Die Aussage des Anzugträgers stand zwischen ihnen und bedurfte wohl einer weiteren Erläuterung.

Als Erster brach Löwenstein das Schweigen.

»Was wollen Sie uns damit sagen? Meinen Sie wirklich, so ein Gerücht würde bewusst in die Welt gesetzt, um von anderen Dingen abzulenken?«

»Das kann doch sein«, antwortete Reckmann. »Woher wissen wir schon, was uns alles nur zum Schein vorgegaukelt wird? Wie viele Halbwahrheiten und wilde Spekulationen werden tagtäglich von der Presse und den sonstigen Medien geschürt, um uns vielleicht nur von wesentlicheren Dingen abzulenken?«

»Sie haben vermutlich recht«, schaltete sich Nau ein, »aber sind das nur Ihre persönlichen philosophischen Betrachtungen, oder hat das auch eine Relevanz für die Lösung des Falles?«

»Eher Ersteres«, räumte Reckmann kleinlaut ein.

»Dann lassen Sie uns doch noch einmal zum ursprünglichen Thema zurückkommen«, sagte Löwenstein. »Unter den Spekulationen tauchte öfters mal eine auf, die besagte, es gäbe einen Tunnel vom Schloss bis hinunter zur Elisabethkirche.«

»Das ist sehr interessant«, urteilte Nau. »Es beflügelt zumindest die Fantasie der Leute. So gesehen hatten Sie mit Ihrem Einwurf durchaus recht, Ludwig: Man muss den Menschen auch etwas geben, woran sie sich reiben können.«

»Brot und Spiele für das Volk«, sagte Löwenstein. »Das hat bereits im Alten Rom prächtig funktioniert!«

»Was sagen wir denn nun zu dem speziellen Punkt eines möglichen Tunnels zwischen den beschriebenen Orten?«, fragte Reckmann in die Runde und schaute amüsiert zu Pepper hinüber, der unter Naus Tisch einige ungewöhnliche Bewegungen im Halbschlaf vollführte.

»Es ist wie immer, wenn man mit kühnen Behauptungen konfrontiert wird«, meinte der Kommissar. »Man kann sie entweder glauben oder man versucht, sie zu widerlegen. Letztlich ist es doch mit den Theorien des Professors genau dasselbe!«

»Das Streben nach Widerlegung setzt allerdings voraus, dass man ein Thema überhaupt für wichtig genug erachtet, Zeit und Energie hineinzustecken«, kommentierte Reckmann. »Wenn man etwas von vornherein als ›Blödsinn‹ abtut, wird man sich gar nicht erst damit näher auseinandersetzen.«

»Wobei manches mitunter so unsinnig ist, dass man es überhaupt nicht widerlegen *kann*!«, urteilte Nau.

Löwenstein schüttelte den Kopf.

»Heißt das nun für uns, dass wir uns auf einem Irrweg befinden und uns folglich nicht mit den angesprochenen Dingen befassen?«

»Nein, das denke ich nicht«, antwortete Nau. »Das Mystische und Unbekannte ist es doch gerade, was einen täglich aufs Neue fasziniert. Finden Sie es nicht auch ungeheuer spannend, zu versuchen, die Hintergründe des Unerklärlichen zu enträtseln, auch wenn es noch so aussichtslos erscheint?«

9. KAPITEL

Am Nachmittag fasste Nau den Entschluss, nun doch einmal mit jemandem zu sprechen, der sich mit dem Zustand und dem Ausmaß der Marburger Kasematten schon von Berufs wegen bestens auskennen musste.

Paul Gerhards war von Mitte der 60er bis in die 80er Jahre hinein Marburgs Stadtbaudirektor gewesen und hatte in den 1970er Jahren federführend die neuerliche Erschließung der Kasematten vorangetrieben. Seine wichtige Pionierarbeit auf diesem Gebiet hatte ihm auch einige Popularität in der Bevölkerung und den Spitznamen ›Kasematten-Paule‹ eingebracht. Mittlerweile lebte der Rentner mit seiner Frau in einer schönen Dreizimmerwohnung im nordwestlichen Marburger Stadtteil Marbach.

Der Kommissar hatte sich zusammen mit Peter Löwenstein auf den Weg gemacht, und da Gerhards' Wohnung in unmittelbarer Nähe der Blindenstudienanstalt lag, die der Kollege bestens kannte, brauchten sie nicht lange, um dorthin zu gelangen.

Nebeneinander saßen sie auf einer Couch in dem gemütlich eingerichteten Wohnzimmer, während die beiden Eheleute die Sessel links und rechts von ihnen einnahmen. Vor ihnen stand jeweils eine Tasse duftenden Kaffees.

»Sie wollen also etwas zu den Kasematten wissen«, sagte der Endsiebziger links von ihnen.

»Ja«, entgegnete Löwenstein, der ihm am nächsten saß, »im Laufe unserer Recherchen haben wir herausgefunden, dass es einen anerkannten Experten dazu gibt, nämlich Sie!«

»Wenn sich jemand damit auskennt, dann er!«, sagte seine Frau. »Er wurde damals zu einer richtigen lokalen Berühmtheit. Paul hat aber auch sehr viel Arbeit hineingesteckt.«

»Lass mal gut sein, Hannelore. Die Herren wollen bestimmt keine ollen Kamellen hören«, meinte er und winkte ab. »Aber ich finde es dennoch schön, dass sich heute noch Leute für meine damalige Arbeit interessieren.«

»Wie ist es denn seinerzeit dazu gekommen?«, fragte Nau.

»Ich hatte schon einige Zeit vorher die Rolle des Stadtbaudirektors übernommen. Nach einer Weile hatte ich dann die Sehnsucht, etwas Bleibendes zu erschaffen. Etwas, weswegen man sich möglichst Jahrzehnte später noch an mich erinnert.«

»Das ist ja eindeutig gelungen!«, schmeichelte Löwenstein und nahm einen Schluck des Kaffees, wobei er sich prompt die Zunge verbrannte. Das Getränk war wirklich heiß.

»Ich hatte mich eben immer schon für historische Ausgrabungen und solche Dinge interessiert, da war der Weg in die Kasematten nicht mehr allzu weit.«

»Es gibt auch zahlreiche weitere historische Gebäude in unserer schönen Stadt, um deren Erhalt sich mein Mann verdient gemacht hat«, erklärte Frau Gerhards nicht ohne Stolz.

Ihr Mann reagierte mit einer Handbewegung, die ihr sagen sollte, dass sie sich mit solchen Lobeshymnen besser zurückhielt. Nau gefiel diese Geste der Bescheidenheit.

»Aber nun sagen Sie mir doch erst einmal, was Sie überhaupt von mir wollen, meine Herren!«

»Ich muss Ihnen leider sagen«, begann der Kommissar, »dass in den letzten Tagen zwei Leichen in den Kasematten gefunden wurden.«

»In meinen Kasematten?«, fragte er ungläubig und mit echtem Bedauern. Er tat beinahe so, als sei durch den Fund der beiden Toten so etwas wie die Vernachlässigung seiner Sorgfaltspflicht dokumentiert worden, obgleich er ja schon vor rund 15 Jahren aus dem Beruf geschieden war.

»Entschuldigen Sie«, meinte seine Frau lächelnd. »Bis heute fühlt er sich für die Anlage verantwortlich.«

»Wer sind denn die Toten?«, fragte er, beugte sich dabei vor und stützte sich auf seinen fein verzierten Spazierstock. Dieses alte Erbstück begleitete ihn auf Schritt und Tritt, wenngleich es ihm innerhalb der Wohnung von eher geringem Nutzen war.

Löwenstein erklärte, dass beide Mordopfer einen studentischen Hintergrund hätten und umriss kurz die Lage.

»Das klingt in der Tat mysteriös«, urteilte Gerhards. »Und Sie haben noch keine Vorstellung vom Täter?«

»Nein, wir haben noch einiges zu klären«, sagte der Kommissar floskelhaft.

»Und wie kann ich Ihnen dabei helfen?«, fragte der Rentner, der ganz offensichtlich auch auf seine alten Tage immer noch sehr pragmatisch dachte.

»Wir hoffen einfach, dass Sie uns einiges über die Kasematten erzählen können«, erläuterte Löwenstein.

»Uns interessiert beispielsweise die Frage, ob es noch unentdeckte oder zumindest nicht erschlossene Gänge gibt«, ergänzte Gisbert Nau.

»Wir waren jedes Mal sehr euphorisch, wenn wir wieder einen neuen Nebenarm oder eine weitere Querverbindung entdeckten und erschlossen«, sagte Gerhards mit einem verklärten Lächeln. »Ich könnte mir schon vorstellen, dass da noch einiges zu finden ist.«

»Wie meinen Sie das?«, hakte Nau nach.

»Wir hatten ja primär die Idee im Kopf, die Kasematten sicher für Besucher zu machen. Es gab allerdings Durchbrüche und Ansätze, die wir nicht weiterverfolgt haben, weil diese nicht ins Gesamtkonzept zu passen schienen.«

Löwenstein schaute zu Nau hinüber und sah die Begeisterung in dessen Augen. Sollte es wirklich wahr sein? Sollte es tatsächlich noch unerschlossene Gänge in jenen unterirdischen Anlagen geben? Löwenstein hoffte insgeheim, dass der alte Mann nicht an nachlassendem Erinnerungsvermögen oder einer zu regen Fantasie litt.

»Haben Sie schon einmal etwas von einem Gang bis hinunter ins Tal, etwa zur Elisabethkirche, gehört?«, fragte Nau.

»Von so etwas ist mir nichts bekannt«, lautete Gerhards' Antwort. »Allerdings haben wir nicht jeden Gang bis zu dessen Ende weiterverfolgt. Wer weiß, was hinter manchem vermeintlichen Abschlussstein liegt, den wir vorgefunden haben?«

»Sie vermuten weitere Gänge und vielleicht auch solche, die hinunter bis ins Tal führen?«, wollte Löwenstein genauer wissen.

»Zumindest kann ich das nicht völlig ausschließen. Immerhin sind auch die inzwischen den Besuchern zugänglich gemachten Bereiche der Kasematten schon überaus weitverzweigt.«

Es entstand eine kurze Pause, weil sowohl Nau als auch sein Kollege das soeben Erfahrene zunächst einmal verarbeiten mussten.

»Was bringen Ihnen denn derartige Informationen, wenn ich fragen darf?«, erkundigte sich der ehemalige Stadtbaudirektor.

»Wir machen uns natürlich Gedanken über die Symbolik dieses Ortes«, antwortete Nau. »Die beiden Männer sind offenkundig nicht dort ermordet worden. Was also will uns der Täter damit sagen, wenn er sie dort hinterlegt? Können Sie sich einen Reim darauf machen?«

»Da kann ich Ihnen leider nicht weiterhelfen, fürchte ich.«

»Uns beschäftigt auch die Frage des Motivs«, erklärte Löwenstein. »Es drängt sich die Frage auf, ob die Kasematten vielleicht auch einen Grund dafür liefern könnten, warum die beiden Männer überhaupt ermordet wurden. Da sind solche Details, wie vielleicht noch nicht erschlossene Gänge, natürlich auch von Interesse.«

»Meinen Sie denn vielleicht, es hätte jemand so etwas wie einen Schatz in einem der Gänge versteckt?«, griff wieder Frau Gerhards in die Diskussion ein.

Dies verneinte Nau entschieden. Er konnte nicht auch noch Schatzsucher oder ähnliche Abenteurer in den Kasematten gebrauchen. Die Situation war auch so schon verzwickt genug. Insgeheim aber war er schon seit einiger Zeit selbst von derartigen Gedanken fasziniert. Was war, wenn in den Gängen etwas versteckt lag, das für den Täter sogar zwei Morde zu rechtfertigen schien?

Anschließend sprachen sie über eher technische oder

organisatorische Dinge wie die Dauer der einzelnen Phasen der Arbeiten in den Kasematten. Immerhin erstreckte sich deren Erschließung von den 70ern bis in die 80er Jahre hinein. Außerdem erkundigte sich Gerhards nach den genauen Fundorten der beiden Opfer.

Nau beobachtete den alten Mann und dessen durch seinen Spazierstock dokumentierte Gehbehinderung.

»Sie sehen sich vermutlich außer Stande, uns einmal zu einer ausführlichen Erkundungstour durch die Kasematten zu begleiten?«, fragte er nach Abschluss seiner Überlegungen.

Noch bevor der Alte antworten konnte, übernahm seine Frau wieder das Wort:

»Führen Sie ihn bitte nicht in Versuchung, sonst nimmt er noch Ihre Einladung an! Paul muss sich unbedingt schonen, nach seinen zwei Schlaganfällen geht es eben nicht mehr so wie früher.«

Der Kommissar nickte verständnisvoll, konnte seine Enttäuschung aber dennoch nicht ganz verhehlen. Hilfe suchend schaute er zu Peter Löwenstein hinüber, als ob der mit einer positiveren Antwort würde aufwarten können.

»Wenn es Sie aber unbedingt an meine alte Wirkungsstätte zieht, hätte ich eine Lösung für Sie parat«, sagte Gerhards und seine Augen umspielte ein schelmischer, jugendlicher Glanz. »Ich kann Ihnen jemanden als Begleitung wärmstens empfehlen! Diese Person kennt sich ebenso gut aus wie ich, ist ständig auf dem neuesten Stand und hat ihre ersten Erfahrungen in den Kasematten noch unter meiner Führung gemacht.«

Ludwig Reckmann befand sich auf dem Weg zum Trainingsgelände der Marburg Merchants. Noch bevor Nau und Löwenstein nach Marbach aufgebrochen waren, hatte ein Mitglied der Mannschaft in der Dienststelle angerufen und gesagt, dass er eine Aussage zu machen habe. Reckmann hatte sich daraufhin mit ihm vor dem Nachmittagstraining verabredet. Arbeitsteilung war also angesagt: Während sich die beiden Kollegen um den alten Stadtbaudirektor kümmerten, traf er sich mit Marvin Klosterkempers Mitspieler.

Gerade ließ Reckmann die Stadtwerke am Krekel rechts hinter sich liegen, überquerte eine Lahnbrücke und bog nach rechts in die Gisselberger Straße ein. Sein Weg führte zum Georg-Gaßmann-Stadion, also hielt er sich zunächst weiter in nördlicher Richtung.

Um zu den Parkplätzen zu gelangen, bog er etwas später in die Willy-Mock-Straße ein und ließ die diversen Autohäuser hinter sich. Er lenkte seinen BMW auf den Parkplatz, der zu dieser Tageszeit gähnend leer war. Immerhin waren ein paar Stellplätze besetzt. Wahrscheinlich war Andi Klein, sein Gesprächspartner, nicht der einzige Spieler, der frühzeitig zum Training erschien. Reckmann stellte seinen Wagen im Zentrum des Platzes ab und stellte sich neben sein Fahrzeug, um gut gesehen zu werden.

Einige Minuten später kam der junge Mann und parkte seinen weißen Alfa Romeo gleich neben Reckmann. Die Art, wie er den Motor auf den letzten Metern noch einmal richtig aufheulen ließ, führte bei dem Beamten zu der Vermutung, dass auch Kavalierstarts und Geschwindigkeitsüberschreitungen wohl keine Fremdwörter für den Footballspieler darstellten.

Die äußere Erscheinung Andi Kleins stand in einem deutlichen Widerspruch zu dessen Namen. Er war zwar mit knapp 1,80 Metern nicht sonderlich groß, aber was er an Muskelmasse aufzubieten hatte, nötigte Reckmann einigen Respekt ab. Er war einer jener Abwehrspieler, die ihre Gegner ohne Weiteres durch ihre Physis einbremsen konnten. Reckmann malte sich aus, wie es sein musste, gegen diesen gewaltigen Muskelberg anrennen zu müssen.

»Hallo, einen schönen Wagen fahren Sie da!«, lobte der Anzugträger, und der kräftig gebaute Sportler lächelte geschmeichelt.

»Danke, Ihr Hobel ist auch nicht schlecht!«

»Ja, das hört man gerne«, meinte Reckmann und erwartete fortan keine rhetorischen Meisterleistungen des jungen Mannes. »Sie hatten mich kontaktiert, weil Sie mir etwas mitzuteilen haben?«

»Gibt es bei Ihnen eigentlich auch richtig Kohle, wenn man was aussagt?«, fragte Klein und warf lässig seine Lederjacke über die Schulter, sodass seine muskulösen Oberarme unter dem knapp geschnittenen Muscle-Shirt hervorquollen. Dabei steckte er seine verspiegelte Sonnenbrille in das zu stark gegelte schwarze Haar. Reckmann grinste in sich hinein aufgrund der allzu offen zur Schau getragenen Macho-Attitüde.

»Das ist von Fall zu Fall verschieden. Jedenfalls sind in diesem noch keine Belohnungen ausgeschrieben worden. Unabhängig davon ist es bestimmt nicht zu Ihrem Schaden, wenn Sie eine Aussage machen, die uns bei unseren Ermittlungen weiterhilft.«

»Was würde Sie denn so interessieren?«, kam die Frage des Muskelpakets.

»Vielleicht erzählen Sie mir erst einmal, was Sie für mich haben, bevor wir uns in Preisverhandlungen verzetteln«, sagte Reckmann und wurde durch die Art des jungen Mannes zunehmend gereizt. Sollte doch dieser Angeber endlich sagen, was er zu wissen glaubte, dann hatte er diese unangenehme Unterredung bald hinter sich.

»Ich weiß vielleicht was über Marvin, das Sie nicht wissen«, sagte der nun fast triumphierend und gefiel sich ganz offensichtlich in der Rolle desjenigen, der sich im Vorteil wähnte.

»Dann spucken Sie es aus!«, antwortete Reckmann ungeduldig. »Mann, lassen Sie sich nicht alles aus der Nase ziehen!«

Klein stutzte kurz, als ob er überlegte, nun doch von einer Aussage abzusehen. Dann hielt er seine Lederjacke vor sich, zog eine Fotografie daraus hervor und hielt sie Reckmann vor die Nase. Der Polizist wollte danach greifen, doch der Sportler zog sie wieder weg.

»Bitte, das ist kein Spiel, Mensch!«, entfuhr es Reckmann zornig. Daraufhin gab ihm Klein nun endlich das Bild und schaute den Beamten belustigt an.

Darauf war Marvin Klosterkemper zu erkennen, der mit abwehrender Geste offensichtlich auf den Fotografen zuging, und im Hintergrund eine junge Blondine, die in einen – wie Reckmann zu erkennen glaubte – Fiat Barchetta einstieg. Stumm betrachtete der Polizist die Fotografie. Leider waren die Frau, ihr Auto und damit auch das Kennzeichen des Fahrzeugs unscharf, da sich die vermutlich automatische Schärfeneinstellung der Kamera auf Klosterkemper fokussierte. Auch mit dem Autotyp war sich Reckmann nicht ganz sicher, aber immerhin mochte er mit seiner Vermutung durchaus recht haben. Aufgeregt versuchte Klein, aus dem Mienenspiel des Beamten dessen Begeisterung oder auch

Enttäuschung herauszulesen. Der ließ sich allerdings nichts anmerken.

»Was können Sie mir dazu sagen?«, fragte Reckmann geschäftsmäßig kurz.

»Was meinen Sie?«, fragte der junge Mann zurück.

»Wann ist das Foto entstanden, und wer ist die Frau auf dem Bild?«

»Er hat sie uns nie vorgestellt, aber eine ganze Zeit lang hat sie ihn regelmäßig vom Training abgeholt – war ein geiler Feger!«

»Das sehe ich selbst«, meinte Reckmann knapp und betrachtete weiter intensiv das Bild, als würde er Klein überhaupt nicht beachten. »Noch einmal die Frage nach dem Entstehungszeitpunkt des Bildes!«

»Vor ungefähr einem Monat, so genau weiß ich es nicht mehr. Es war einer der ersten wärmeren Tage.«

»Die ersten waren schon etwa Ende März, da wurde es zum ersten Mal deutlich zweistellig«, grübelte Reckmann laut nach.

»Kann schon sein«, meinte das Kraftpaket gleichmütig.

»Es sieht auf diesem Bild so aus, als wäre er nicht sonderlich erpicht darauf, zusammen mit seiner Freundin fotografiert zu werden«, kommentierte Reckmann das Bild.

»Er…was?«

»Erpicht«, wiederholte Reckmann. »Soll heißen, er war nicht *scharf* darauf, mit ihr fotografiert zu werden.«

»Das können Sie laut sagen!«, entgegnete der Football-Spieler. »Ist hier auf dem Parkplatz entstanden, als sie ihn mal wieder abgeholt hat.«

»Sie bezeugen also, dass er die offensichtliche Beziehung zu der Frau bewusst verschwiegen hat?«

»Gerade an diesem Tag ist er von einigen verarscht worden. Sie haben gesagt, er soll nicht so tun, als ob es die Frau nicht gibt. Da wurde er ziemlich wütend. Hat gesagt, dass es uns nix angeht und so!«

»Wann ist er denn das letzte Mal von der Frau abgeholt worden?«, fragte Reckmann und steckte sich eine Zigarette an.

»Ungefähr eine Woche, bevor Sie aufgetaucht sind«, antwortete Klein und winkte Reckmanns Geste ab, mit der er ihm ebenfalls eine Zigarette anbot. »Ich werd verrückt. Wenn das der Coach sieht, macht er mich zwei Köpfe kürzer. Aber ich rauche zu Hause schon mal eine, heimlich!«, fügte er flüsternd hinzu.

Reckmann nickte verständnisvoll und zuckte mit den Schultern. Er konnte sich nur schwerlich vorstellen, dass ein solches Kraftpaket sich von seinem Trainer sagen ließ, was es zu tun und zu lassen hatte.

»Also etwa eine Woche vor seinem Tod ist Klosterkemper noch von der Blondine hier abgeholt worden, das ist ja interessant«, resümierte Reckmann. »Wissen Sie vielleicht auch den Namen der Frau oder woher sie stammt?«

»Den Namen hat er uns nie verraten. Ich meine aber, dass das Kennzeichen auf dem Wagen nicht von hier war«, sagte Klein, und Reckmann glaubte fast, dessen Gehirn beim Arbeiten hören zu können.

»Gibt es denn noch andere Mannschaftskameraden, die vielleicht ähnliche Fotos gemacht haben könnten?«, fragte Reckmann.

»Das glaube ich nicht. Jedenfalls habe ich davon nichts mitbekommen!«

»Könnten Sie uns das Foto für die Dauer der Ermittlungen überlassen?«

»Klar, ich hab's eh auf dem Rechner!«

Reckmann schaute sich noch einmal den italienischen Wagen des jungen Sportlers etwas genauer an.

»Bei Ihnen im Verein verdient man doch mehr als nur ein warmes Essen?«, machte er kein Geheimnis aus seinen Gedanken und musterte Klein aufmerksam, während er auf seine Antwort wartete.

»Klar. Wir spielen am liebsten da, wo die Kohle stimmt!«, kam diese ebenso prompt wie freimütig.

»Was kommt denn dabei so rüber?«, fragte Reckmann und versuchte dabei, sich möglichst wie sein Gegenüber auszudrücken, um eine Art von Vertraulichkeit zu suggerieren.

»Bei mir sind schon mal etliche Hunderter drin mit allen Prämien und solchem Zeug«, antwortete der junge Mann und versuchte, besonders gelassen zu wirken.

»Aber wirklich leben kann man davon nicht!«, stellte Reckmann fest. »Womit finanzieren Sie denn dann Ihren Flitzer?«

»Gesponsert von Daddy!«, sagte Klein nur und setzte dabei sein breitestes Grinsen auf.

»Ich verstehe«, meinte Reckmann. »Und was machen Sie sonst so beruflich? Sie sind ja immerhin schon 24, wenn unsere Daten stimmen.«

»Wenn ich nicht trainiere, schaffe ich noch ein bisschen im Laden von meinem Alten. Der ist Lackierermeister bei uns in Dreihausen.«

Reckmann überlegte kurz, um den genannten Ort geografisch einzuordnen. Er lag im Osten des Kreises Marburg-Biedenkopf und war Teil der Gemeinde Ebsdorfergrund.

»Hast du eine Ahnung, wie es bei Marvin stand?«,

fragte er. »Kam er finanziell zurecht?« Der Ermittler hatte angefangen, sein Gegenüber zu duzen, um ihm in diesem vertraulichen Unterton vielleicht noch weitere Geheimnisse entlocken zu können. Zudem weckte die Ausdrucksweise des Sportlers Assoziationen in ihm, dass er eher mit einem Jugendlichen als mit einem Erwachsenen sprach. Längst hatte er aufgehört, den jungen Mann ernst zu nehmen. Für die laufenden Ermittlungen waren dessen Aussagen allerdings hoch interessant.

»Ja, schon. Fragen Sie mich aber nicht, was er so jobmäßig gemacht hat!«

»Warum sagst du das mit solcher Bestimmtheit?«

»Weil ich es nicht weiß«, lautete die naheliegende Erklärung.

Langsam füllte sich der Parkplatz mit immer mehr Fahrzeugen, denen die Mannschaftskameraden Kleins entstiegen. Der Kraftprotz nahm diese Tatsache mit wachsendem Unwohlsein zur Kenntnis. Offensichtlich war ihm nicht sonderlich angenehm, mit dem Polizisten gesehen zu werden.

»Machen wir schnell, ich muss nämlich los!«

»Dir passt anscheinend nicht in den Kram, dass deine Kameraden uns hier stehen sehen«, teilte ihm Reckmann ganz offen seine Beobachtung mit.

»Da würde es Ihnen doch auch so gehen, oder?«, konterte der Muskelprotz und machte ein fast trotziges Gesicht. »Da meint doch jeder gleich, ich hätte was zu verbergen!«

»Wie ist denn so die Stimmung im Team?«, bohrte der Polizist nach.

»Alles super!«, antwortete Klein lapidar und ballte die Fäuste. »Zusammen machen wir jeden Gegner platt!«

»Das kann ich mir lebhaft vorstellen«, meinte Reckmann und nahm einen letzten Zug von der Zigarette, um sie dann im hohen Bogen fortzuwerfen. »Um noch einmal auf deinen Kameraden Marvin zurückzukommen: Hatte er vielleicht irgendwelche finanziellen Schwierigkeiten?«

»Das weiß ich nicht. Gibt's sonst noch was?«

Reckmann meinte so etwas wie eine Unsicherheit im Mienenspiel des jungen Mannes zu entdecken, aber er konnte sich auch ebenso gut täuschen. Konnte es sein, dass er ihm bei der gestellten Frage auswich? Es hatte fast den Anschein.

»Gab es vielleicht Wechselabsichten?«, fragte Reckmann weiter. »Verdienst du als Spieler mit daran, wenn du irgendwohin wechselst? Hat Marvin von so etwas geredet?«

»Wieder nein!«, entgegnete Klein kurz angebunden und holte mit schnellen Bewegungen seine Sporttasche aus dem Kofferraum. »Ich hab Ihnen alles gesagt. Muss jetzt los, machen Sie's gut!«

Er gab ihm noch einen kurzen Wink zum Abschied und eilte dann mit großen Schritten einigen Mannschaftskameraden nach, die gerade im Eingang zu den Umkleidekabinen verschwunden waren, und laut miteinander vermutlich allerlei Belanglosigkeiten diskutiert hatten.

»Wenn du mir noch etwas zu sagen hast, weißt du, wo du mich findest!«, rief ihm der Beamte noch für alle Fälle hinterher, aber vermutlich wurde er bereits nicht mehr wahrgenommen.

Während er ihm nachschaute, wunderte sich Reckmann, wie flink und geschmeidig dieses Muskelpaket sich bewegte. Deutlich schneller als er es sich hätte ausmalen können, war Klein in dem Nebeneingang verschwunden. Der Polizist verharrte noch einige Momente auf dem Parkplatz, um das soeben Erfahrene zu verarbeiten. Dabei betrachtete er intensiv die ihm überlassene Fotografie.

Eine gute Viertelstunde später fanden sich alle drei Kommissare wieder in der Dienststelle ein. Gisbert hatte gleich seinen Hund bei dem Kollegen abgeholt und streichelte ihn ausgiebig. Zudem brachte er ihm einige Leckereien mit, die der Hund besonders gerne hatte. Das Wiedersehen tat beiden sehr gut, Nau insbesondere deshalb, weil er seine Gedanken einmal für einige Minuten auf seinen Vierbeiner lenken und dabei ein wenig entspannen konnte. Unterdessen vertieften sich die beiden Kollegen bereits wieder in ihre diversen Unterlagen und Notizen. Sie wollten dem Kommissar etwas Freiraum für sein Wiedersehen mit Pepper geben und im Anschluss damit beginnen, die erst kürzlich gewonnenen neuen Erkenntnisse auszutauschen.

»Schießen Sie mal los, Reckmann«, meinte Nau, während er den Hund mit den letzten Stückchen der Leckerlipackung fütterte. »Was hat sich denn mit dem Footballspieler ergeben?«

Reckmann stand auf und begann zu erzählen. Während er sein Gespräch mit Andi Klein kurz zusammenfasste, reichte er den beiden Kollegen die Fotografie.

»Ein ziemlicher Feger!«, meinte Löwenstein und befleißigte sich damit einer Wortwahl, die ohne Weiteres auch von Ludwig Reckmann hätte stammen können. Der nickte und sagte:

»Genau das war auch Kleins Kommentar!«

Als Nau das Foto bekam, hielt er es sich in unterschiedlichen Abständen vor die Augen, dennoch gelang es ihm nicht, das Kennzeichen des Wagens zu entziffern.

»Hab ich auch schon versucht«, kommentierte Reckmann mit einem Gesichtsausdruck, der die Vergeblichkeit seiner Anstrengungen verdeutlichen sollte.

»Und Sie schätzen das Ganze als ermittlungsrelevant ein?«, wollte der Kommissar wissen.

»Ja, besonders angesichts der Tatsache, dass Klosterkemper so ein Geheimnis aus ihrer Beziehung gemacht hatte!«

»Seine Schwester kann es ja nicht sein«, dachte Löwenstein laut nach.

»Die saß vor Kurzem jung und unschuldig mit ihren Eltern bei uns im Besprechungszimmer«, sagte Reckmann. »Und andere Geschwister gibt es nicht. Das *muss* seine Freundin sein!«

»Auf jeden Fall geben wir das Bild ins kriminaltechnische Labor«, meinte Nau. »Mal sehen, was die noch an zusätzlicher Schärfe herausholen können.«

»Dabei ist die Dame eigentlich schon scharf genug«, bemerkte Reckmann schmunzelnd, der diese Steilvorlage seines Chefs unmöglich ungenutzt lassen konnte. Zufrieden mit der eigenen Pointe lehnte er sich zurück und verschränkte die Arme genießerisch hinter seinem Kopf. Als das erhoffte Gelächter weitestgehend ausblieb, nur Löwenstein kicherte ganz kurz in sich hinein, fragte er:

»Was hat sich denn bei dem alten Städteplaner ergeben?«

»Stadtbaudirektor!«, korrigierte Löwenstein.

»Meinetwegen.«

»Er unterstützt die Vermutung, dass es vielleicht noch unerschlossene Gänge im System der Kasematten gibt«, erklärte ihr Vorgesetzter. »Allerdings ist er in seinen Aussagen recht vage. Er meinte nur, dass man damals nicht unbedingt allen möglichen Hinweisen nachgegangen sei.«

»Macht er denn noch einen geistig frischen Eindruck?«, wollte Reckmann wissen und öffnete eine Halbliterflasche Cola Light, die er aus seinem Schreibtisch hervorgeholt hatte. »Der muss ja wahrscheinlich auch schon im deutlich fortgeschrittenen Alter sein.«

»Geistig macht er noch einen sehr fitten Eindruck«, erklärte Löwenstein. »Er hat eher körperliche Defizite.«

»... weshalb er auch nicht selbst mit uns in die Kasematten hinuntersteigen kann«, übernahm Nau. »Er hat uns aber die Visitenkarte eines jüngeren Kollegen gegeben, der das wohl übernehmen wird.«

»Ein gewisser Kim Reichert«, sagte Löwenstein, der die Karte aus seiner Brusttasche gezogen hatte. »VEU – Vereinigung zur Erforschung der Unterwelten.«

»Der kennt sich in den Kasematten nach Auskunft des Stadtbaudirektors ebenso gut aus wie er selbst«, erzählte der Kommissar. »Er hat ihn wohl ständig gelöchert, bis er ein mindestens genauso großer Experte war.«

»Und was ist das für ein Verein?«, fragte Reckmann mit skeptischer Miene.

»Die gehen in den Untergrund der Städte und erforschen historische Ausgrabungsstätten, alte Gewölbekeller und ähnliche Dinge«, antwortete Löwenstein mit offensichtlicher Begeisterung. »Die steigen auch hinab in die Kanalisation, wenn es dort etwas Interessantes zu entdecken gibt. Ich habe mal einen Bericht über die Berliner Abteilung der Vereinigung gesehen.«

»Und was haben die entdeckt?«, fragte Reckmann, dessen Gesichtsausdruck immer kritischer wurde. »Fäkalien oder andere *tolle Dinge*?«

»Zum Beispiel haben sie zahlreiche unterirdische Bunkeranlagen erforscht. Wie man sich denken kann, gibt es davon gerade in Berlin als ehemaliger Reichshauptstadt besonders viele«, erzählte Löwenstein. »Zudem haben sie auch die Anfänge einer regelrechten unterirdischen Stadtautobahn entdeckt, die damals von Hitler und seinem Architekten Speer geplant wurde.«

»Die hatten ja größenwahnsinnige Pläne, was die Errichtung einer Reichs- und Welthauptstadt namens *Germania* betraf«, bestätigte der Kommissar. »Aber wir schweifen ab.«

»Auf jeden Fall ist dieser Herr Reichert wohl einer jener Leute, die sich in den Unterwelten von Städten auf die Suche nach Höhlen und allen möglichen historischen Hinweisen machen«, erklärte Löwenstein.

»Ist es Ihr Ernst, dass wir mit dem in die Kasematten hineingehen sollen?«, fragte Reckmann, und seine Stimme bekam dabei eine besorgte Färbung. »Was soll uns das bringen?«

»Wir haben nicht nur vor, die Kasematten zu besichtigen, sondern wir wollen insbesondere auch in jene Bereiche vordringen, die für Besucher normalerweise nicht zugänglich sind«, erwiderte Löwenstein, und eine gewisse Abenteuerlust leuchtete ihm geradezu aus den Augen.

»An diesem Tag müssten Sie allerdings mal ohne Anzug zum Dienst erscheinen!«, fügte Nau mit einem Augenzwinkern noch hinzu.

»Ich mache ja grundsätzlich alles mit«, sagte Reckmann mit leicht gequältem Lächeln, »aber ich finde, wir sollten die normalen Ermittlungsarbeiten, bei allem Forschergeist, nicht völlig aus den Augen verlieren.«

»Da haben Sie absolut recht!«, sagte Nau entschieden und kraulte Pepper, der sich inzwischen unter den

Schreibtisch seines Herrchens begeben und eine bequeme Schlafstellung eingenommen hatte. »Deshalb werden wir auch gleich damit beginnen, uns weitere Gedanken um Marvin Klosterkempers Umfeld und das des Professors zu machen. Auch wenn ein Großteil unserer Anstrengungen auf die Kasematten und die Burschenschaft entfallen, sollten wir diese Aspekte nicht außer Acht lassen.«

»Ehrlich gesagt, finde ich beispielsweise das Bild Klosterkempers und seiner Freundin deutlich zielführender als alle Vermutungen, die wir hinsichtlich der Kasematten anstellen«, räumte Reckmann ein.

»Wie sieht es denn nun eigentlich mit Ihren Absichten aus, die Burschenschaft gewissermaßen als *›Dauergast‹* aufzusuchen?«, fragte Löwenstein.

»Das stelle ich zunächst einmal hintan«, erwiderte Nau. »Sobald wir wissen, wann es mit einer Kasematten-Begehung klappt, werde ich entscheiden, ob und wann ich bei den Elisabethanern ›einziehen‹ werde.«

»Rein statistisch gesehen stünde der nächste Mord ja bereits in der Nacht auf morgen an«, meinte Reckmann. »Wenn der Kasematten-Mörder also bei seinem vermeintlichen Zeitplan bleibt, müsste die nächste Leiche morgen früh gefunden werden.«

»Wobei ich hoffe, dass die Polizeipatrouillen die erhoffte abschreckende Wirkung haben werden«, gab Nau zu bedenken.

»Die Tatsache, dass ein paar Beamte im Stundentakt Stichproben machen, würde mich als Täter nicht sonderlich abschrecken«, meinte Löwenstein. »Man muss einmal in Betracht ziehen, dass sich die Kasematten ja über eine beträchtliche Strecke ausdehnen. Wie sollte man da eine wirksame Prävention leisten?«

»Da müsste man schon geradezu mit Hundertschaften anrücken«, sagte Reckmann zynisch.

»Vor diesem Hintergrund erscheint es vielleicht ratsam, dass ich mich schon heute Abend, oder besser noch am späten Nachmittag, in dem Verbindungshaus einquartiere. Wie steht es mit dem grünen Licht seitens der Staatsanwaltschaft?«

»Die Angelegenheit sollte mittlerweile durch sein. Ich rufe sofort noch mal dort an und frage nach«, antwortete Reckmann.

Wenige Minuten später hatten sie die Bestätigung, dass Kommissar Nau zu Kontrollzwecken im Verbindungshaus der Elisabethaner nächtigen durfte. Die Verantwortlichen der Burschenschaft hatten den Anweisungen der Beamten Folge zu leisten. Eventuelle Zuwiderhandlungen konnten drastische Strafen nach sich ziehen.

Daraufhin rief Reckmann in dem Verbindungshaus an und ließ sich mit Oliver Voss verbinden, der ja bei den bisherigen Besuchen die Repräsentation des Hauses übernommen hatte, und als einer der älteren Studenten wohl auch genügend Überzeugungskraft gegenüber seinen Kommilitonen besaß.

»Von ihm aus geht alles klar«, sagte Reckmann nach dem Telefonat, obwohl es die Kollegen wohl bereits aus den Gesprächsfetzen schließen konnten, die sie mitbekommen hatten.

»Aber begeistert war er vermutlich nicht«, kommentierte Löwenstein grinsend.

»Es war jetzt nichts Negatives herauszuhören«, erklärte Reckmann. »Sie haben wohl so eine Art Gästezimmer. Nicht der pure Luxus zwar, aber man kann es darin wohl aushalten. Es steht sogar ein Bett in dem Raum, nicht etwa nur ein Sofa oder Ähnliches«, meinte er mit Blick auf den Kommissar.

»Haben Sie sich also nun entschieden, heute Abend schon dort einzuziehen?«, fragte Löwenstein.

»Wenn ich ehrlich bin, weiß ich noch nicht einmal, ob ich überhaupt zu diesem Schritt fähig bin«, entgegnete Nau. »Geben Sie mir noch ein, zwei Stunden, dann kann ich Ihnen vielleicht mehr dazu sagen.«

»Ich kann schon verstehen, dass dies eine schwerwiegende Entscheidung ist, die man nicht mal eben so aus dem Bauch heraus fällen kann«, antwortete Löwenstein.

»So bedingungslos ins Ungewisse zu gehen, ist nicht eben einfach«, erläuterte der Kommissar. »Außerdem weiß ich noch nicht, ob ich Pepper mitnehmen soll.«

»Diese Entscheidung kann Ihnen niemand abnehmen«, warf Reckmann ein.

»Einerseits hätte ich wirklich Angst um ihn, andererseits könnte er in manchen Situationen äußerst hilfreich sein«, erläuterte Nau.

»Wie viele Nächte wollen Sie denn dort übernachten, falls es zu keinen weiteren Morden kommt?«, fragte Reckmann. »Ich finde, man sollte auch das überdenken. Nicht, dass Ihre Aufenthaltsdauer zu lang wird.«

»Das habe ich mich auch schon gefragt«, antwortete Nau. »Aber wenn wir in diesem Spiel immer nur Zuschauer sind, werden wir die entscheidenden Figuren vermutlich niemals zu fassen bekommen.«

»Ich kann Sie gerne ablösen«, schlug Löwenstein vor.

»Das ist sehr nett von Ihnen«, entgegnete Nau mit dankbarem Gesichtsausdruck, »aber wir sollten die Anzahl der fremden Personen in diesem ohnehin so ungewöhnlichen Sozialgefüge nicht unnötig erhöhen. Ich denke, das brächte dann endgültig alles durcheinander.«

10. KAPITEL

Nau saß mit den jungen Studenten in der ›Fuchsstunde‹ und fühlte sich erwartungsgemäß reichlich deplatziert. Sie befanden sich in einem kleinen Raum, der im Wesentlichen von einem schweren dunklen Eichentisch, dazu passenden Stühlen und vollgestopften Regalen geprägt war.

Der Tisch in der Mitte des Raumes maß etwa 3x1,50 Meter. Gleichmäßig darum verteilt befanden sich acht Stühle, von denen drei nebeneinanderstehende von den ›Füchsen‹, also den jungen Studenten, besetzt waren. Timo Brettschneider fehlte, aber Nau fragte bewusst nicht nach ihm. Der Kommissar hatte ebenfalls an dem Tisch Platz genommen. Er hatte den Stuhl ausgewählt, der von der Dreiergruppe der jungen Männer am weitesten entfernt war. Auf diese Weise versuchte er, so etwas wie eine professionelle Distanz zu ihnen zu wahren.

Sie trugen wieder ihre Bänder in den Farben der Verbindung, die den Beamten schon bei anderer Gelegenheit aufgefallen waren. Es handelte sich dabei um Schwarz, Rot und Weiß.

Der Kommissar hatte ein komisches Gefühl bei der Sache. Gleich nach seiner Ankunft in dem Verbindungshaus war einer der drei Studenten auf ihn zugekommen und hatte ihm vorgeschlagen, als Erstes an einer ›Fuchsstunde‹ teilzunehmen, denn so könne er am besten einen ersten Einblick in das Leben im Verbindungshaus gewinnen. Dabei hatte Nau noch nicht einmal sein Zimmer zugewiesen bekommen.

Er fühlte eine starke Beklemmung, auf die jungen Leute zuzugehen und offen die Situation anzusprechen. Die Anwesenheit in diesem kleinen, maximal 15 Quadratmeter großen Raum, der zudem mit jenen schweren schwarzen Eichenmöbeln zugestellt war, schaffte zwangsläufig fast zu viel Nähe. Jedenfalls mehr, als dem Kommissar für den Anfang lieb sein konnte.

Während sich die drei jungen Männer leise über alles Mögliche wie Vorlesungspläne, die Vor- und Nachteile bestimmter Professoren oder auch das Essen in der Mensa unterhielten, kraulte er seinen Hund. Pepper hatte mitkommen können, das hatte Nau zur Bedingung gemacht.

Obgleich er an diesem Ort mögliche Gefahren für seinen Vierbeiner vermutete, hatte er sich zu dieser Entscheidung durchgerungen. Immerhin wusste er so einen treuen Begleiter an seiner Seite, der mit seinen stark ausgeprägten Sinnen in mancherlei Situation noch von großer Hilfe sein mochte.

Nau schaute auf seine Armbanduhr. Es war bereits Viertel vor sechs Uhr abends. Er fragte sich, warum sie mit dem, was sie als ›Fuchsstunde‹ bezeichnet hatten, immer noch nicht anfingen. Er überlegte, ob womöglich seine bloße Anwesenheit schon zu deutlichen Störungen der sonst üblichen Betriebsabläufe führte.

»Worauf warten wir denn noch?«, fragte er, und die drei jungen Männer unterbrachten ihren Small Talk.

»Wir warten noch auf Hendrik, unseren ›Fuchsmajor‹, das ist gewissermaßen unser Ausbilder!«, antwortete ein drahtiger junger Mann mit militärischer Kurzhaarfrisur, der sich vorhin kurz als Joachim vorgestellt hatte und am weitesten links von den anderen saß. Er hatte gleich erkannt, dass sich ein überraschtes, fast ungläubiges Lächeln in die Miene des Kommissars mischte, als er die Bezeichnung für den besagten Kommilitonen hörte.

»Er ist dafür verantwortlich, dass wir möglichst gut vorbereitet in die Burschenprüfung gehen«, erzählte Joachims Gegenüber auf der rechten Seite der Dreierreihe. Den breitschultrigen jungen Mann hatte sich Nau als Reinhard gemerkt.

Den dritten im Bunde, der zwischen den anderen beiden saß, kannte Nau bereits als Fechtpartner Timo Brettschneiders. Der recht hagere Justin hatte sich während der damaligen Unterrichtsstunde schon als äußerst einsilbig erwiesen und ignorierte auch heute den Kommissar nahezu vollständig.

»Was hat man sich denn unter dieser Prüfung vorzustellen?«, erkundigte sich Nau.

»Wer sein Wissen über unsere Burschenschaft wie auch über andere gut genug zusammengetragen hat, besteht die Burschenprüfung und gilt anschließend als vollwertiges Mitglied unserer Verbindung«, erklärte Joachim.

»Welcher Art sind die Prüfungsinhalte?«, fragte der Kommissar.

»Das werden Sie ja gleich sehen!«, erwiderte Justin in seiner bereits gewohnt knappen Art, bei der man beinahe schon von einer offen zur Schau gestellten Unhöflichkeit sprechen konnte.

»Heute kommt Hendrik aber spät«, stellte Reinhard fest. »Ich weiß gar nicht, was los ist.«

»Vermutlich bin *ich* los!«, bemerkte Nau zynisch. Die drei jungen Studenten ließen es unkommentiert. Er vermutete in der Tat, dass er durch sein Erscheinen einiges in der Studentenverbindung in Aufruhr versetzte. Zwar erschien er angemeldet, aber auch dies machte wohl keinen Unterschied. Auf jeden Fall stellte sich Gisbert auf einen oder auch mehrere sehr unangenehme Tage ein, an denen er sich fühlen würde wie die oft zitierte Persona non grata, als jemand, dessen Anwesenheit nicht erwünscht war.

Nach der kurzen Unterhaltung hielt für eine Weile Schweigen Einzug. Die Studenten gingen dazu über, ihre Notizblocks und sonstigen Unterlagen hervorzuholen und darin zu blättern.

Es dauerte nicht lange, bis sie sich gegenseitig Fragen stellten und nach Möglichkeit richtig beantworteten. Nau erinnerte diese Prozedur sehr deutlich an das Lernen und Abhören von Vokabeln in seiner Jugend.

Erwähnung fanden bei den Gedächtnisübungen unter anderem so skurrile Dinge wie die jeweilige Kleiderordnung oder auch die Farben der mehr als 30 verschiedenen Marburger Verbindungen.

Reckmann hatte am Nachmittag noch ein wenig gegoogelt und mit den Ergebnissen die Vorfreude des Kommissars auf seinen Besuch in dem Verbindungshaus nicht gerade in schwindelerregende Höhen katapultiert. So fand er beispielsweise heraus, dass politisch eher rechtsaußen vermutete Verbindungen grundsätzlich alle drei Strophen der Nationalhymne sangen. Sie nahmen nur Deutsche auf und in Zeiten der allgemeinen Wehrpflicht, die ja noch nicht lange vorüber waren, keine ehemaligen Zivildienstleistenden. Zwar waren die Studentenverbindungen auf keinen Fall über einen Kamm zu scheren, aber dennoch gab es solche, auf welche die vorgenannte Beschreibung zutraf.

Nau machte sich während der Wartezeit Gedanken, ob und wann es wohl zu einer Besichtigung der Kasematten kommen würde. Sie hatten den Bekannten des ehemaligen Stadtbaudirektors noch nicht erreicht. Die beiden Kollegen würden in seiner Abwesenheit alles versuchen, aber falls der Mann gerade bei irgendwelchen Ausgrabungen im Ausland war, dauerte es vermutlich eine kleine Ewigkeit, ihn zu erreichen. Zu diesem Zeitpunkt dachten weder Nau noch seine Kollegen daran, dass es sich dabei um eine Frau handeln könnte. Zu sehr schien es sich um ein männliches Berufsfeld zu handeln, zudem war ihnen die Zweigeschlechtlichkeit des Vornamens Kim nicht wirklich präsent.

Einige Minuten später kam endlich Hendrik, der Fuchsmajor, durch die Tür, begleitet von dem Erstchargierten Oliver Voss. Der dürre Mann trug wie bei ihrer ersten Begegnung in dem Versammlungssaal schwarze Kleidung und begrüßte den Kommissar mit großer Geste.

»Schön, dass wir uns doch noch einmal wiedersehen«, begann er leutselig. »Was verschafft uns denn die Ehre Ihres neuerlichen Besuches?«

Nau zuckte ein wenig zurück. So viel Freundlichkeit konnte angesichts seiner für die Burschenschaft sicher nicht sonderlich angenehmen Anwesenheit nur gespielt sein. Nun war ihm die ganze Aktion noch unangenehmer als zuvor.

»Mein Kollege Reckmann hat Sie sicherlich schon über den Zweck meines Besuches informiert. Ich hoffe, ich falle Ihnen nicht allzu sehr zur Last!«

»Aber sicher nicht«, antwortete Voss und lächelte, was die schmalen Gesichtszüge hergaben. »Sagen Sie mir, falls Sie irgendetwas brauchen. Dies ist übrigens Hendrik Weigel, unser Fuchsmajor, er kümmert sich darum, dass unsere jungen Kommilitonen einen guten Einstieg in ihre Studienzeit erhalten!«

»Ich bemühe mich wenigstens darum!«, sagte der erwähnte junge Mann, der den Kommissar an einen Buchhalter erinnerte, und schüttelte Nau die Hand. »Ein guter Start ist das halbe Studium! Wenn man in einer neuen Stadt ankommt und noch dazu Studienanfänger ist, kann einem manches zu viel werden. Ich habe für die Sorgen und Nöte unserer Neuankömmlinge stets ein offenes Ohr und helfe außerdem beim Erlernen unserer verbindungsinternen Regeln.«

Der Kommissar fragte sich, warum er immer wieder mit derartigen Aussagen konfrontiert wurde. Was der junge Mann da gerade von sich gegeben hatte, hätte so oder so ähnlich auch in einem Werbeprospekt für die Elisabethaner stehen können. Alles wirkte irgendwie, als wäre es auswendig gelernt worden, um es später bei jeder passenden oder auch unpassenden Gelegenheit wieder abrufen zu können.

Weigel hatte etwas an sich, das Nau nicht hätte beschreiben können. Er wirkte deutlich jünger, als er vermutlich tatsächlich war. Seine Kleidung machte den Eindruck, als hätte eine allzu fürsorgliche Mutter einen Achtjährigen angezogen. Seine altmodischen Schuhe, die Cordhose, sein dunkelblauer Pullunder und das weiße Hemd mit steifem Kragen, welches er darunter trug, wirkten allesamt so, als habe Mutti sie ihm am Morgen eigens herausgelegt.

»Das ist sicherlich wichtig«, antwortete Nau mit aufgesetztem Lächeln. Wenn die beiden älteren Semester einen Contest für gespielte Freundlichkeit und Allgemeinplätze abhalten wollten, so würde er sich bis auf Weiteres an ihrem Spiel beteiligen.

»Ich will Sie nicht unnötig aufhalten«, meinte Voss und verabschiedete sich. »Wir sehen uns beim Abendessen!«

»Nach unserer Übungsstunde zeige ich Ihnen Ihr Zimmer«, sagte Hendrik Weigel und verströmte mit seiner dünnen, kindlichen Stimme dabei die Schüchternheit eines etwas weltfremden jungen Mannes. »Es liegt in der zweiten Etage und ist eigentlich recht schön.«

»Der Raum wird sicherlich meinen Ansprüchen genügen«, antwortete Nau. »Es ist ja nicht für ewig!«

Die vier begannen mit ihrem Unterricht, der vornehmlich daraus bestand, gelernte Details über das Verbindungswesen in all ihren Facetten immer wieder aufzurollen, dabei wurden bestimmte Textpassagen von dem Fuchsmajor fast gebetsmühlenartig wiederholt, bis die drei Jungstudenten in ihrer Wiedergabe der Fakten nahezu fehlerfrei waren.

Was mancher als eine recht angestrengte Art des Lernens aufgefasst hätte, erinnerte den Kommissar beinahe an Gehirnwäsche. Schon nach kurzer Zeit wurde ihm langweilig und er fragte sich, was die Kollegen derzeit wohl machten. Der Drang kam auf, diese Gruppe zumindest vorübergehend sich selbst zu überlassen.

Nach einer Weile verließ er also mit Pepper den Raum, und sie traten hinaus auf die Gasse, um ein wenig spazieren zu gehen. Nach der Art ihres bisherigen Aufenthaltes hatten beide diese Ablenkung dringend nötig. Sie gingen bis fast hinüber zum Rathaus. Nach etwa einer guten Viertelstunde klingelte Nau an der Tür, und sie gesellten sich wieder zu der Lerngruppe, die nach wie vor ihre monotonen Wiederholungen einübte.

Reckmann saß einmal mehr vor dem Computerbildschirm, während Löwenstein ihm über die Schulter schaute.

Sie hatten beschlossen, in wenigen Minuten Feierabend zu machen, aber eine Recherche führte sie noch einmal vor dem Computer zusammen. Sie hatten vor Kurzem die Nachricht vom Kriminaltechnischen Labor des Bundeskriminalamts in Wiesbaden erhalten, dass sie die Fotografie mit der vermeintlichen Freundin Marvin Klosterkempers fertig überarbeitet hatten.

Gespannt warteten die beiden Beamten auf den Erhalt des angekündigten Bildes per E-Mail.

Sie hatten im Laufe des späteren Nachmittags bereits über die Seriennummer den Käufer der zweiten Tatwaffe ermitteln können. Es handelte sich dabei um einen Alois Rietmeier aus Rosenheim.

Löwenstein rief daraufhin die Kollegen in der bayerischen Stadt an und erbat deren routinemäßige Mithilfe bei den Ermittlungen. Sie sollten vor Ort den Käufer aufsuchen und befragen. Zielsetzung der Aktion war es, herauszufinden, wie die von ihm bereits im Jahre 1991 erstandene Waffe ihren Weg nach Hessen finden konnte. Da es sich immerhin um die Tatwaffe in einem Mordfall handelte, war es wenig sinnvoll, nur bei Herrn Rietmeier anzurufen. In solchen Fällen war es üblich, die Behörden im Heimatort des Käufers zu alarmieren, falls dieser für eine eigene Weiterführung der Ermittlungen zu weit entfernt lag. Eilig öffnete Reckmann die eingegangene neue E-Mail und überflog schnell das floskelhafte eigentliche Schreiben, um dann sofort die Bilddatei zu öffnen. Es dauerte ein wenig, da es sich bei dem Bild um eine größere Datenmenge handelte und ihr Rechner nicht gerade der Schnellste war.

Langsam baute sich das Bild vor ihren Augen auf. Nervös tippten Reckmanns Finger auf dem alten hölzernen Schreibtisch herum.

»Mach schon, du alte Klapperkiste«, entfuhr es ihm, »ich will nach Hause!«

»Sie kennen jemanden beim BKA?«, fragte Löwenstein, um die Zeit zu überbrücken. Auch ihm war anzumerken, dass er nur noch schnell das Bild sehen wollte, um dann schleunigst nach Hause zu fahren. Immerhin waren die beiden übereingekommen, in einem Nachbarhaus der Burschenschaft jeweils die halbe Nacht zumindest in der Nähe ihres Vorgesetzten zu verbringen, um vielleicht schnell zu Hilfe eilen zu können, falls der Kommissar in Schwierigkeiten geriet.

»Richtig«, antwortete Ludwig Reckmann und zündete sich noch schnell eine letzte Zigarette an. »Ich kenne ihn noch aus meiner Ausbildung. Er hat mir vor ein paar Jahren schon einmal geholfen. Die haben beim BKA einfach die deutlich besseren Geräte als wir hier.«

»Klosterkemper war ja in dem Originalbild eindeutig zu erkennen«, kommentierte Löwenstein das sich immer mehr vervollständigende Bild. »Nun haben wir auch ein brauchbares Bilddokument von seiner Freundin.«

»So ist es«, bestätigte Reckmann, während sich die überarbeitete Fotografie nun endlich auch an der wichtigsten Stelle, dem Nummernschild, am äußersten rechten Bildrand aufbaute. »Da erscheint es ja! Und es ist sogar verblüffend gut herausgearbeitet, die Bildspezialisten in Wiesbaden haben mal wieder ganze Arbeit geleistet!«

In der Tat konnte man nun nicht nur zweifelsfrei erkennen, dass es sich wie vermutet um einen roten Fiat Barchetta handelte, sondern auch das Nummernschild war wirklich gut zu lesen.

»Da wären wir mit unserem sehr einfachen Fotoprogramm nicht einmal halb so weit gekommen«, meinte Peter Löwenstein.

Nur wenige Klicks und einige Momente später war die Halterin des Fahrzeugs ermittelt: Es handelte sich um eine gewisse Tatjana Schäfer aus Gießen.

Löwenstein ging zu seinem Schreibtisch und klappte einen Aktendeckel zu. Dann nahm er seine abgewetzte Lederjacke vom Stuhl und zog sie an.

»Damit können wir morgen weitermachen«, sagte Reckmann, der ebenfalls von seinem Tisch aufstand, nachdem er den Computer ausgeschaltet hatte. »Nun muss ich mich aber beeilen, um noch etwas Zeit zu Hause verbringen zu können. In drei Stunden, um 21 Uhr, muss ich schon auf unseren Chef aufpassen.«

»Alles klar«, sagte Löwenstein, während sie das Zimmer verließen. »Um zwei Uhr löse ich Sie dann ab!«

Nau saß in dem schwarz-weiß gekachelten Speisesaal im Souterrain des Verbindungshauses. Die Möblierung bestand aus drei Sechsertischen, wobei nur einer von ihnen tatsächlich voll besetzt war. An einem Tisch blieb Marvins Stuhl frei, und an einem dritten Tisch, an dem auch Nau gebeten wurde, Platz zu nehmen, saßen außer ihm vier Personen. Es handelte sich offensichtlich um den Tisch der Führungsriege. Neben ihm saßen außer dem Erstchargierten Oliver Voss und dem Buchhaltertyp Hendrik Weigel mit Alexander von Hassel und Robert Bauer noch zwei der ältesten Semester.

Der Kommissar war überrascht, dass ein Mann mittleren Alters in der typischen Kleidung eines Kochs das Essen an die Studenten ausgab. Dabei trieb ihn weniger die Verwunderung um, dass es sich offensichtlich um einen Profi handelte, als vielmehr sein Erstaunen, dass die Studenten überhaupt das Essen von jemandem zubereitet bekamen. Der Koch hatte einen silberfarbenen Servierwagen aus Metall, an dem die einzelnen Personen mit ihren Tellern vorbeigingen. Aus den diversen Behältern, die im Gehäuse des Wagens eingelassen waren, legte der Mann eine ebenso leckere wie vielfältige Mahlzeit auf die Teller. Es gab Sauerbraten mit Kartoffelbrei und einer dunklen Soße. Dazu wurden Sauerkraut und Leipziger Allerlei gereicht.

Als alle Teller gefüllt waren, hielt Voss eine kleine Ansprache, die wie immer nahezu druckreif ausfiel:

»Meine lieben Kommilitonen, bevor wir das heutige Abendessen genießen, das uns dankenswerterweise wieder unser Herr Schneider zubereitet hat«, er machte eine kurze Pause und ein kurzer, aber herzlicher Applaus brandete auf, »möchte ich nicht versäumen, Herrn Kommissar Nau in unserem Hause zu begrüßen, der für einige Zeit an unserer schönen Gemeinschaft teilhaben wird.«

Auch der Kommissar wurde daraufhin mit einem kurzen Applaus bedacht, was ihn dazu veranlasste, mit den Händen eine beschwichtigende Geste auszuführen, die den Studenten zeigen sollte, dass sie um ihn kein Aufhebens machen mussten.

»Ich wünsche den Mitgliedern unserer Verbindung wie allabendlich recht guten Appetit«, sprach Voss weiter. »Lang leben unsere Prinzipien, die da wären, na, Mathias?«

Der Angesprochene stand zackig auf und nahm Haltung an.

»Pünktlichkeit, Sauberkeit und Rechtschaffenheit!«, kam es wie aus der Pistole geschossen und in großer Lautstärke. Dann setzte sich der junge Mann mit dem auffällig glitzernden Ohrring wieder auf seinen Platz.

Noch bevor er richtig begann, über die Militärhaftigkeit der gerade gesehenen Aktion richtig nachzudenken, tippte Nau kurz mit einem Löffel an sein Glas und stand ebenfalls auf.

»Ich möchte keine große Rede halten, außerdem will ich nicht, dass das gute Essen kalt wird«, begann er. »Ich würde mich gerne für die freundliche Aufnahme in Ihrem Hause bedanken. Sie alle werden den Grund für meine Anwesenheit bereits kennen: Einer Ihrer Kommilitonen und einer Ihrer Förderer sind auf mysteriöse Weise umgekommen und in den Kasematten aufgefunden worden. Ich möchte, dass es nicht mehr werden. Wie Sie sich vielleicht denken können, stehen Sie alle in dem grundsätzlichen Verdacht, etwas über die Taten zu wissen oder sogar beteiligt gewesen zu sein. Ich möchte durch meine Anwesenheit dazu beitragen, dass keine weiteren Morde geschehen.«

Der Kommissar ließ seine Blicke über die Studenten schweifen und versuchte, jedem zumindest einmal wirklich eindringlich in die Augen zu schauen, was nicht gelang, da manche von ihnen zu Boden blickten. Nach einer kurzen Pause sprach er weiter:

»Ich bin froh über jeden, der mir sachdienliche Hinweise liefern kann. Diese werden selbstverständlich vertraulich behandelt. Lassen Sie uns diese tragische Geschichte auflösen, bevor es weitere sinnlose Tote gibt!«

Danach setzte er sich wieder hin, und zögerlich kam es zu verhaltenem Applaus. Viele Augen ruhten auf ihm. Nau nahm bewusst Messer und Gabel in die Hände und begann zu essen. Nach und nach taten es ihm immer mehr der Studenten gleich, bis sich schließlich alle die hervorragende Mahlzeit schmecken ließen. Derweil lag Pepper unter dem Tisch und nahm zunächst einmal mit einer Schüssel Wasser vorlieb.

»Eine sehr gute Rede«, raunte dem Kommissar nach einer ganzen Weile Alexander von Hassel zu. »Sehr gut auf den Punkt gebracht!«

»Danke sehr«, sagte Nau nur und schob sich ein Stück des köstlichen Bratens in den Mund. Die Studenten führten augenscheinlich wirklich ein gutes Leben. Der Koch verstand sein Handwerk, das musste man ihm lassen!

»Sind Sie wirklich davon überzeugt, dass der Täter in unseren Reihen zu finden ist?«, fragte Voss, der offensichtlich ein schlechter Esser war und kaum etwas zu sich nahm. Seine hagere Erscheinung kam also nicht von ungefähr.

»Vieles spricht dafür«, sagte der Kommissar vage, denn er hatte nun wirklich keinerlei Interesse daran, dem Erstchargierten nähere Einblicke in ihre Ermittlungen zu gewähren. »Zumindest ist es naheliegend, wenn man bedenkt, dass die beiden Toten direkt aus der Verbindung stammen oder, im Fall des Professors, aus deren Umfeld.«

»Ich verstehe«, meinte Weigel und schaute ihn prüfend an. »Sie haben also keinen konkreten Verdacht, was die Täterschaft anbelangt.«

»Das ist richtig«, entgegnete Nau, »wir hoffen allerdings, dass ein möglicher Täter im Idealfall schon durch meine Anwesenheit von weiteren Verbrechen abgeschreckt wird.«

Einige Minuten des Schweigens folgten. Nau wollte die geradezu erdrückende Stille, die lediglich von gelegentlichen Essgeräuschen unterbrochen wurde, auflockern. Außerdem hatte er ein wirkliches Interesse an der von ihm in der Folge angesprochenen Thematik:

»Wie verhält es sich denn mit Ihrem Koch?«, wollte er wissen. »Ist er Angestellter der Verbindung, und wer übernimmt die Kosten?«

»Herr Schneider arbeitet halbtags für unser Haus. Er erledigt auch die Einkäufe, die für das Kochen benötigt werden«, antwortete Oliver Voss.

»Außerdem ist er noch so etwas wie das Mädchen für alles«, ergänzte Alexander von Hassel, ein steifer Typ, dem man den möglichen Adelstitel, den sein Name suggerierte, durchaus abnahm. »Er übernimmt auch die eine oder andere Aufgabe als Hausmeister. Wenn einmal eine Lampe anzubringen ist oder etwas verleimt werden muss, können wir ihn auch darum ersuchen.«

»Außerdem kocht er wirklich gut«, bestätigte der Kommissar. »Wie verhält es sich denn nun mit der Finanzierung seiner Leistungen?«

»Die Kosten für ihn werden durch unsere Alten Herren getragen«, erwiderte Weigel.

»Ist das denn im Verbindungswesen allgemein üblich?«

»Es ist zumindest nicht unüblich«, erklärte Voss. »Unsere Studenten sollen sich auf ihre eigentliche Aufgabe, das Studium, konzentrieren können. Jeder zahlt nur einen ganz minimalen monatlichen Kostenanteil und ist versorgt, was Unterbringung, Frühstück und Abendessen anbelangt.«

»Das Gros der Kosten wird aber von unseren Alten Herren getragen«, meldete sich Robert Bauer zu Wort, der ansonsten eher recht unbeteiligt wirkte.

»Gibt es auch andere Bereiche, für die die Alten Herren aufkommen?«, fragte Gisbert Nau.

»Aber ja«, antwortete Voss. »Es ist schließlich kein Zufall, dass wir alle so kostengünstig wohnen können.«

»Das ist aber interessant«, meinte Nau. »Können Sie mir vielleicht mal einen Betrag nennen?«

»Unsere Zimmerpreise beginnen bei gerade mal 90 Euro im Monat. Dabei handelt es sich bereits um einen sehr schönen Raum von gut zwölf Quadratmetern. Dafür zahlen Sie überall in der Stadt mindestens das Dreifache«, ereiferte sich Weigel.

»Und die größeren Zimmer sind auch nicht wesentlich teurer«, ergänzte Voss. Dabei hatte er einen seltsamen Glanz in den Augen, den der Kommissar als ein Zeichen seines Stolzes deutete, dieser Verbindung anzugehören.

»Wir müssen in aller Bescheidenheit zugeben«, sagte von Hassel, »dass wir schon ein recht privilegiertes Leben führen.«

»Was können Sie mir zu Ottokar Nebeling erzählen?«, fragte Nau. »Welche Rolle hat er in der Organisation Ihrer Verbindung gespielt?«

»Der Professor ist einer unserer wichtigsten Förderer oder vielmehr er *war* es …«, erzählte Voss. »Er wird kaum zu ersetzen sein. Da wir hier am Tisch die Ältesten sind, wird diese Aufgabe wohl früher oder später uns zufallen.«

»Der Fechtlehrer von Battenberg hat mir gegenüber so etwas erwähnt«, erzählte Nau. »Mit Beendigung des

Studiums und Einstieg in das Berufsleben wird man automatisch zum Alten Herrn, der die Jungen zu unterstützen hat.«

»Das ist völlig richtig«, erläuterte Voss. »Auch bei Gregorian von Battenberg verhielt es sich so, und uns wird es ebenso ergehen.«

»Sie erleben also einen Bereich der Gesellschaft, in dem der Generationenvertrag endlich einmal wirklich eingelöst wird«, sagte Weigel ebenfalls nicht ohne Stolz.

Tellerklappern verkündete das Ende der Hauptmahlzeit. Es gab allerdings noch Nachtisch, der aus Vanille- und Schokoladenpudding mit Sahne bestand. Einmal mehr bildete sich eine Schlange an Schneiders Ausgabestand.

Während er sich anstellte, gingen Gisbert Naus verstohlene Blicke durch die Reihen der Studenten. Sollte es wirklich wahr sein, dass sich irgendwo unter diesen jungen Burschen, die gerade erst am Anfang ihres Erwachsenenlebens standen, ein kaltblütiger zweifacher Mörder befand?

Timo Brettschneider schaute bei dieser Gelegenheit einige Male verstört zu ihm hinüber, wie er es im Laufe des Abends schon des Öfteren getan hatte. Nau versuchte, sich nicht anmerken zu lassen, dass sie sich kannten, und vermied jeden längeren Augenkontakt. Es würde sich im Verlauf seines Aufenthaltes schon noch die Gelegenheit zu einem kurzen Treffen ergeben.

Das Dessert erwies sich als genauso schmackhaft wie die Hauptspeise. Die meisten der jungen Männer holten sich einen Nachschlag, während es Nau bei einer Portion beließ.

Als die Gesellschaft beinahe schon in Auflösung

begriffen war, initiierte Oliver Voss noch eine kleine Gesangseinlage. Die Mitglieder der Verbindung intonierten einige für sie typische Lieder, während der Erstchargierte die Rolle des Dirigenten übernahm, aber auch selbst mitsang.

»Oh alte Burschenherrlichkeit,
wohin bist Du entschwunden?
Nie kehrst Du wieder, gold'ne Zeit
so froh und ungebunden.«

Dieses und zwei weitere Lieder musste der Kommissar über sich ergehen lassen. Er als Fan von Rockmusik der 70er Jahre fühlte sich bei den dargebrachten Gesängen alles andere als wohl. Er hätte es allerdings als äußerst unhöflich empfunden, vorzeitig aufzustehen und das Weite zu suchen, also blieb er sitzen und machte gute Miene zu dem für ihn nicht gerade erbaulichen Spiel.

Die meisten der jungen Männer schmetterten die Lieder mit einiger Inbrunst, während ein paar von ihnen etwas weniger enthusiastisch wirkten. Der Anblick dieser jungen Kerle, die abermals alle ihre bunten Bändchen in den Farben der Verbindung trugen und althergebrachte studentische Weisen in den gerade angebrochenen Abend hinaus sangen, schien für den Kommissar doch sehr befremdlich.

Erst am Ende des Chorvortrages wagte er es aufzustehen, denn der Koch Ewald Schneider erschien abermals auf der Bildfläche. Eigentlich wollte dieser die Tische abräumen, aber als ihm klar wurde, dass er die Studenten vermutlich damit gestört hätte, rollte er zunächst einmal seinen Servierwagen zurück in die Küche, die sich unmittelbar an den Speisesaal anschloss. Auch dieser Raum erwies sich als recht geräumig, wie Nau bemerkte, als er ihm folgte.

Der Kommissar nahm den Koch zur Seite. Pepper war ihm natürlich gefolgt und schaute interessiert zwischen den beiden hin und her.

»Guten Abend, Herr Schneider! Darf ich Ihnen ein paar Fragen stellen? Ich heiße Nau und arbeite bei der Kriminalpolizei.«

»Ich weiß, wer Sie sind«, antwortete der Koch in leicht aggressivem Ton. »Mich interessiert nur meine Arbeit und vor allem, dass ich sie weiterhin ausüben kann. Ich habe Ihnen weiter nichts zu sagen.«

»Das ist aber schade«, entgegnete Nau ob der erfolgten Abfuhr einigermaßen zornig. »Wenn Ihnen so viel an Ihrem Job liegt, seien Sie gewarnt, dass wir hier den ganzen Laden schließen können, wenn wir wollen. Das wäre auch nicht besonders vorteilhaft für den Erhalt Ihres Arbeitsplatzes! Es wäre also besser, wenn Sie kooperieren würden, statt mich zu boykottieren!«

Schneider drehte sich zu dem Kommissar um und schaute ihn argwöhnisch an.

»Hören Sie, ich mag diesen komischen Verein auch nicht besonders, aber ich habe drei Kinder und war vorher einige Jahre arbeitslos«, sagte der Koch und baute sich drohend vor dem Kommissar auf. »Sie werden also verstehen, dass ich sehr an diesem Job hänge und deshalb lieber schweigen würde.«

»Immerhin sprechen Sie schon im Konjunktiv«, entgegnete Nau forsch. »Da ist es nicht mehr allzu weit bis zu einer inhaltsreichen Aussage.«

»Lassen Sie mich einfach in Ruhe. Was soll ich noch

tun, um Ihnen begreiflich zu machen, dass Sie von mir nichts erfahren werden?«

»Sie geben also zu, dass Sie etwas wissen?«, bohrte der Kommissar nach.

»Ich gebe überhaupt nichts zu«, sagte Schneider, und in seinen Augen blitzte so etwas wie Verachtung auf. »Sie wissen ja noch nicht einmal, wonach genau Sie suchen.«

Das hatte gesessen! Ob bewusst oder nicht, hatte der Koch exakt ins Schwarze getroffen. Nau wusste in der Tat nicht, nach wem oder was er hier Ausschau hielt. Er hatte noch nicht einmal einen genauen Verdacht, sondern allenfalls mehr oder weniger an den Haaren herbeigezogene Vermutungen. Immerhin schien das Gespräch zu bestätigen, dass er zumindest an der richtigen Stelle suchte, anderenfalls hätte Schneider nicht so überzogen reagiert.

Als er gerade über seine nächste Frage nachdachte, kam ein sichtlich hektischer Oliver Voss durch die Tür und schien erleichtert, dass er den Kommissar gefunden hatte.

»Gut, dass ich Sie hier finde, Herr Nau. Ich dachte schon, ich hätte Sie verloren!«

»Ich wollte mich nur bei Herrn Schneider für das hervorragende Essen bedanken!«, sagte Nau, obwohl er wusste, dass ihm dies Voss niemals abnehmen würde.

»Ja, er ist für unser Haus eine Zierde!«, antwortete der Erstchargierte und klopfte dem Koch auf die Schulter, offensichtlich wohl wissend, dass Nau dies sowohl wörtlich als auch ironisch auffassen konnte. »Folgen Sie mir bitte, ich werde Ihnen Ihr Zimmer zeigen!«

»Wollte das nicht Herr Weigel erledigen?«, fragte Nau und gab Pepper einen Wink, sie zu begleiten, was der brave Hund allerdings auch ohne Aufforderung getan hätte.

»Unsere Ablaufpläne haben kurzfristig eine Änderung erfahren«, antwortete Oliver Voss in seiner typisch verklausulierten Art. »Hendrik musste plötzlich noch einmal fort.«

Ludwig Reckmann kam abgehetzt in der kleinen Frühstückspension in der Wettergasse an. Überraschend viel war auf den Straßen zwischen seiner Heimat Kirchhain und Marburg los gewesen, sodass er fast eine Viertelstunde später als geplant das Oberstadt-Parkhaus am Pilgrimstein erreichte.

Dies hatte wiederum zur Folge, dass er den Fußweg bis in die unscheinbare Pension fast zur Gänze im Laufschritt zurücklegen musste, um noch einigermaßen pünktlich zu erscheinen.

Von dem ›Haus zur Sonne‹ brauchte man nur einige Minuten, um zu dem Verbindungshaus der Elisabethaner zu gelangen. Allerdings ging es in großen Teilen der kurzen Strecke steil bergauf, aber das hatte man wohl in Kauf zu nehmen, wenn man die Sicherheit seines Vorgesetzten wenigstens einigermaßen gewährleisten wollte.

Als Reckmann das kleine Zimmer im ersten Stock der Pension erreichte, war der Kollege Manfred Drecknagel gerade auf dem Sprung. Der Streifenpolizist war für die Nachtschicht eingeteilt und hatte soeben seine erste Sunde hinter sich gebracht. Dabei würde er noch bis acht Uhr am nächsten Morgen bleiben und zu jeder halben und vollen Stunde Kontrollgänge zu dem Verbindungshaus unternehmen.

Insgeheim bewunderte Ludwig Reckmann das Durchhaltevermögen der Kollegen, die ihren Dienst zu großen Teilen ›auf der Straße‹ absolvierten. Umso herzlicher begrüßte er den Mann, den er schon bei so manchem Einsatz als zuverlässigen Polizeibeamten kennengelernt hatte.

»Hallo, Manfred. Ich hoffe, es geht Ihnen gut!«

»Ich kann nicht klagen. Und selbst?«

»Wir sind derzeit an einem besonders undurchsichtigen Fall, der einiges an Energie kostet.«

»Geht es dabei um den Kasematten-Mörder?«, fragte der gut trainierte Mann, der etwa in der Mitte seiner 30er sein mochte und zu diesem Einsatz wie gewünscht in ziviler Kleidung angetreten war.

»Ja, das stimmt. Hat man Ihnen etwa nicht gesagt, worum es geht?«

»Man hat mir nur mitgeteilt, dass es sich um Personenschutz handelt und der zu Beschützende Kommissar Nau ist.«

Während sie die Pension verließen, gewährte ihm Reckmann einen kurzen Einblick in den Fall, sodass Recknagel wenigstens einigermaßen darüber im Bild war, weshalb er sich die Nacht um die Ohren schlug.

Der Polizist hatte bereits um acht und um halb neun Kontrollgänge zu dem Verbindungshaus hinter sich gebracht. Nun, zur nächsten vollen Stunde, stand der dritte an.

»Es war bisher alles völlig ruhig und unauffällig«, erzählte er Reckmann, während sie von der Wettergasse in den steilen Teil der Strecke einbogen. »Einige Studenten sind um halb neun gegangen und vermutlich in Richtung Rathausplatz gezogen. Vielleicht sind sie auch einfach ins Kino gegangen, aber ich weiß es nicht.«

»Wie denn auch?«, meinte Reckmann. »Es ist ja auch Ihre Aufgabe, das Haus zu bewachen und Nau notfalls zu Hilfe zu eilen. Von einer Verfolgung der jungen Männer war keine Rede.«

Je näher sie dem Verbindungshaus kamen, umso langsamer wurden ihre Schritte. Dies lag nicht nur an ihrem Bemühen, möglichst unauffällig zu agieren, sondern die Straße wurde zunehmend steiler und der Aufstieg somit beschwerlicher.

Nur noch etwa 20 Meter hatten sie zurückzulegen. Das Verbindungshaus lag alt-ehrwürdig, sehr groß und irgendwie auch bedrohlich vor ihnen. Einzig eine recht schwache Laterne, die an einer Ecke des Hauses angebracht war, leuchtete den düsteren Straßenzug ein wenig aus. Erst 50 bis 60 Meter weiter befand sich die nächste und sorgte für einen nicht sehr hellen Lichtkegel.

Leichter Nieselregen prasselte sachte auf sie nieder, aber das Kopfsteinpflaster gab noch immer die Wärme und Gerüche des vergangenen fast schon frühsommerlichen Tages an die Umgebung ab.

Reckmann zündete sich eine Zigarette an und blies erste Rauchkringel in die Luft. Er machte eine einladende Geste zu Recknagel, aber der war seit ein paar Jahren Nichtraucher und wollte es unter allen Umständen auch bleiben.

Ein junges Paar um die 20 kam Händchen haltend die Gasse herab. Als die beiden bemerkten, dass sich die Männer im Halbdunkeln herumdrückten und miteinander tuschelten, wechselten sie sicherheitshalber die Straßenseite. Als die jung Verliebten aus ihrem Gesichtskreis verschwanden, stellten die beiden Polizisten ihr Gespräch wieder ein, das sie lediglich aus Gründen der Tarnung angefangen hatten. Reckmann, der zu diesem Termin ausnahmsweise mal nicht im Anzug, sondern in Lederjacke und Jeans erschienen war, hatte gemeint, es verleihe ihnen einen Anstrich von Belanglosigkeit.

Leicht gelangweilt verlegte Reckmann sein Gewicht vom einen Bein auf das andere und umgekehrt. Dabei zog er weiterhin an seiner Zigarette.

»Das ist ja wie abgesprochen«, raunte sein Kollege. »Ich meine *Reck*mann und *Reck*nagel.«

Reckmann grinste kurz und ging dann wieder seinen Gedanken nach.

Hatte das alles einen Sinn? Setzten sie mit ihrer Aktion nicht auf das falsche Pferd, und hätten sie ihre Energie besser anderweitig eingebracht? Aber da war die Tatsache, dass die beiden Toten direkt oder zumindest mit dem näheren Umfeld der Studentenverbindung zu tun hatten. Konnte das alles nur Zufall sein? Vermutlich nicht. War dies nun die Nacht, in der eine weitere Leiche gefunden würde? Immerhin hatte der Abstand zwischen den ersten beiden Funden zwei Nächte betragen. Abermals war eine Frist von zwei Tagen verstrichen.

»Wie lange haben Sie hier jeweils gestanden und gewartet?«, erkundigte er sich.

»Jeweils etwa zehn Minuten«, antwortete Recknagel. »Dann bin ich wieder zurück in die Pension gegangen, und bald begann alles wieder von vorne!«

»Also bleiben wir noch ein, zwei Minuten!«

»Warum kommt der Kommissar eigentlich nicht gelegentlich heraus und trifft sich mit uns?«, fragte Recknagel.

»Das wäre eindeutig zu viel Aufsehen«, erwiderte Reckmann. »Nach Absprache per Handy ist das natürlich jederzeit zu organisieren. Andererseits soll er sich ja nach Möglichkeit an das normale Leben im Haus anpassen und im Grunde genommen gar nicht weiter auffallen.«

»Ich habe gehört, dass Sie auch Kollegen für die Kasematten angefordert haben. Ich fühlte mich also zunächst fast wie auf dem Abstellgleis, als ich hörte, dass ich hier Dienst machen soll. Nun aber erkenne ich die Bedeutung meiner Aufgabe!«

»Letztlich zielen beide Aktionen auf dasselbe ab«, erklärte Reckmann. »Wir versuchen, Präsenz zu zeigen und damit einen weiteren Mord zu verhindern. Wobei ja nicht sicher ist, ob ein solcher überhaupt geplant ist.«

»Ich verstehe«, meinte Recknagel. »Präventive Polizeiarbeit sozusagen!«

Reckmann warf seine Zigarette zu Boden und trat sie mit dem Fuß aus.

»Lassen Sie uns gehen, die Nacht ist noch lang genug!«

Voss hatte Gisbert Nau gleich wieder verlassen, nachdem er ihm sein Zimmer gezeigt hatte. Pepper fand den Raum offensichtlich sehr gemütlich. Schon nach wenigen Minuten lag er am Fußende des hölzernen Bettes und schaute seinem Zweibeiner zu, wie er im Zimmer auf und ab ging und die Atmosphäre des Raumes in sich aufzunehmen versuchte.

Obwohl das Zimmer in der zweiten Etage lag, sich also noch zwei weitere Stockwerke darüber befanden, machte der kleine Raum fast den Eindruck einer Mansarde. Die niedrige Decke und die mächtigen dunklen Holzbalken, die das ohnehin schon nicht sonderlich üppige Platzangebot noch deutlich geringer wirken ließen, gaben diesem Refugium die Anmutung eines Gemäldes von Carl Spitzweg. Beinahe glaubte Nau, des Malers ›armen Poeten‹ irgendwo auf einer Matratze unter dem aufgespannten Regenschirm in einer Ecke des Zimmers liegen zu sehen, so wie man es von dem berühmten Bild kannte.

Pepper rekelte sich noch einige Male auf seiner Decke, die Nau eigens für ihn mitgenommen hatte, und war schon bald eingeschlafen. Der Kommissar schaute aus dem schmalen Fenster nach draußen auf die Gasse, und als er sich etwas streckte, konnte er Reckmann seine Zigarette auf dem Kopfsteinpflaster austreten sehen.

Voss hatte ihn mit der Erklärung zurückgelassen, dass es sich um das Gästezimmer der Elisabethaner handelte, und deutete auf ein Porträt der Namenspatronin, das in der Machart gängiger Heiligenbildchen gleich neben dem Kopfteil des Bettes hing.

»Da sind wir heute Nacht ja wohlbehütet«, sagte Nau zu Pepper, aber der hörte es schon längst nicht mehr. Der Hund hätte ohnehin die feine Ironie, die in den Worten seines Herrchens lag, nicht verstanden. Wenn der Golden Retriever sich auch durch einen äußerst hellen und wachen Verstand auszeichnete, wusste er selbstverständlich doch nicht, was Ironie war.

Nau streichelte ihn sachte hinter dem Ohr, und der Hund gab Laute der Zufriedenheit von sich.

Im fahlen Schein der Nachttischlampe setzte sich der Kommissar auf das Bett und holte die zahlreichen Ermittlungsunterlagen aus einem Aktenkoffer, den er neben sich gelegt hatte. Er blätterte insbesondere durch die Notizen, welche sie über die Hausbewohner gesammelt hatten, um sich die Namen von ihnen allen zu merken und diese jederzeit abrufen zu können.

Er dachte zurück an Oliver Voss' Worte. Es handelte sich um das Gästezimmer der Verbindung, also hatten in diesem Bett vermutlich schon zahlreiche unterschiedliche

Gäste genächtigt. Darunter wohl auch Professor Nebeling, zumindest war dies nicht auszuschließen. Unwillkürlich schüttelte es den Kommissar bei diesem Gedanken. Mit dem alten verschrobenen Kerl im übertragenen Sinn ›das Bett zu teilen‹, hatte etwas Unappetitliches. Nau dachte an sein ungewöhnliches Äußeres wie das seltsam weiße, irgendwie fast leuchtende Haar sowie an dessen fragwürdige Ansichten was Geschichte und Politik anbelangte. Zumal er mit diesen wohl weitestgehend alleine dastand.

Als Nächstes kam ihm der Koch Ewald Schneider in den Sinn. Dessen offenkundige Verweigerung, überhaupt mit dem Kommissar zu sprechen, wirkte schon fast wie eine Paranoia. Mit der beinahe feindseligen Art, wie er mit Nau sprach, hatte er sich in ihm ganz sicher keinen Freund gemacht.

Kurz entschlossen wählte Nau eine ihm wohlbekannte Nummer.

»Was gibt's, Chef?«, hörte er Reckmann sagen, der sich wieder vor der kleinen Pension befand und eben mit dem Kollegen hineingehen wollte. »Sie haben hoffentlich gute Nachrichten!«

»Ich habe im Grunde genommen überhaupt keine Nachrichten«, entgegnete Nau. »Hören Sie zu: Besteht die Möglichkeit, heute Nacht noch einen Namen zu recherchieren?«

»Grundsätzlich schon«, meinte Reckmann. »Was genau meinen Sie denn?«

»Ich brauche einen Abgleich mit den Polizeidateien. Ich habe da einen Kandidaten, von dem ich wissen will, ob er schon einmal irgendwie auffällig geworden ist.«

»Sicher ist das drin, ich würde aber empfehlen, dass ich

mich daransetze, wenn ich wieder zu Hause bin. Dann kann ich das gerne schnell noch erledigen, sofern Sie die Fakten nicht schneller haben müssen. Peter ist mit solchen Dingen ja nicht die allergrößte Leuchte!«

»Es wäre mir auch lieber, wenn Sie das übernehmen könnten. Wenn ich es heute Nacht nach Ihrem Schichtwechsel erhalte, ist das auf jeden Fall früh genug. Vermutlich werden wir ohnehin erst morgen etwas dahingehend unternehmen können – wenn überhaupt!«

»Ist in Ordnung. Um wen geht es denn nun eigentlich?«

Nau erzählte ihm von dem Koch und erwähnte natürlich auch dessen Namen.

»Er hat ein so seltsames Verhalten an den Tag gelegt, dass ich unbedingt wissen möchte, ob er nicht bereits einschlägig bekannt ist.«

»Wie äußerte sich das?«, fragte Reckmann.

»Ich kann es kaum in Worte fassen. Bei jedem noch so geringen Ansatz, etwas von ihm erfahren zu wollen, hat er sich gleich gesperrt. Sein ganzes Verhalten war irgendwie seltsam aggressiv, fast so, als hätte er einen Hass auf Polizisten.«

»Passen Sie auf jeden Fall auf sich auf!«, bat Reckmann und berichtete noch kurz, dass sich bei ihrem ersten Kontrollgang nichts Auffälliges ergeben hatte.

»Ja, ich habe Sie gerade eben auf der Gasse eine Zigarette austreten sehen«, erzählte der Kommissar lächelnd. »In welchem Zimmer sind Sie denn? Können Sie das Fenster von außen beschreiben, damit ich es zuordnen kann?«

»Ich kenne das Fenster natürlich nur von innen. Aber es liegt im zweiten Stock, ist sehr schmal und befindet sich, so glaube ich zumindest, ziemlich weit rechts.«

»Schmal sind die Fenster auf der Gassenseite eigentlich alle«, überlegte Reckmann. »Wenn Sie Ihre Taschenlampe mitgebracht haben, dann machen Sie bei unserem nächsten Kontrollgang mal ein Lichtzeichen, oder Sie zeigen sich am besten kurz am Fenster, dann wissen wir genau, wo Sie sind. Ihre exakte Position würde uns ganz beträchtlich helfen, sollten Sie tatsächlich noch in Schwierigkeiten geraten.«

»Das können wir gerne so machen, gute Idee«, lobte Nau. »Auf welche der beiden von Ihnen genannten Arten ich mich zu erkennen gebe, können wir ja dann noch klären, auf jeden Fall habe ich selbstverständlich meine Taschenlampe dabei. Ich will mich noch ein bisschen im Haus umsehen, da brauche ich das Ding.«

»Aber seien Sie um Gottes willen vorsichtig!«

Nau schluckte kurz. Wenn Reckmann, den er eher als atheistisch einschätzte, Gott ins Spiel brachte, musste er sich wohl wirklich Sorgen machen.

»Keine Angst, es wird bestimmt eine ganze Weile dauern, bis ich mich auf den Weg mache. Noch ist es ja im Grunde früh in der Nacht, und ich plane meine Erkundungstour für einen deutlich späteren Zeitpunkt.«

11. KAPITEL

Die Uhr rückte bereits auf Mitternacht. Gisbert Nau war doch noch eingenickt. Er hatte vor, erst etwa um ein Uhr aktiv zu werden, und hatte es sich daher auf dem Bett gemütlich gemacht. Er lag auf der Decke und war noch vollständig bekleidet, sodass er im Notfall jederzeit hätte losziehen können. Allerdings hatte er das Licht gelöscht, um in der Dunkelheit des fremden Raums besser nachdenken zu können.

Er hatte den ganzen Abend über Fragmente von Akten, Namen und Gesichtern vor seinem geistigen Auge gehabt. Diese hatten sich wie verselbstständigt ausgetauscht, bis alles zu einem völlig ungeordneten Informationsgewirr verschmolzen war, einem großen, nicht mehr zu entschlüsselnden Meer aus Fakten, Vermutungen und wilden Spekulationen. Je tiefer er in den Fall eindrang, um so weniger verstand er ihn.

Gefangen in einem kurzen Moment der Schwäche, in dem die Anstrengungen des Tages seinen Körper doch noch übermannten, erlebte er einen reichlich skurrilen Traum. Er war selbst zu einem Teil von Spitzwegs berühmtem Gemälde vom ›armen Poeten‹ geworden. Wie ein neutraler Beobachter sah er sich selbst in dem Dachzimmer liegen, als Bestandteil des Bildes, den aufgespannten Regenschirm über ihm hängend.

Bevor der Traum noch bizarrer werden konnte, wurde er plötzlich wach. Irgendwie hatten seine Sinne trotz oder gerade wegen des wirren Traumes noch nicht ganz abgeschaltet. Schließlich war er vor einigen Minuten noch wach. Es war wohl ein kurzes Geräusch gewesen, welches ihn aus seinem dünnen Schlaf gerissen hatte. Auch Pepper zu seinen Füßen machte leise einige vorsichtige Bewegungen, die darauf hindeuteten, dass auch er etwas vernommen hatte.

Nau wollte keine falschen Bewegungen machen, die unter Umständen seine letzten sein konnten. Deshalb lauschte er zunächst einmal angespannt in das fast völlige Dunkel des Raums. Seine Muskeln spannten sich an, um notfalls sofortige Anstrengungen unternehmen zu können, sich aus einer Zwangslage zu befreien. Immerhin mochte ein möglicher Eindringling auch nicht wesentlich mehr sehen als er.

Langsam gewöhnten sich seine Augen an die nahezu undurchdringliche Dunkelheit. Was war es für ein Geräusch gewesen, das ihn hatte wach werden lassen? Seine rechte Hand tastete zur Seite und suchte nach dem Schalter der Nachttischlampe. Nichts! Der Schalter musste doch irgendwie zu finden sein. Leise stieg Panik in ihm empor.

Dann spürte er, wie Pepper sich plötzlich heftig von dem Bett abstieß und nach seinem Sprung irgendwo unmittelbar vor der Eingangstür gelandet sein musste. Danach vernahm Nau sowohl das leise Knurren seines Hundes als auch eine männliche Stimme, die aufstöhnte.

»Pepper?«, rief Nau, während er nun in völliger Angst immerhin das Kabel der Lampe erfühlt hatte. Er ließ seine Finger daran hinabgleiten. »Wer ist da? Verflucht, geben Sie sich zu erkennen. Ich bin bewaffnet!«

Nau fand keinen Schalter, also ließ er die Finger in

umgekehrter Richtung wieder an dem Kabel hinaufgleiten. Sein Herz raste, doch dann hatte er endlich den Schalter ertastet.

Es wurde hell im Zimmer, und Nau erkannte Pepper, der einen jungen Mann am Hosenbein gepackt hatte und dabei immer noch drohend knurrte. Der Eindringling war zunächst nicht zu erkennen, denn er trug einen Kapuzenpullover und stand der Tür zugewandt. Er hatte noch die Klinke in der Hand, die wohl ein knarzendes Geräusch gemacht haben musste, das die beiden geweckt hatte. Nun machte er keine Bewegung, um dem Hund keinen Anlass zu bieten, doch noch richtig zuzubeißen.

»Drehen Sie sich um, Mann«, sagte Nau lautstark, nachdem er schnell seine Waffe genommen und entsichert hatte.

»Seien Sie doch bitte leise«, sagte der junge Mann, während er sich zu ihm umdrehte. Dies geschah aber betont langsam, um den Hund nicht unnötig zu reizen. Schon bevor er den Jungen selbst erkannte, fiel Nau dessen markante blonde Locke auf, die ihm ins Gesicht hing und verwegen aussehen ließ.

»Komm herein, Timo. Aber nein, du bist ja schon drin«, sagte der Kommissar spitz.

»Ich komme in Frieden!«, sagte Brettschneider mit deutlichem ironischen Unterton. »Es gibt also keinen Grund, mich zerfleischen zu lassen.«

Nau gab Pepper einen kurzen Wink, der daraufhin von dem jungen Mann abließ und sich zu seinem Herrchen an die Bettkante gesellte. Dieser schaute noch einmal etwas genauer, ob Brettschneider keine Waffe bei sich hatte, und senkte langsam die seine.

»Muss ich dich abtasten und nach Waffen untersuchen oder kann ich dir vertrauen?«

Timo verschränkte die Hände hinter dem Kopf und vollzog langsam eine komplette Drehung um die eigene Achse.

»Sie sehen, dass ich so etwas nicht bei mir habe. Auch die Hosentaschen sind alle leer bis auf meinen Zimmerschlüssel und den anderen. Können Sie jetzt vielleicht auch abrüsten?«, meinte Brettschneider und deutete auf die Waffe des Kommissars, die er immer noch in der Hand hielt, wenngleich er sie nicht mehr auf den Blondschopf richtete.

Daraufhin sicherte Nau die Waffe wieder und legte sie auf den Nachttisch.

»Was meinst du mit ›dem anderen‹?«, fragte Nau. »Hast du etwa auch für dieses Zimmer einen Schlüssel?«

»Sie müssen sich in Acht nehmen«, sagte der junge Mann und machte in der Tat einen besorgten Eindruck. »Zweitschlüssel wie diesen und Dietriche gibt es in diesem Haus viele!«

»Dann muss ich mich jetzt also dafür bedanken, dass du mitten in der Nacht in mein Zimmer eingedrungen bist?«, fragte Nau bewusst zynisch und schaute sein Gegenüber herausfordernd an. Dieser wagte es nun, näher auf das Bett zuzugehen, und erst jetzt wurde er komplett von dem schwachen Licht der Lampe erfasst.

»Im Grunde bin ich gekommen, um Sie zu warnen«, flüsterte er, obwohl die beiden bereits das ganze Gespräch in sehr gedämpfter Lautstärke geführt hatten. »Wir müssen vorsichtig sein, damit wir nicht auffliegen.«

»Wobei oder womit sollte das denn bitte passieren?«, fragte Nau mit verdutztem Gesichtsausdruck.

»Warum sind Sie denn überhaupt hierher gekommen?«, konterte der junge Mann mit einer Gegenfrage.

»Wir dachten, ein wenig Polizeipräsenz im Haus erhöht die Wahrscheinlichkeit, dass alle die nächsten Tage überleben«, antwortete Nau zynisch. »Du könntest mir sehr helfen, indem du noch einmal überlegst, mir die Personen zu nennen, die deiner Meinung nach am ehesten an den beiden Morden beteiligt sein könnten.«

»Das kann und werde ich nicht tun«, lautete die Antwort Brettschneiders. »Aber ich habe etwas anderes für Sie!«

»Worum handelt es sich?«, fragte der Kommissar.

»Zeigen ist nicht reden. Wir müssen dafür einen kleinen Ausflug unternehmen, aber wir sollten, wie erwähnt, besonders vorsichtig sein!«

Der Kommissar stand von dem Bett auf und überlegte, was er rasch anziehen sollte.

»Bleiben wir im Haus oder gehen wir nach draußen?«

»Diese Frage lässt sich so nicht beantworten. Wir tun gewissermaßen beides. Ziehen Sie doch einfach an, was Ihnen richtig erscheint«, sagte Brettschneider orakelhaft, der gesehen hatte, dass sich Nau über seinen geöffneten kleinen Koffer beugte.

Dieser nahm darauf eine Strickjacke heraus und zog Sportschuhe an, da der Blondschopf ebenfalls welche trug.

»Bevor wir losgehen, hätte ich noch eine Frage«, meinte er, während er die Schuhe zuschnürte. »Was kannst du mir über den Koch verraten?«

»Was wollen Sie denn wissen?«

»Komm schon, lass dir nicht immer alles aus der Nase ziehen! Gibt es irgendwelche Auffälligkeiten, und kann er etwas mit den Morden zu tun haben?«, erkundigte sich der Kommissar und gab Pepper einen kurzen Klaps.

»Zu ihm kann ich eigentlich gar nichts sagen«, meinte der Student. »Da bin ich ganz ehrlich. Ich nehme ihn kaum wahr. Er wirkt allerdings ziemlich nett und kocht gut.«

»Hättest du heute nicht in der Fuchsstunde sein müssen?«

»Schon, aber ich wollte nicht, dass wir zusammen gesehen werden!«, antwortete Brettschneider unverblümt.

»Wo gehen wir denn nun hin?«, wollte der Kommissar wissen.

»Lassen Sie sich überraschen!«

»Nicht mal ein kleiner Hinweis?«, fragte Nau enttäuscht. »Wenn ich wüsste, wo es hingeht, könnte ich vermutlich Fehlerquellen vermeiden, weil ich beurteilen könnte, worauf ich achten muss. Ich hätte gehofft, du wärst inzwischen etwas auskunftsfreudiger!«

»Hätte, hätte, Fahrradkette«, sagte Brettschneider forsch, was Nau ein kurzes Schmunzeln abnötigte. Irgendwie mochte er den jungen Mann und dessen selbstbewusste Art. Er fragte sich, womit die Burschenschaftler ihn eingeschüchtert haben mussten, dass er dennoch so vorsichtig an alles heranging. Sie hatten seinen freien Geist nicht brechen können, aber dennoch in gewissem Sinn an die Kette gelegt.

»Warte bitte draußen auf mich«, sagte der Kommissar.

»Wozu das denn?«, fragte der Student verdutzt.

»Ich muss noch schnell ein Telefonat führen. Es ist zu deinem eigenen Schutz, wenn du nicht alles weißt!«

Timo Brettschneider machte eine Miene, die deutlich seinen Unmut zum Ausdruck brachte, sagte aber nichts.

Dann verließ er langsam das Zimmer. Dabei bemerkte Nau, was ihn vorhin geweckt haben musste: Die Türklinke machte ein deutlich zu vernehmendes quietschendes Geräusch, auch wenn der junge Mann die Klinke noch so vorsichtig drückte.

»Da bin ich aber froh, von Ihnen zu hören!«, meinte Reckmann. »Alles klar bei Ihnen?«

»Timo Brettschneider ist in meinem Zimmer aufgetaucht und will mir etwas zeigen, hat aber leider für sich behalten, wo und was das sein soll. Wir gehen also jetzt los und ich werde sehen, was er Geheimnisvolles für mich hat!«

Reckmann äußerte sich alles andere als begeistert, dass sein Chef nun im Begriff war, einen Abstecher ins Ungewisse zu unternehmen. Er schluckte deutlich hörbar, als er von dessen Vorhaben erfuhr.

»Es macht wohl keinen Sinn, es Ihnen auszureden?«

»Nein, so gut kennen Sie mich mittlerweile doch auch. Wenn ich allerdings weiß, wo die Reise hingeht, gebe ich Ihnen noch mal Bescheid. Informieren Sie auch Löwenstein entsprechend, wenn er Sie um zwei Uhr ablöst!«

Reckmann hatte ein sehr schlechtes Gefühl bei der Sache, aber ihm waren die Hände gebunden. Wenigstens wusste er inzwischen, wo das Zimmer des Kommissars war. Bei einem ihrer Kontrollgänge hatte sich Nau verabredungsgemäß kurz hinter der Scheibe zu erkennen gegeben. Allerdings würde ihm dieses Wissen nur wenig weiterhelfen, wenn der Kommissar nun irgendwo in dem riesigen Haus verschwinden sollte.

Wenig später erschien Nau mit Pepper vor der Zimmertür. Abermals verursachte deren Öffnen und Schließen einige Geräusche.

Brettschneider stand im Schein von Naus Taschenlampe. Sein meist so forscher und verwegener Ausdruck war greifbarer Angst gewichen, die sich in Ansätzen nun auch Naus bemächtigte. Hätte ihm der Junge nur gesagt, wohin es ging, dann hätte er sich vermutlich zuversichtlicher auf den Weg machen können. Im zweiten Stock befanden sich außer dem Gästezimmer noch drei weitere Schlafzimmer, die restlichen erstreckten sich über die beiden obersten Etagen, die einen reinen Privat- und Schlafbereich darstellten. In der zweiten Etage hingegen befanden sich zudem diverse Gemeinschaftsräume, darunter eine zusätzliche kleine Küche, in der Vorräte gelagert wurden und aus der sich jeder Hausbewohner bedienen konnte. Außerdem befand sich auf dieser Ebene noch eine Bibliothek und ein Lernzimmer, die mit mehreren Regalen, Tischen und allerlei Sitzgelegenheiten möbliert waren.

Als sie den zweiten Stock durchschritten, hatte Nau kurz Gelegenheit in die Gemeinschaftszimmer hineinzuleuchten, weil sie ohne Türen, also jederzeit für alle begehbar, waren.

Dann wendete sich Brettschneider Richtung Treppe. Der Kommissar folgte ihm und wagte dabei kaum zu atmen. Der Student hatte den Vorteil, sich in dem Haus auszukennen und folglich auch alle Stellen zu wissen, wo der Holzboden zum Knarzen neigte. Gisbert Nau blieb also nichts anderes übrig, als sich deutlich vorsichtiger als sein Begleiter zu bewegen.

Angesichts des hohen Alters, welches das Haus aufwies, war es allerdings erstaunlich, wie wenige Nebengeräusche ihr sehr allmähliches Vorwärtskommen in dem dunklen Treppenhaus verursachte. Dies verwunderte den Kommissar. Jahrhunderte altes Holzgebälk hätte doch eine weitaus größere Geräuschentwicklung hervorrufen müssen, aber ganz offensichtlich war das Gebäude wirklich für die Ewigkeit gebaut.

Sie kamen langsam die Treppe hinunter, welche in die repräsentative Eingangshalle führte. Nau hatte letztere noch gut vom Vortag in Erinnerung.

»Sie müssen hier jetzt ganz besonders vorsichtig sein«, raunte Brettschneider leise. »Die letzten ungefähr acht Stufen sind gerne mal etwas lauter. Am besten, Sie richten die Taschenlampe auf meine Beine, dann wissen Sie, wie Sie Ihre Schritte zu setzen haben.«

Nau nickte lediglich und tat so, wie es ihm der junge Mann empfohlen hatte. Auf diese Weise kamen sie bis hinunter zu dem Treppenabsatz, ohne dabei irgendwelche auffälligen Geräusche zu verursachen.

Der Kommissar und Pepper folgten Brettschneider bis hinein in die Diele und anschließend durch einen langen Gang. Nau erinnerte sich, dass dieser in den Essens- und Küchenbereich hinunterführte. Tatsächlich kamen sie bald an jener kurzen Treppe an, die vom Eingangs- in den Speisebereich führte, der wiederum eine halbe Ebene tiefer lag.

Verwunderlich, wie alles doch wieder völlig anders wirkte als noch am Tage. Die Dunkelheit der Nacht hüllte alles in einen besonderen Schleier. Wie sehr doch die Erinnerung trog, wenn erst einmal das Tageslicht fehlte. Nau fragte sich, ob er unter diesen Bedingungen auch ohne fremde Hilfe so leicht hier hinuntergefunden hätte. Zumindest wäre er vermutlich zigmal irgendwo angestoßen. Pepper kannte solche Anpassungsprobleme allerdings kaum, denn er sah nachts wesentlich besser als sein zweibeiniger Freund. Jedoch hätte ihn auch allein schon sein überragender Geruchssinn zweifelsfrei dorthin geführt.

Lange schon, aber mit ihrem allmählichen Näherkommen immer intensiver werdend, hatte der Vierbeiner dasselbe vielschichtige Geruchspotpourri in der Nase, welches er bereits während des Abendessens erschnuppert hatte.

»Wo gehen wir denn nun eigentlich hin?«, fragte der Kommissar, als ihr junger Begleiter etwa an dem Übergang zwischen Küche und Speisesaal kurz innehielt.

»Warten Sie es ab, wir sind gleich da!«, flüsterte der Student, während Pepper aufgeregt zwischen den beiden hin und her schaute. Dabei wedelte er mit dem Schwanz und machte auch sonst den Eindruck hektischer Anspannung. Nau bückte sich daher zu ihm hinunter und streichelte ihn beruhigend.

»Gehen wir weiter, bevor wir am Ende doch noch auffliegen«, meinte Brettschneider und setzte sich langsam wieder in Bewegung.

Sie gingen an der Küche vorbei und kamen in ein Kellergewölbe, in dem sich zahlreiche Vorratsschränke und Regale befanden, die mit Lebensmitteln und Küchengeräten aller Art gefüllt waren.

Brettschneider ging weiter voraus und das Gewölbe wurde immer unwirtlicher. Die Mauern erschienen mit jedem zurückgelegten Meter kahler und renovierungsbedürftiger, bis sie überhaupt nicht mehr verputzt waren und aus nackten rötlichen Ziegeln bestanden. Unterdessen ging der Untergrund von einer Verfliesung plötzlich in einen gestampften Lehmboden über.

Der junge Student holte nun eine kleine Taschenlampe aus der Hosentasche. Er hatte sie schon die ganze Zeit mit sich geführt, aber bislang nicht benötigt.

Sie kamen in einen besonders niedrigen Raum, dessen Höhe allenfalls noch 1,65 Meter betrug, was bewirkte, dass beide Männer sich bücken mussten, um weiter vorwärts zu gelangen. Je weiter sie vorankamen, um so mehr fühlte Nau einen kalten Hauch, dessen Ursprung nicht zu erkennen war und der geradezu aus allen Ecken zu kommen schien. Außerdem wiesen die Ziegel zunehmend einen wässrigen Überzug auf. An anderen Stellen hatten sich jedoch auch regelrechte Flechten aus wenig appetitlichen Pilzen gebildet, die in allerlei Farben an den Wänden wucherten.

Der Kommissar sah nur wenige trockene Stellen an den großteils feuchten Mauern, wo sich dann aber auch gleich zahlreiche Spinnweben angesiedelt hatten.

Ihn überkam ein Schauer und auch Pepper schien sich in der ungewohnten Umgebung nicht wohl zu fühlen.

»Wo hast du uns hier nur hingebracht?«, fragte Nau, der bemerkte, dass sie in einen Raum gelangten, der einem Erwachsenen zumindest annähernd wieder erlaubte, aufrecht zu stehen. Brettschneider bewegte sich zu einer Wand, an der er einen Lichtschalter betätigte. Nach ihrem Gang durch finstere Nacht, die auch von den Taschenlampen nur unzureichend erhellt werden konnte, blendete die 60-Watt-Birne sehr, und die Augen brauchten ein wenig, um sich an die wiederum geänderten Lichtverhältnisse zu gewöhnen.

In dem Kellergewölbe standen zahlreiche volle Weinregale, allerdings fiel dem Kommissar sofort auf, dass sich unter ihnen eines befand, in dem jemand nur ein paar Flaschen abgelegt hatte. Zudem waren jene Flaschen, ganz im Gegensatz zu allen anderen im Raum, nicht von einer dicken Staubschicht überzogen.

»Das Regal ist regelmäßig abgerückt worden«, kombinierte er schnell und zeigte auf die Flaschen, die wohl zu diesem Zweck bewegt worden waren. Zudem unterstrichen Schleifspuren auf dem erdigen Boden die Richtigkeit seiner Analyse.

»Gut beobachtet! Dann lassen Sie uns also dasselbe tun!«, forderte ihn Brettschneider auf und hatte bereits die ersten beiden Flaschen in den Händen.

»Lass mal, Timo, leg sie genauso wieder zurück, wie sie vorher gelegen haben!«, sagte Nau daraufhin. »Wir sind zu zweit und können das Regal bestimmt auch mit den Flaschen darauf bewegen. So kann vermutlich niemand feststellen, dass wir daran gewesen sind. Es mag ja sein, dass sich jemand die Anordnung der Weine in dem Regal gemerkt hat.«

»Sie sind gut!«, lobte der junge Student, während er die Weinflaschen wieder zurück in ihre vorherige Lage brachte. »Wirklich clever! Auf so etwas wäre ich nie im Leben gekommen.«

Dann packten sie gemeinsam an, und mit vereinten Kräften gelang es ihnen ganz einfach, das Regal für den kleinen Transport hochzuheben, sodass keine weiteren Schleifspuren mehr entstehen konnten.

»Aber Sie sind auch ganz schön wahnsinnig, mit mir hier hinunter zu kommen!«, sagte Timo freimütig. »Von hier aus können Sie allein weitermachen. Ich bin aus dem Spiel und lege mich wieder schlafen. Habe ohnehin schon viel zu viel riskiert!«

»Du hast mir noch nicht gesagt, wo es hingeht!«

Sie setzten das Regal in etwa einem halben Meter Abstand vor der Wand ab, und Nau konnte zum ersten Mal erkennen, was dahinter lag. Der obere Teil des

Regals hatte keine Rückwand, aber der untere Regalteil war mit einer Abdeckung versehen. Sie hatte bis zum Abrücken eine etwa hüfthohe Holztür in der Wand verdeckt, die nun geheimnisvoll zu einer genaueren Betrachtung einlud.

Nau schaute zu Brettschneider hinüber, dessen Mienenspiel angesichts des erstaunten Gesichts des Kommissars fast etwas Triumphierendes hatte.

»Willst du mir sagen, dass …?«, hob Nau an, brachte den angefangenen Satz aber nicht zu Ende.

»Sie haben mir doch in der Kneipe gesagt, dass Sie sich für unterirdische Gänge interessieren«, meinte Brettschneider. »Ich habe zwar keine Ahnung, wo dieser hinführt …«

»Das heißt, du bist selbst niemals drin gewesen?«

»Nein, das bin ich nicht. Ich war neugierig genug, mich mal einige Meter hineinzuwagen, aber das ist eindeutig nicht mein Ding!«

Nau schluckte und beobachtete Pepper, der an der alt wirkenden Holztür schnüffelte und mit dem Schwanz wedelte. Dann machte der Hund einige scharrende Bewegungen mit seinen Vorderpfoten, als wollte er sich einen eigenen Gang unter der Holztür hindurchgraben, um zu erfahren, was dahinter lag.

»Und wie sieht es hinter der Tür aus? Kann man sich überhaupt vernünftig vorwärts bewegen?«, fragte der Kommissar und löste die einfache Verriegelung, die das kleine Tor in seiner Zarge hielt.

»Besser als zunächst vermutet. Nur weil die Tür so niedrig ist, setzt sich das im Inneren des Gangs nicht zwangsläufig so fort«, erläuterte der Student, während Nau mit der Lampe hineinleuchtete, aber noch nichts erkannte. »Nach einigen Metern kann man sogar wieder aufrecht stehen! Ein Stückchen weiter hatte ich genug und bin wieder umgedreht.«

»Wer hat dich darauf gebracht, dass sich hier solch ein Geheimgang verbirgt?«, wollte Nau wissen.

»Ein Kommilitone, dessen Namen ich aber ebenfalls nicht verraten werde. Er hat ihn mir gezeigt. Wir haben es aber nur als eine Kuriosität empfunden und der Sache nicht allzu viel Bedeutung beigemessen. Allerdings gab es damals auch noch keine Kasematten-Morde.«

»Und woher wusste es der besagte Studienkollege? Er hat wohl ebenfalls hier mit im Haus gewohnt?«

»Er wohnt immer noch hier!«, antwortete Brettschneider. »So viel kann ich Ihnen verraten. Er hatte es wohl von einem weiteren Mitstudenten. Sie müssen verstehen, dass hier sehr viel getuschelt wird. Viel wird gemunkelt. Dann gibt es wiederum manche, die den Sachen nachgehen, wie wir beide in diesem Fall.«

»Bist du dir im Klaren, dass dein Freund und letzten Endes auch du selbst durch die Kenntnis dieses geheimen Gangs automatisch in der Liste der Tatverdächtigen nach oben rückt?«, fragte Nau eindringlich. »Hast du ihn gefragt, ob er etwas damit zu tun hat?«

»Teil eins Ihrer Frage muss ich in Kauf nehmen, und zum zweiten Punkt kann ich nur sagen, dass ich ihm so etwas absolut nicht zutraue. Wir sind zwar nicht die allerbesten Freunde, aber er ist doch so etwas wie mein engster Vertrauter innerhalb der Verbindung«, erklärte Timo.

»Dann muss ich deine Antwort wohl so akzeptieren«, räumte der Kommissar ein. »Wenn du nur ein Stückchen hineingegangen bist, hast du wohl auch keine Vorstellung, wohin der Gang führen könnte?«

»Das kann ich Ihnen beim besten Willen nicht sagen«, antwortete Brettschneider. »Darüber kann ich nicht einmal spekulieren. Jetzt muss ich Sie wohl besser alleinlassen.«

»Wer gibt mir denn eigentlich die Garantie, dass du nicht plötzlich den Eingang verriegelst, wenn ich erst einmal in diesem Loch verschwunden bin, oder du deine Kollegen von der Verbindung herbeiholst?«

»Niemand!«, sagte Timo lapidar und schaute sich um, ob sie tatsächlich immer noch unentdeckt waren. »Wenn Sie keine Lust haben, dort hineinzukriechen, dann lassen Sie es halt. Mir ging es ja genauso. Wollte Ihnen nur einen kleinen Fingerzeig geben. Was Sie daraus machen, ist Ihre Sache.«

Nau stand dem jungen Mann nun genau gegenüber, schaute ihm tief in die Augen und reichte ihm die Hand.

»Ich danke dir, Timo!«

»Ich wünsche Ihnen viel Glück!«, antwortete Brettschneider und erwiderte seinen festen Blick. »Was immer diese Höhle auch an Geheimnissen bergen mag, es soll nicht zu Ihrem Schaden sein!«

»Mach dir übrigens keine Sorgen. Wenn alles herauskommen sollte, habe ich den Tipp nicht von dir!«

»Für mich bleibt hier dann nichts mehr zu tun«, sagte der junge Mann und machte einige Schritte zurück. Dabei vollzog er einige unbeholfene Handbewegungen, die wohl sein Bedauern ausdrücken sollten, dass er sie nicht weiter begleiten konnte.

»Ist schon gut«, sagte Nau milde und lächelte ihn an. »Es ist für alle das Beste, wenn du jetzt gehst. Nicht, dass du doch noch in Schimpf und Schande aus der Verbindung entlassen wirst. Sieh zu, dass du bald wieder wohlbehalten in dein Zimmer kommst!«

Timo verharrte noch kurz auf der Stelle, machte dann eine schnelle Drehung und verschwand in der Dunkelheit, durch die sie gekommen waren.

Nau schnaufte erst einmal durch. So weit war es nun mit ihm gekommen! Da befand er sich also in einem alten, modrigen Keller unterhalb der Erdoberfläche. Falls er hier um Hilfe schreien musste, würde ihn keine Menschenseele hören. Immerhin begleitete ihn sein treuer Vierbeiner.

Er leuchtete in das dunkle Loch hinein, das sich von seinen Füßen bis etwa zur Hüfthohe schwarz und unheimlich vor ihm auftat. Dann streichelte er seinen Hund.

»Na Pepper, wollen wir es wagen?«

Der Golden Retriever strich ihm um die Beine. Sollte er dies als eine Meinungsäußerung verstehen? Und wenn ja, als welche?

Nau nahm sein Handy aus der Jackentasche und wählte per Kurzwahl Reckmanns Nummer. Wenn er schon weiter in die dunkle Hölle hinabstieg, sollten seine Leute zumindest in etwa wissen, wo er sich befand. Da sah er mit Schrecken, dass er keinen Empfang hatte!

Es dauerte erfahrungsgemäß einige Augenblicke, bis die Nummer gewählt war, vielleicht tat sich ja dann etwas. Der Kommissar lauschte angestrengt an dem Gerät, aber nichts regte sich.

Zur Kontrolle wählte er noch die Nummer von Löwenstein, aber der Kontakt zur Außenwelt schien wie abgeschnitten! Was tun? Sollte er es dennoch wagen? Nau sprach leise mit sich selbst, um seine Anspannung ein wenig zu verringern, aber es beruhigte ihn kein bisschen.

Angestrengt dachte der Kommissar nach und analysierte die Gefahren eines solchen Unternehmens. Immerhin war heute am ehesten die Nacht zu erwarten, in welcher der Kasematten-Mörder wieder zuschlagen würde. Zumindest war nach dem Gesetz der Serie mit so etwas zu rechnen. Wieder waren zwei Tage ins Land gegangen.

Zudem war ja anhand der Schleifspuren und der wenig verstaubten Flaschen auf dem besonderen Regal erwiesen, dass die Höhle von irgendjemandem benutzt wurde. Was passierte mit ihm selbst und vor allem mit Pepper, wenn sie entdeckt wurden? Schon der bloße Aufenthalt an ihrem gegenwärtigen Standort hätte sie vermutlich in eine schier ausweglose Situation gebracht. Andererseits lockte das düstere Loch vor ihnen mit der verheißungsvollen Aussicht, in diesem so undurchsichtigen Fall ein gutes Stück weiter zu kommen. Außerdem hatte er immerhin seine Dienstwaffe dabei. Er bezweifelte, dass ihn jemand derart würde überraschen können, dass er sie nicht mehr zur Anwendung bringen konnte.

Dies und der Reiz des Unbekannten ließen den Kommissar schließlich niederbeugen und durch das Loch in die Höhle hineinklettern. Pepper folgte ihm und auf der anderen Seite übernahm der Hund sogleich die Führung.

»Bleib ganz nahe bei mir«, sagte Nau und schaltete die Taschenlampe ein. Seine Knie schmerzten sofort von dem mit zahlreichen kleinen Kieseln durchsetzten Lehmboden. Sie befanden sich zunächst in einer engen Röhre, die gerade groß genug war, dass ein erwachsener Mann hindurchkriechen konnte. Hoffentlich hält die Batterie, dachte Nau bei sich und überlegte, wann er sie zuletzt ausgetauscht hatte. Er hoffte, dass die Lampe als erstes Anzeichen einer nachlassenden Batterie frühzeitig zu flackern beginnen würde, sodass er noch genügend Licht hatte, bis wenigstens in die Küche zurückzugelangen.

Offensichtlich verjüngte sich die Höhle zum Eingang hin, und bald schon hatte Nau die Gelegenheit, sich wieder gehend fortzubewegen, wenngleich zunächst noch in deutlich gebückter Haltung. Pepper bewegte sich immer ein paar Meter vor seinem Herrchen, der darauf hoffte, dass die Instinkte des Hundes sie vor unangenehmen Überraschungen würden bewahren können.

Timo hatte die Wahrheit erzählt, denn als sie sich etwa 20 Meter fortbewegt hatten, konnte sich Nau wieder vollständig aufrichten. Er machte eine kurze Pause, um sich zu sammeln. Er säuberte seine Knie von den Erdrückständen und reinigte auch seine Hände, so gut er konnte. Dann schaute er sich ein wenig um. Die enge Röhre, die wirkte, als habe sie jemand mit bloßen Händen in das Erdreich hineingegraben, war einer Art Stollen gewichen, wo Holzbalken alle paar Meter das System abstützten. Alles schien ihm nicht mehr ganz so bedrohlich wie noch vor einigen Metern.

Nau leuchtete ein gutes Stück voraus, um abschätzen zu können, was noch alles auf sie wartete. Bislang hatte es noch keinerlei Abzweigungen gegeben. Wären sie jemandem begegnet, hätte keine Möglichkeit bestanden, einem Aggressor auszuweichen oder sich gar vor ihm zu verstecken.

Seine Knie und der Rücken schmerzten, aber Nau hatte auch nicht erwartet, dass eine solche Exkursion ein Zuckerschlecken sein würde. So zügig es der Schein der Taschenlampe erlaubte, bewegten sich die beiden vorwärts, bis der Kommissar abermals stehen blieb.

Ihm war, als seien sie kaum merklich seit einiger Zeit bergab gelaufen. Er leuchtete nach hinten auf die bereits zurückgelegte Wegstrecke. Es gab auch dort keinen optischen Beweis für seine Ahnung. In einer dunklen Stollen-Welt ohne jede Fixpunkte, an denen man sich hätte orientieren können, konnte das Gefühl schnell trügen. Allerdings hätte Gisbert schwören können, sich um den einen oder anderen Höhenmeter nach unten bewegt zu haben.

Er überlegte, in welche Himmelsrichtung sie sich ungefähr bewegt haben mochten. Dabei legte er die Position der Küche innerhalb des Verbindungshauses zugrunde.

Nach einigen Überlegungen kam Nau zu dem Schluss, dass sie sich ein gutes Stück den Schlossberg hinunterbewegt haben mussten. Er vermutete, dass sie sich nicht mehr weit von der Stelle befinden konnten, wo der Oberstadt-Aufzug auf die Wettergasse traf.

Gleichzeitig aber gab er nicht allzu viel auf seine groben Berechnungen. Sie waren schon so lange durch enge, dunkle Gänge geschritten und anfangs gekrochen, dass er seinen Orientierungssinn in Zweifel zog und er die eigenen Ergebnisse negierte. Vielmehr vermutete er bereits kurz darauf, dass sie auch in der genau entgegengesetzten Richtung gelandet sein konnten.

Schon jetzt kam für ihn das Vorhandensein eines solchen Ganges annähernd einer Sensation gleich. Er hätte nicht im Traum daran gedacht, dass er unter dem Verbindungshaus auf so etwas stoßen würde. Nau versuchte sich vorzustellen, wohin dieser Gang letzten Endes führte. Zudem fragte er sich, ob ein Erreichen des Endes auch mit der Erkenntnis einhergehen würde, welchem Zweck dieser Geheimgang wohl einst gedient hatte oder vielleicht sogar immer noch diente.

Während sie weitergingen, beschleunigte Pepper unversehens sein Tempo. Nau überlegte, ob der Hund mit seinen ausgeprägten Sinnen vielleicht so etwas wie einen Luftzug, einen besonderen Duft oder etwas Ähnliches wahrgenommen hatte.

»Sei bitte vorsichtig, Pepper, nicht zu schnell«, rief er ihm zu, aber der treue Vierbeiner ließ sich nicht von seiner beschleunigten Gangart abbringen.

Etwa 50 Meter weiter erkannte der Kommissar den Grund für die Reaktion des Hundes. Über ihnen tat sich ein quadratischer Luftschacht auf, der kaum breiter als vielleicht zehn oder 15 Zentimeter sein konnte. Immerhin schien er in die Freiheit zu führen, denn mit etwas Mühe konnte man einen winzigen Ausschnitt des nächtlichen Sternenhimmels darüber erkennen.

»Schade, Pepper, da können wir nicht durch«, sagte Nau und tätschelte seinen Hund liebevoll. »Was meinst du, gehen wir noch ein Stück oder sollten wir lieber umkehren?«

Ein kurzes Kläffen seines Vierbeiners warf weitere Fragen auf, statt Antworten zu bringen. Aus Erfahrung hätte Nau wissen müssen, dass es nichts brachte, seinem Hund eine ›Entweder-oder-Frage‹ zu stellen. Grinsend stemmte der Kommissar seine Hände in die Hüften und schaute sich um.

Der leichte Luftzug, der sich an dieser Stelle ergab, hatte etwas Wohltuendes. Der Schacht über ihnen war so etwas wie ein Fingerzeig, dass es neben dieser engen, klaustrophobischen Welt, in der sie sich gerade befanden, auch noch eine Außenwelt gab, und dass es sich unbedingt lohnte, in diese zurückzukehren.

Er entschloss sich, noch ein Stück weiter zu gehen. Pepper, dem dieser Trip in die Unterwelt offenbar Freude bereitete, folgte ihm. Alle paar Meter legte der Hund kurze Stopps ein, um immer neue Gerüche aufzunehmen, dann beschleunigte er wieder, um neben seinem Herrchen zu laufen. Ein anderes Mal lief er wiederum vorneweg. Alles deutete darauf hin, dass der Golden Retriever Gefallen an ihrer nächtlichen Exkursion fand, er brauchte sich also keine Sorgen um ihn zu machen.

Nachdem Nau noch schnell auf die Uhr geschaut hatte, setzten sie sich wieder in Bewegung. Immerhin, eine gute Stunde war bereits vergangen, seit Timo Brettschneider die beiden in ihrem Zimmer abgeholt hatte. Allzu lange würden sie ihre abenteuerliche kleine Reise nicht fortsetzen können. Der Druck eines möglichen Entdecktwerdens wog einfach zu schwer. Man sollte sein Glück besser nicht überreizen.

Keine Minute später kamen sie allerdings an eine Stelle, die Nau seine vorherigen Zweifel über Bord werfen ließ. Da waren sie doch tatsächlich an eine Weggabelung gelangt! Ihr bisheriger Weg endete an dieser Stelle und stieß auf eine neue Strecke, die in zwei unterschiedlichen Richtungen von ihrer jetzigen Position wegführte.

Nau hielt kurz inne, um sich zu entscheiden, welchen der beiden Wege sie am besten einschlagen sollten. Nach rechts ging es in einer scharfen Kurve, die sich fast dem gerade benutzten Gang anzunähern schien. Nach seinen Vorstellungen ihres gegenwärtigen Aufenthaltsortes musste dieser Weg bedeuten, sich wieder den Schlossberg hinaufzuarbeiten. Zudem konnte man an dieser Stelle eines deutlich erkennen: Der rechte Weg schien eindeutig bergauf zu führen, während der Weg nach links ein klar zu erkennendes Gefälle aufwies.

Gisbert entschied sich, die linke Option zu wählen, zumal Pepper bereits einige Dutzend Meter in dieser Richtung vorausgeeilt und zwischenzeitlich wieder zu seinem Herrchen zurückgekehrt war.

Es dauerte jedoch nicht allzu lang, bis sie sich einem unüberwindlich scheinenden Hindernis gegenüber sahen: Nach vielleicht 150 Metern kam der Gang plötzlich zu einem abrupten Ende. Einzig ein Loch schien von dieser Stelle weiterzuführen. Allerdings hatte es kaum mehr als das Maß eines Medizinballs. Nau schaute Pepper enttäuscht an.

»Da passe ich leider nicht hindurch!«, meinte er und überprüfte, ob sich das Loch vielleicht vergrößern ließ. Unter Umständen hätte man mit einer Spitzhacke eine Chance auf ein Weiterkommen gehabt, aber auch dies schien dem Kommissar ziemlich unwahrscheinlich zu sein.

Während Nau noch das Loch betrachtete, als ob sich damit eine Lösung für das Problem ergäbe, schlüpfte Pepper zu seinem großen Entsetzen hindurch und verschwand in der Dunkelheit. Natürlich leuchtete Gisbert sofort mit der Lampe hinein, aber sein Begleiter war offensichtlich verschwunden. Hinter der Barriere schien es wohl genauso weiterzugehen wie gehabt. Dennoch machte sich augenblicklich große Panik in seinem Herzen breit.

»Pepper, komm um Himmels willen zurück!«, rief er ihm verstört hinterher. Die Sekunden vergingen und schienen endlos. Nau hätte es als tröstlich empfunden, seinen Hund wenigstens zu hören, aber der reagierte nicht auf seinen verzweifelten Zuruf.

»Pepper, wo bist du? Komm zurück!«, schrie er in die dunkle Hölle hinein und spürte, wie sein immer heftiger werdender Puls beinahe seine Schläfen zu durchschlagen drohte. Ihn überkam ein heftiges Schwindelgefühl, sodass er sich niederhockte.

Verzweifelt hielt er die Taschenlampe in immer neuen Winkeln in die dunkle Öffnung hinein und erhoffte doch noch, seinen treuen Kameraden zu erspähen. Seinen Kopf konnte Nau problemlos in die schmale Öffnung stecken, seine breiten Schultern waren dagegen wie eine natürliche Sperre, die ihn davon abhielten, hinein zu gelangen.

Immer wieder rief er den Namen seines Hundes. Kalter Angstschweiß stand ihm auf der Stirn. Es braucht keine allzu lebhafte Fantasie, um sich diverse Horrorszenarien auszumalen, was dem Vierbeiner alles passiert sein konnte. Vielleicht hatte es irgendwo einen Steinschlag gegeben und der Hund war hoffnungslos darunter begraben, oder er war von oben in eine weitere Höhle gefallen, aus der es kein Entkommen gab.

Seine Stimme war inzwischen völlig heiser von den vielen Rufen. Eine unsagbare Angst umklammerte seine Seele und ließ sie nicht mehr los. Immer tiefer drückte er seinen dafür viel zu großen Körper in das dunkle Loch hinein. Doch die Ränder gaben nicht nach. Wenn er nicht aufpasste, würde er noch darin stecken bleiben.

Plötzlich hörte er von Weitem so etwas wie ein Winseln. Da er sich gerade stöhnend bewegt hatte, war er sich nicht sicher, ob er seiner Wahrnehmung vertrauen konnte. Hinzu kamen seine ständigen Rufe, sodass er nicht wusste, ob er nicht nur so etwas wie ein Echo vernommen hatte.

Er versuchte, sich zu beherrschen und still in dem Loch zu verharren, aber kein weiteres Geräusch drang an sein Ohr.

»Pepper!«, rief er ein weiteres Mal, aber diesmal umso lauter. Wenn zu dieser Zeit jemand anderes in diesem Höhlensystem unterwegs war, musste der ihn wohl unweigerlich hören, aber dem Kommissar war das mittlerweile schon egal. Viel zu brennend war die Sorge um seinen geliebten Vierbeiner.

Da! Endlich vernahm er ein weiteres kurzes Geräusch. Es war so etwas wie ein kurzes, weit entferntes Bellen. Dann wieder!

»Ja Pepper! Komm hierher. Ich bin hier!«, schrie er aus Leibeskräften.

Wenig später hörte er wohlvertraute schnelle Hundeschritte, die sich rasch näherten. Nau bemühte sich, möglichst schnell aus dem Loch herauszukommen, um seinem Hund nicht etwa noch den Weg zu versperren. Ein starker Schmerz im rechten Oberarm ließ ihn kurz aufschreien. Er spürte, wie sich sein Hemd an der entsprechenden Stelle mit Blut tränkte. Er hatte sich den Arm an einem spitzkantigen Überstand des Loches aufgerissen, aber sein gerade enormer Adrenalinausstoß ließ ihn den starken Schmerz verdrängen.

Pepper schien nun ganz nah, denn Nau hörte ihn bereits hecheln, wie er es meist tat, wenn er schnell angerannt kam. Dann hing dem Hund die lange Zunge aus dem Maul und die Ohren flogen fast wie die beiden Enden eines Schals nach hinten. Nau musste lächeln, als sich ein solches Bild vor seinem geistigen Auge aufbaute. Dann wischte er sich schnell eine Träne weg, auch wenn ihn in dieser völligen Abgeschiedenheit ohnehin niemand sehen konnte.

Erleichterung und Freude pur, als Nau den Hund in der dunklen Höhle durch den Schein der Taschenlampe auf den schmalen Durchbruch zulaufen sah. Der Golden Retriever vollzog noch einige flotte Bewegungen, um kurz vor dem Loch seinen schnellen Lauf beträchtlich abzubremsen. Die Öffnung war auch für ihn zu klein, als dass er sie hätte in großem Tempo passieren können.

Erleichtert schloss der Kommissar seinen Hund in die Arme.

»Was war denn los?«, fragte er nach einer ganzen Weile, als er Pepper immer noch festhielt und dessen heißen Atem in seinem Nacken spürte. »Gab es Probleme? Warum bist du denn überhaupt erst fortgelaufen?«

Erst jetzt bemerkte er, dass der Hund nass war. Als ihn Nau wieder losließ, schüttelte er sich die Feuchtigkeit aus dem Fell, und eine Menge Wasser spritzte nicht zuletzt auch seinem Herrchen ins Gesicht.

»Wo hat es denn das Wasser gegeben? Hoffentlich bist du nicht irgendwo in einen Grundwassersee oder etwas Ähnliches gefallen. Geht es dir gut? Manchmal ist es wirklich eine Last, dass du nicht reden kannst!«

Nau hockte noch immer auf dem Lehmboden und schloss seinen Hund ein letztes Mal in die Arme, dann stand er auf und bemerkte plötzlich starke Rückenschmerzen, die er sich wohl bei einigen Verrenkungen in dem Loch eingehandelt hatte.

Dann erinnerte ihn ein heftiger Schmerz am rechten Oberarm, dass er sich ja eben erst dort eine blutende Wunde zugezogen hatte. Das Hemd, welches er unter seiner Strickjacke trug, war ohnehin zu nichts mehr zu gebrauchen, also riss er einen Ärmel ab und schaffte es in minutenlangen Versuchen, sich einen improvisierten Verband anzulegen.

Kaum war er damit fertig, erkannte er das nächste Problem: Er konnte unmöglich am Morgen in einem solchen Outfit beim Frühstück erscheinen. Auch der gleichgültigste Mensch der Welt hätte sicherlich daran Anstoß oder zumindest davon Notiz genommen.

Nau schaute abermals auf die Uhr. Mittlerweile musste Löwenstein seinen Kollegen abgelöst haben. Es konnte Nau allerdings nicht überraschen, dass auch diesmal seine Versuche, eine Telefonverbindung herzustellen, vergeblich blieben. Wenn es schon am Rande der Zivilisation, in jenem Gang nahe der Küche, nicht gelungen war, warum sollte es ausgerechnet inmitten dieser Höhle Aussicht auf Erfolg geben? Nau nahm alles vergleichsweise gelassen und steckte das Handy wieder weg. Immerhin hatte er seinen Pepper wieder, und das war mit Abstand das Wichtigste!

Er würde die Kollegen nach seiner Rückkehr aus der Marburger Unterwelt kontaktieren, damit sie ihn nach Möglichkeit mit frischer Kleidung versorgen konnten. Zwar gab es zahlreiche Läden in der Marburger Oberstadt, in denen man sich mit derartigen Artikeln eindecken konnte, aber die machten sicherlich nicht vor dem Frühstück auf.

Kurz nach diesem Gedankengang schlug sich Nau auf die Stirn und musste lachen.

»Ich hatte wohl einen zu großen Blutverlust«, murmelte er und kicherte in sich hinein. »Und jetzt rede ich schon mit mir selbst. Es wird Zeit, dass wir von hier wegkommen!«

Dem Kommissar war eingefallen, dass der kleine Koffer auf seinem Zimmer neben einer zweiten Garnitur Unterwäsche, einem Schlafanzug und den Utensilien fürs Bad auch noch ein Wechselhemd zum Inhalt hatte. Er machte sich wirklich ernsthafte Gedanken, ob die stressigen letzten Minuten doch mehr an seinem Verstand gezehrt hatten, als ihm lieb sein konnte.

»Oh Pepper, wie gerne wüsste ich, was du auf der anderen Seite gesehen und erlebt hast!«, meinte Nau und klatschte sachte in die Hände, um ihn damit zum Aufbruch aufzufordern. Dabei vollzog er einige eindeutige Schritte in die Richtung, aus der sie gekommen waren. Er wollte unter allen Umständen vermeiden, dass ihn Pepper missverstand und ein zweites Mal in diesem unglückseligen Loch verschwand.

Aber Nau musste sich keine Sorgen machen. Der Hund folgte ihm, und einige Zeit später kamen sie an der Weggabelung von vorhin an. Nach rechts zu gehen hätte bedeutet, zumindest in absehbarer Zeit wieder an ihrem Ausgangsort, dem Gang hinter der Küche im Verbindungshaus, herauszukommen.

Zu verlockend war allerdings die Aussicht, auf dem anderen Weg zu neuen Erkenntnissen, ja vielleicht sogar einem weiteren Ausgang zu gelangen. Der Kommissar ging voran, und Pepper folgte ihm in die Dunkelheit des ihnen unbekannten Ganges.

Sie hatten sich noch nicht allzu weit bewegt, als Nau klar wurde, dass sich seine vorherige Vermutung bestätigte: In der Tat vollzog dieser Weg einen merklichen Anstieg. Demnach schien er den Schlossberg hinaufzuführen.

Nau verzog das Gesicht. Sein Arm schmerzte nun doch stärker, als er erwartet hatte. Zudem verspürte er großen Durst. Allzu lang würden sie sich hier nicht mehr aufhalten können, zumal mit jeder Sekunde die Wahrscheinlichkeit stieg, doch noch entdeckt zu werden.

Der Hund blieb unvermittelt stehen, dann bewegte er sich ein paar Meter zurück. Offensichtlich schien er etwas gehört oder gerochen zu haben.

Nau beobachtete das Verhalten seines Hundes und versuchte seinerseits, an dieser Stelle etwas Ungewöhnliches auszumachen. Da er sich keine Hoffnungen machen konnte, mit dem Riechorgan seines Hundes mitzuhalten, lauschte er angestrengt in die Dunkelheit hinein. Zu diesem Zweck schaltete er die Taschenlampe aus, um den Hörsinn zu schärfen. Zudem konnte es ohnehin nichts schaden, die Batterie etwas zu schonen. Tatsächlich, nach einer Weile vernahm er es auch: In nicht allzu großer Entfernung hörte er Wasser rauschen, so als ob man sich in einem Gebäude befände und drei Stockwerke weiter oben habe jemand einen Wasserhahn aufgedreht. Ganz in der Nähe, so vermutete Nau, musste sich die Kanalisation befinden.

Sie hielten sich noch einige Momente an dieser Stelle auf, und Gisbert schaltete die Lampe wieder ein. Allerdings gab es nichts, was darauf hindeutete, dass es irgendeine Möglichkeit gab, der Quelle des Geräuschs näherzukommen. Dennoch schlug sein Herz abermals schneller, und auch Pepper schien in gewisser Weise ganz besonders für Sinneseindrücke aller Art sensibilisiert.

»Wir gehen noch ein kleines Stückchen weiter«, flüsterte Nau seinem Vierbeiner zu. »Wenn wir dann nicht fündig werden, kehren wir besser erst einmal um und gehen vielleicht an einem anderen Tag und mit mehreren Leuten in diese Höhlen hinein. Wir können nicht ewig Glück haben. Vor allem sind wir verloren, wenn uns das Licht ausgeht!«

Daraufhin blieb ihm fast das Herz stehen, denn wie zur Bestätigung des gerade Gesagten flackerte tatsächlich das Licht der Lampe. Dann stellte er allerdings erleichtert fest, dass er nur unachtsam gewesen war und versehentlich kurz den Schalter berührt hatte.

Der Kommissar schnaufte tief durch und sah schon sich und seinen Hund in diesen so unwirklich scheinenden Gängen verenden. Allerdings würde Pepper wegen seiner guten Sinnesorgane und seiner Wendigkeit vielleicht noch recht gute Chancen haben, diesen unterirdischen Gängen entfliehen zu können. Ob der Hund allerdings jemanden davon würde überzeugen können, in diese Unterwelt hinabzusteigen, um sein Herrchen zu retten, stand auf einem anderen Blatt.

Noch bevor er etwas sagen oder gar zum Rückzug aufrufen konnte, war Pepper schon wieder einige Meter vorausgelaufen und jaulte plötzlich. Besorgt beschleunigte der Kommissar seine Schritte. Pepper hockte in etwa zehn Metern Entfernung am Boden und hielt die Schnauze besonders tief. Normalerweise geschah dies, wenn er fraß oder etwas besonders eingehend auf dessen Geruch untersuchen wollte.

Als Nau näherkam, vollzog der Hund aufgeregt wirkende Bewegungen und wedelte in einer hohen Taktzahl mit dem Schwanz.

»Was ist denn los, Pepper?«, fragte der Kommissar kurzatmig, als er bei seinem Hund ankam.

Als er den Schein der Taschenlampe an Peppers Schnauze vorbei richtete, erkannte er, was den Vierbeiner fasziniert hatte.

Pepper spielte mit einer Ratte. Wann immer sie sich anschickte, die Flucht zu ergreifen, legte er ihr eine Pfote in den Weg und sie ersann eine neue Möglichkeit, das Weite zu suchen. Den Hund schien dieses Schauspiel augenscheinlich zu faszinieren, denn er wurde nicht müde, sein Experiment weiterzuführen, ohne den kleinen Nager zu quälen. Wenn er in der Lage gewesen wäre, zu lachen, dann hätte er es in diesen Momenten vermutlich getan. Zumindest vermutete dies Gisbert Nau, der ebenfalls leicht belustigt war und dem Golden Retriever den Kopf tätschelte.

»Frage sie mal nach dem Weg«, witzelte er und beugte sich noch weiter hinunter, um das Tier etwas genauer zu betrachten.

Wo kam die Ratte her? War es nicht ungewöhnlich, nur ein Exemplar anzutreffen, wo sie in der Regal doch entweder gar nicht oder in ganzen Heerscharen auftraten? Wenn sie nicht ebenfalls aus der Küche des Verbindungshauses hierher gekommen war oder aus dem Loch stammte, in dem Pepper kurzzeitig verschwunden war, musste in der eingeschlagenen Richtung ein Ort liegen, wo es Ratten gab. Handelte es sich dabei um richtige Räumlichkeiten, die auch für ihn selbst zu begehen waren, oder waren es eher enge Luftschlitze, wie sie sie vorhin schon gesehen hatten?

»Komm, lass die Ratte laufen, wir müssen weiter. Aber schau mal, ob wir sie im Blick behalten können.«

Sie raste los, und bevor die beiden reagieren konnten, verschwand sie hinter einem der in regelmäßigen Abständen in das Erdreich hineingerammten hölzernen Stützbalken.

Jede dieser Stützkonstruktionen war ähnlich wie ein Fußballtor aufgebaut und bestand aus zwei Pfosten rechts und links sowie einem Deckenbalken. Trotz der Beklemmungen, die eine derart beschwerliche Erkundung auslösen konnte, erachtete Nau die Gesamtkonstruktion des Gangs inzwischen als beruhigend stabil.

Ein ganzes Stück weiter, es mochten etwa zwei oder drei Minuten seit dem Intermezzo mit der Ratte vergangen sein, weiteten sich die Augen des Kommissar zusehends. Auch Pepper schien auf seltsame Weise erregt und machte einige für ihn ungewöhnliche Bewegungen, so als würde er sich einem Feind oder zumindest etwas ganz und gar Unerwartetem nähern.

Nau richtete den Schein der Taschenlampe geradewegs auf das, was sich in etwa 20 Metern vor ihnen abzeichnete: eine schwere, mit großen schmiedeeisernen Nieten und Platten beschlagene Holztür.

Der Gang führte direkt darauf zu. Gleichzeitig markierte die schwere Tür den Abschluss des Weges. Schon von Weitem erkannte Nau, dass kein Schlüssel darin steckte.

Immer näher kamen sie der Tür. Das wuchtige dunkelbraune Eichenholz und die markanten schwarzen Beschläge verliehen ihr ein Aussehen, als sei sie für die Ewigkeit gebaut. Gewiss fiel sie mit großer Wucht ins Schloss. Ihr konnte man die Jahrhunderte ansehen, die sie wohl schon überdauert haben mochte.

Pepper beschleunigte wieder und lief in hoher Geschwindigkeit darauf zu. Dann stoppte er abrupt ab, so als würde ihm die wuchtige Tür einigen Respekt abnötigen. Fast zögerlich näherte er sich ihr anschließend und begann, sie zu beschnuppern.

Auch der Kommissar war nun bei ihr angekommen und betrachtete die Tür aufmerksam. Würden hinter ihr die Antworten auf zahllose Fragen stecken? Waren sie nunmehr endlich am Ziel angekommen? Dichte Spinnweben und eine Staubschicht hatten sich im Laufe der Jahrhunderte auf dem Holz und den Beschlägen angesammelt. Dennoch wies die Tür eine gewisse Schönheit, ja Erhabenheit auf. Ihre Erscheinung und Beschaffenheit mochten durchaus einmal eines Landgrafen würdig gewesen sein.

Nau atmete noch einmal tief durch. Er fasste die schwere schwarze Klinke und drückte sie hinunter, aber nichts geschah. Die Tür ließ sich keinen Millimeter bewegen.

12. KAPITEL

»Reichen Sie mir bitte mal die Butter rüber?«, bat Robert Bauer den Kommissar, und Gisbert tat dem etwa knapp 30-jährigen Studenten den Gefallen. Mit ihm und dem Fuchsmajor Hendrik Weigel saß Nau am Frühstückstisch, während Oliver Voss und Alexander von Hassel an diesem Morgen fehlten.

Die erste Mahlzeit des Tages war für die Verhältnisse der Burschenschaft vergleichsweise zwanglos. Es herrschte ein Kommen und Gehen, weil die Studenten ja auch zu unterschiedlichen Zeiten ihre Vorlesungen hatten. Der Raum war zu dieser frühen Stunde, es war gegen acht Uhr, nur etwa zur Hälfte gefüllt. Neben dem Kommissar waren noch sechs weitere Personen anwesend. Dabei war also der Tisch der Führungsriege sogar noch relativ gut besetzt, während an den beiden Sechsertischen lediglich jeweils zwei Studenten saßen. Doch hatte es keiner von ihnen versäumt, das obligatorische Bändchen anzulegen.

»Was studieren Sie denn eigentlich?«, fragte Nau, um ein wenig Small Talk zu betreiben.

»Germanistik und Philosophie«, antwortete der eher unscheinbare Mann, der an diesem Morgen einen Rollkragenpullover trug, was angesichts des guten Wetters der letzten Tage auf Nau ein wenig übertrieben wirkte.

»Ist hier morgens immer so wenig los?«, fragte der Kommissar, um ein tiefer gehendes Gespräch über Bauers

Fachrichtungen zu vermeiden. Ein solches erschien ihm nicht als sonderlich lohnenswert.

»Das ist ganz normal«, sagte Bauer.

»Ich bin übrigens Student der Chemie«, warf Weigel in seiner üblichen leicht verklemmt wirkenden Art ein.

Naus Schulter wie auch größere Teile seines Rückens schmerzten. Er musste bei seiner Rückkehr in den abgelegenen Bereich der Küche das Regal allein wieder vor den geheimen Eingang in das Tunnelsystem rücken. Zwar war dies auch für eine Person durchaus zu bewerkstelligen, aber er hatte es einer ungeschickten Bewegung zu verdanken, dass die Verletzungen nun dennoch schmerzten. Außerdem tat ihm noch der blutige Schnitt weh, den er sich an der Kante zu Peppers Fluchthöhle zugezogen hatte.

Er hatte seinen Hund im Zimmer zurückgelassen. Der Golden Retriever hatte den gemeinsamen nächtlichen Ausflug zwar auf seine ganz eigene Weise genossen, aber nun schlief er tief und fest, obwohl Nau ihn mehrmals zum Aufbruch gerufen hatte.

»Wenn man die leeren Reihen sieht, bewahrheitet sich das Image des faulen Studenten doch einmal so richtig«, scherzte Bauer. »Man sagt ja, dass wir nie rechtzeitig aus dem Bett kommen.«

»Der Koch wird für das Frühstück ja wohl nicht gebraucht«, schloss Nau aus dessen offenkundiger Abwesenheit.

»Nein, wir wissen ja, wo sich alles befindet«, erklärte Weigel. »Der Kühlschrank steht jedem offen und wird von Herrn Schneider ständig aufgefüllt. Ein paar Dutzend Brötchen werden jeden Morgen von einem Service an die Haustür geliefert. Ein entsprechend voller Beutel hängt dort ab etwa fünf Uhr.«

»Wir wollen ja den Service von Herrn Schneider ebenso wenig überstrapazieren wie die Finanzen unserer *Alten Herren*«, fügte Bauer hinzu. »Deshalb kümmert sich der Koch nur halbtags um uns. Er macht alle Besorgungen für die Küche und sorgt außerdem dafür, dass abends eine Mahlzeit für zahlreiche hungrige Mägen auf den Tisch kommt.«

Nau schaute hinüber zu den anderen Studenten und überlegte, ob Timo wohl am Vorabend wieder wohlbehalten in seinem Zimmer angekommen war.

»Aber für so einen Luxus wie täglich frische Brötchen reicht es dann schon«, sagte er bewusst provokant, aber seine beiden Tischnachbarn gingen darauf nicht ein.

Nau verdrängte die Sorge um Timo und fragte sich, ob Schneider von dem geheimen Gang wusste. Immerhin begann dieser ja in unmittelbarer Nähe zu seiner Küche. Er musste unbedingt bald die Kollegen kontaktieren, um zu erfahren, ob sie etwas über den merkwürdigen Koch herausgefunden hatten. Soeben betrat Timos Fechtpartner Justin den Speisesaal und ging an den großen amerikanischen Kühlschrank, um jene Dinge herauszuholen, die nicht ohnehin schon auf seinem Tisch standen.

Erneut musste der Kommissar deshalb an Timo denken und hoffte, dass ihre nächtliche Aktion niemandem aufgefallen war. Er selbst hatte ja einen ungleich längeren Rückweg als der junge Mann gehabt, weshalb er zuversichtlich war, dass auch dieser wohlbehalten wieder in sein Zimmer gelangt war. Er fühlte sich doch für ihn verantwortlich, der offensichtlich einiges riskierte, um ihnen zu helfen.

»Hat denn Ihr Aufenthalt hier nun etwas gebracht?«, erkundigte sich Weigel beiläufig, während er ein Brötchen mit einer rötlichen Marmelade bestrich.

»Das kann ich leider noch nicht sagen«, sagte Nau ausweichend. »Sie müssen verstehen, dass einiges zwangsläufig unter das Siegel der Verschwiegenheit fällt, solange es Teil unserer Ermittlungen ist.«

»Das ist natürlich einzusehen«, meinte Bauer fast gönnerhaft. »Und was haben Sie heute vor? In einem Job wie dem Ihren gibt es doch sicherlich jede Menge zu tun.«

»Ich werde voraussichtlich nicht den ganzen Tag hier im Haus sein, sondern mich auch über längere Zeit in unserer Dienststelle oder irgendwo anders aufhalten, wo mein Einsatz gefragt ist«, erklärte der Kommissar.

»Das heißt also mit anderen Worten, dass sich Ihre Untersuchungen doch nicht nur auf unsere Verbindung fokussieren«, stellte Weigel fest. »Habe ich recht?«

Nau fand es interessant, wie die beiden älteren Studenten ihn nach und nach in so etwas wie ein Kreuzverhör verstrickten. Er ließ sich darauf ein, was er sich durchaus leisten konnte, solange er nicht zu viel von den Ermittlungen verriet.

»Wenn Sie es so sehen wollen, ja!«, erwiderte er vage. Einem kurzen Zucken auf Weigels Stirn glaubte der Kommissar zu entnehmen, dass ihm die erhaltene Antwort nicht genügte.

»Wie lange werden Sie uns noch in etwa die Ehre geben?«, fragte Bauer eindringlich, und die Formulierung des Satzes kam beinahe einem Hinausschmiss gleich. Dennoch wurde er in einem freundlichen Tonfall ausgesprochen, in dem man seinem Gegenüber in der Regel eher einen guten Morgen oder Ähnliches wünschte. Trotz so manches Vorbehalts, den Nau gegen sie aus guten Gründen hegte, musste er anerkennen, dass sie rhetorisch gut geschult waren.

»So lange es eben dauert!«, lautete seine lapidare Antwort.

»Ehrlich gesagt, können wir uns alle überhaupt nicht vorstellen, was Sie eigentlich bei uns vorzufinden glauben«, führte Weigel aus. »Wenn es allerdings tatsächlich der Wahrheitsfindung dient, dann seien Sie herzlich willkommen!«

In diesem Moment schellte Naus Handy. Er entschuldigte sich und ging hinaus in den Flur.

»Machen Sie schnell, Reckmann, ich kann hier nicht frei reden!«

»Hallo, Chef. Unser Herr Schneider hat einiges auf dem Kerbholz, ganz wie Sie vermutet hatten. Vom Kunstraub bis zu schwerer Körperverletzung ist so ziemlich alles dabei, was man sich denken kann. Allerdings scheint er seit seiner letzten Haftentlassung vor dreieinhalb Jahren sauber. Jedenfalls hat man nichts mehr von ihm gehört. In seiner Akte steht, dass er sich mit Gelegenheitsjobs über Wasser hält.«

»Ist denn auch seine Ausbildung dokumentiert?«, fragte Nau.

»Ja, die lag allerdings in seiner Jugend. Hat in einem edlen Laden den Kochberuf erlernt, bis er auf die schiefe Bahn geriet!«

»Zunächst einmal das Wichtigste: Ist es denn in der letzten Nacht in den Kasematten ruhig geblieben? War die Abschreckung durch die Streifenpolizisten wirksam?«

»Es hat ganz den Anschein, jedenfalls habe ich noch nichts Gegenteiliges gehört. Allerdings bin ich ja auch erst seit einer Viertelstunde im Büro, aber etwas so Bedeutendes wie ein weiterer Kasematten-Mord hätte sich sicherlich schon im Haus bis zu mir herumgesprochen. Peter kommt etwas später, er hatte ja schließlich heute Nacht die zweite Schicht. Was hat sich denn eigentlich bei Ihnen ereignet?«

»Ich verstehe, dass Sie nach Antworten verlangen. Auch Löwenstein habe ich nach meiner Rückkehr heute Nacht nur Bruchstücke erzählen können. Machen Sie sich keine Gedanken, es geht mir gut. Wenn nichts dazwischen kommt, werde ich wohl um etwa zehn Uhr im Büro sein. Dann werde ich alles bis ins letzte Detail berichten. Jetzt muss ich Sie leider dringend wegdrücken, ich stehe schon viel zu lange hier im Flur.«

Reckmann war die Unzufriedenheit anzumerken, die aus seinem noch geringen Kenntnisstand resultierte, aber der Kommissar konnte nicht anders, als ihn auf später zu vertrösten.

»Entschuldigen Sie bitte«, meinte Nau, als er sich wieder an dem Tisch niederließ. »Unser Büro ist praktisch immer besetzt. Ich musste unbedingt rangehen.«

»Neue Erkenntnisse, die sich über Nacht ergeben haben?«, versuchte Weigel, weiter nach Informationen zu angeln.

»Ja, aber die werde ich Ihnen nicht verraten!«, antwortete Nau strikt. Er hatte plötzlich das Gefühl, dass es nicht schaden konnte, die große Neugier seiner beiden Tischpartner noch zusätzlich anzuheizen. »Unsere Ermittlungen ruhen nie. Manchmal kristallisieren sich sogar über Nacht völlig neue, umwälzende Zusammenhänge heraus!«

»Schade, dass Sie sich so sperren«, meinte Bauer. »Wenn Sie sich ein wenig öffnen würden, könnten wir Ihnen sicherlich mit der einen oder anderen Information weiterhelfen. Schließlich sind wir als Studenten ganz nahe am Zeitgeschehen und bekommen recht viel mit.«

»Na dann lassen Sie mal hören!«, spielte Nau mit um herauszufinden, wie weit sie wohl mit ihren gezielten Sticheleien gehen würden.

»Quid pro quo, Herr Kommissar, nur wenn die Gegenleistung stimmt!«, erwiderte Weigel.

»Passen Sie besser auf, dass Sie Ihr Blatt nicht zu sehr überreizen, mein junger Freund«, platzte Nau nun plötzlich doch der Kragen. »Sie sollten sich alle miteinander darüber im Klaren sein, dass wir von der Polizei immer am längeren Hebel sitzen.«

Mit einem Mal lag eine fast unheimliche Stille über dem Speisesaal. Auch an den übrigen Tischen verstummten die Gespräche. Es war, als hätten alle die Unterhaltung am Tisch der Führungsriege belauscht und warteten nach Naus harten Worten nun darauf, was wohl als Nächstes geschehen würde. Man hätte in der Tat eine Stecknadel fallen hören können.

In diesem Moment vernahmen sie eine deutliche Unruhe, die aus den oberen Stockwerken zu kommen schien. Es handelte sich um ein kurzes Poltern, einen Schrei, und danach erklang von Ferne ein aufgeregtes Stimmengewirr. Etwas war geschehen, so viel stand fest, und Naus Herz wurde sogleich von einer ganz besonderen Angst umklammert. Er schaute auf Timos Platz, an dem der Junge am Vorabend gesessen hatte, aber er war immer noch verwaist.

»Wo genau kam das her?«, fragte er die Studenten. Er vermutete, dass diese vielleicht aus dem Klang des Gehörten schon eine entsprechende Angabe würden ableiten können.

»Dritter oder vierter Stock, schwer zu sagen«, antwortete Justin in seiner knappen Art, aber diesmal war es eher die Anspannung und nicht sein Mangel an Gesprächigkeit, die ihn dazu brachte, sich kurz zu fassen.

Alle im Raum waren aufgestanden und strebten hinaus in den Flur. Besonders Nau nahm seine Beine in die Hand und eilte, so schnell er eben konnte, die Treppe hinauf. Von hinten hörte er unterdessen Weigel mit seiner dünnen Stimme rufen: »Was ist denn bei euch los?«

Keine Antwort schallte durch das Treppenhaus. Nur so etwas wie ein dumpfes Getuschel glaubte der Kommissar neben dem eigenen Pulsschlag und seinen lauten Schritten zu hören.

Als er in der dritten Etage ankam, erkannte er mit einem Blick nach oben, dass die restlichen Studenten im Flur des vierten Stockes versammelt waren. Er sah von unten, wie mehrere Personen mit dem Rücken zu dem Treppengeländer standen.

Von dem Sprint die steile Treppe hinauf stach es in seiner Lunge, aber noch mehr war er von der Sorge um Timo Brettschneider erfüllt.

»Kommt alle schnell«, rief Alexander von Hassel aus der oberen Etage hinunter zu ihnen und beugte sich dabei über das Geländer. »Wir haben etwas Schreckliches entdeckt. Los, beeilt euch doch!«

Diese Aussage eines der ältesten Studenten, der sonst immer recht gefasst und souverän wirkte, beunruhigte Nau sehr und beschleunigte noch einmal seine ohnehin schon eiligen Schritte. Er kam trotz seines deutlich höchsten Alters als Erster oben an und lief die letzten Meter durch ein Spalier von Studenten, die ihn verstört anstarrten.

Ganz in der Nähe des Treppenabsatzes stand eine Zimmertür weit offen. Keuchend rannte Gisbert Nau an der Reihe von Gesichtern vorbei, die er nur noch verzerrt und wie in Trance wahrnahm. Aufgrund des raschen Höhengewinns fühlte er sich richtig schwindlig und er bemerkte, wie seine Knie weich wurden.

Mit letzter Anstrengung gelang es ihm, auf den Beinen zu bleiben. Wenige Augenblicke später stand er in der Tür und hielt sich an der Zarge fest. Seine Augen weiteten sich und blankes Entsetzen breitete sich in seinem Gesicht aus.

Festgezurrt an einem alten Dachbalken, keine fünf Meter vor ihm, baumelte ein junger Mann an einem Strick von der Zimmerdecke.

Für einen kurzen Moment schien Naus Herz stillzustehen. Tatsächlich wirkte es, als würde es für ein oder zwei Schläge aussetzen. Um nicht doch noch umzukippen, klammerte er sich noch fester an den Türrahmen und schaffte es so nach einer Weile, festen Stand zu finden.

Er hörte halb im Unterbewusstsein, wie die anderen Personen aus dem Speisesaal nun endgültig ihren Weg nach oben gefunden hatten.

»Ach du verdammte Scheiße!«, hörte er Robert Bauer hinter sich fluchen.

Noch immer hatte er den an dem Balken hängenden Studenten nicht erkannt. Dessen Kopf hing nach vorne, sodass man nicht das Gesicht, sondern nur den Haarschopf des Opfers sehen konnte. Dann erst wurde Nau bewusst, dass das Haar nicht blond war, es sich bei dem Toten also sicherlich nicht um Timo Brettschneider handelte. Erleichtert, aber dennoch mit versteinerter Miene, drehte er sich zu der Personengruppe hinter sich um. Fast schüchtern stand Timo an deren Rand und schaute den Kommissar verstohlen an. Gisbert war soeben in seiner Panik glatt an ihm vorbeigelaufen und hatte ihn überhaupt nicht wahrgenommen.

Er stand da und musste immer noch ein wenig um sein Gleichgewicht kämpfen, während es in seinem Gesicht arbeitete. Ihm gelang es nach einer Weile, Timo nicht mehr anzuschauen, und seine Freude, dass es sich bei dem Toten wenigstens nicht um seinen geheimen Vertrauten handelte, nicht offen nach außen zu tragen.

Danach wendete er sich wieder dem Erhängten zu und betrachtete ihn etwas genauer. Wie ein Suchbild schaute er sich den gesamten Schauplatz des offensichtlichen Suizids an, sein Hauptinteresse galt aber dem jungen Mann. Nach einigen kurzen Momenten hatte er verstanden, um wen es sich handelte, denn ihm fiel der auffällig glitzernde Ring auf, den der junge Mann an seinem linken Ohr trug. Für einige Sekundenbruchteile musste Nau die imaginäre Liste in seinem Gedächtnis durchgehen, um ihm den richtigen Namen zuzuordnen. Bei dem Toten handelte es sich um den 23-jährigen Jurastudenten Matthias Riedel.

Er vergewisserte sich kurz, dass der junge Mann tatsächlich tot war, dann nahm er sein Handy und rief Reckmann im Büro an, der seinerseits die diversen Einsatzkräfte in Marsch setzte.

»Wollen Sie ihn nicht herunternehmen?«, fragte Voss, der auch aufgetaucht war, in vorwurfsvollem Tonfall.

»Das ist nicht meine Aufgabe«, antwortete Nau, ohne ihn dabei anzuschauen. »Aber wenn es ihn wieder lebendig machte, dann würde ich es tun. Ihn herunter zu nehmen, ist Sache der Kollegen, die ich gerade herbeigerufen habe.«

»Es wird eben darauf geachtet, dass keinerlei Spuren verwischt werden«, sagte Weigel neunmalklug. Vermutlich meinte er, etwas sagen zu müssen, weil er sich als einer der Älteren dazu berufen fühlte. Als er realisierte, dass niemand nach einer Expertise von ihm verlangte, zog er sich verschüchtert in die zweite Reihe zurück. Er kam zufällig direkt neben Timo Brettschneider zum Stehen, und Nau sah seinem fast noch jugendlichen Verbündeten an, dass ihm dieser Umstand nicht sonderlich angenehm war.

»Nun haben wir also noch einen Selbstmord, der zu den beiden bisherigen Toten hinzukommt«, erhob der Kommissar seine Stimme. Die Augen der zwölf anwesenden Studenten bewegten sich zwischen ihm und dem Erhängten hin und her. Lediglich zwei der Hausbewohner fehlten.

Er ließ sich die Namen der beiden nennen.

»Ich hoffe, dies ist Ihnen allen eine Lehre«, sprach Nau weiter. »Eigentlich war ich gekommen, um weiteren Todesfällen vorzubeugen, aber da war ich wohl wenig erfolgreich. Matthias ist nun bereits der Dritte, der in dieser Angelegenheit mit seinem Leben bezahlt hat. Wir werden ab sofort deutlich härter durchgreifen!«

Der Kommissar begab sich mit seiner Aussage auf einen riskanten Weg, denn im Grunde hatte er noch immer keine Ahnung, worum es in diesem seltsamen Fall eigentlich ging. Aus dieser Position heraus derartige Drohungen auszustoßen, war daher reichlich gewagt. Nau war sich dessen zwar bewusst, aber er sah gegenwärtig keinen anderen Handlungsspielraum, als den Studenten so etwas wie Autorität zumindest vorzuspielen.

»Ich rufe alle noch einmal ausdrücklich dazu auf, auf uns zuzukommen und uns in die Hintergründe für diese Serie von Todesfällen einzuweihen. Wir werden alle Aussagen, so es denn gewünscht sein sollte und vor dem Gesetz vertretbar ist, streng vertraulich behandeln.«

Nau schluckte. Er war sich natürlich bewusst, dass das soeben Gesagte so etwas wie ein offenes Eingeständnis darstellte, dass sie im Grunde noch völlig im Dunkeln tappten, aber er vermochte sich nicht mehr anders zu helfen.

»Sagen Sie mir etwas zu seinen Eltern: Wo leben sie und wo können wir sie erreichen?«

»Fragen Sie mich nicht nach den Vornamen, aber ich führe Dateien über unsere Mitbewohner. Wenn ich gleich kurz in mein Zimmer gehe, kann ich sie Ihnen überlassen«, meinte Voss. »Jedenfalls wohnen sie nicht weit entfernt in Wetzlar oder Gießen. Ich schlage es nach und händige Ihnen die entsprechenden Unterlagen aus.«

Nau nickte dies ab. Dann besann er sich auf seine normalen Aufgaben als Polizeibeamter, und die lagen zunächst einmal darin, den Tatort zu sichern, damit die demnächst eintreffenden Kollegen ein möglichst unberührtes Feld vorfanden, auf dem sie ihre Ermittlungen beginnen konnten.

»Ich muss Sie nun alle bitten, bis zum Eintreffen meiner Kollegen zunächst einmal Ihre Zimmer aufzusuchen und diese vorerst möglichst nicht mehr zu verlassen, bis wir Sie ansprechen. Dies dient Ihrer eigenen Sicherheit und vor allem einer zügigen, ungestörten Ermittlungsarbeit.«

»Das kann doch nicht Ihr Ernst sein«, empörte sich der kurzhaarige Joachim, den Nau aus der Fuchsstunde kannte. »Früher oder später müssen wir alle in unsere Vorlesungen.«

»Die sind mindestens für heute gestrichen«, erklärte der Kommissar kategorisch und setzte dazu eine entschlossene Miene auf. »Die Zeiten, in denen wir Geschenke verteilt haben, weil wir hofften, dass Sie alle im Guten mit uns zusammenarbeiten, sind nun endgültig vorbei!«

Frustriert zogen sie alle, gleich einem stillen Trauerzug, ab in ihre Zimmer. Einige von ihnen warfen zuvor erst noch einmal einen kurzen verstohlenen Blick auf ihren toten Kameraden und machten sich dann auf den Weg. Als alle verschwunden waren, holte Nau seinen Hund aus dem Raum im zweiten Stock und bezog mit ihm vor dem Unglückszimmer Matthias Riedels Stellung. Etwa eine halbe Stunde später trafen die ersten Kollegen ein.

Reichlich verschlafen tauchte Löwenstein gegen zehn in dem Verbindungshaus auf. Da er bis in die frühen Morgenstunden zusammen mit dem Kollegen Recknagel in Notfallbereitschaft gewesen war, hatte er nur gut eine Stunde geschlafen.

Nau und Reckmann hatten ihn bewusst bis halb zehn in Ruhe gelassen, aber dann rief ihn der Anzugträger an, um ihn zu wecken. Nun kam er in dem Flur vor dem Zimmer Matthias Riedels an und begrüßte seine beiden nicht ganz so übernächtigten Kollegen per Handschlag. Sogleich schaute er durch die Tür in das Zimmer des unglückseligen jungen Mannes, den Frau Wenzel und ihre Kollegen zwischenzeitlich hinuntergenommen und in einen Zinksarg gelegt hatten, der aber noch offen stand. Der etwas aufgedunsene Kopf der Leiche zeigte die typische Blaufärbung, die aber nicht allzu drastisch ausfiel.

»Der junge Riedel«, sagte er nachdenklich. »Den hatte ich nun wirklich nicht auf der Rechnung.«

»Ja«, bestätigte Nau. »Er war bislang völlig unauffällig.«

»Ich muss wieder los, den Nächsten in die Mangel nehmen!«, meinte Reckmann und verschwand hinter einer Zimmertür in der Nähe. Dies veranlasste Löwenstein dazu, seine Stirn in Falten zu legen und Nau fragend anzuschauen.

Der musste kurz lächeln und erklärte dem Neuankömmling die gegenwärtige Aufgabenstellung.

»Wir unterziehen alle Studenten einem möglichst ausführlichen Verhör. Wir haben dafür die Zimmer hier im obersten Stock für ein paar Stunden als unsere kurzzeitigen Büros übernommen. Drei haben wir bereits befragt, und in dem Zimmer, in dem Reckmann gerade verschwunden ist, wartet der Nächste.«

»Warum haben Sie nicht …?«, setzte der Mann mit dem Dreitagebart zu einer Frage an.

»Warum wir nicht in einige der Gemeinschaftszimmer gegangen sind? Das hat rein praktische Gründe, denn diese sind allesamt nicht hier im obersten Stockwerk. So ist die Nähe zu den Pathologen wie auch zum Team der Spurensuche gegeben, das allerdings in dem Zimmer des Toten bereits fertig ist. Sie untersuchen nach und nach die Zimmer der Studenten nach Auffälligkeiten. Zu diesem Zweck haben wir die Studenten angewiesen, ihre Privaträume zu verlassen, damit wir uns diese in Ruhe anschauen können. Im Übrigen haben wir sie einzeln in ihren Zimmern mit dieser Nachricht überrascht. Jeder musste sofort den Kollegen Folge leisten und das Zimmer verlassen. Davor wurden sie jeweils noch eingehend untersucht, damit niemand von ihnen etwaiges belastendes Material an den Kollegen vorbeischleusen konnte.«

»Ist das nicht sehr aufwändig?«, kam die berechtigte Rückfrage.

»Das können Sie laut sagen, aber wir müssen endlich reinen Tisch machen. Entsprechend zahlreich ist deshalb auch der Trupp der Spurensicherung. Ich bin nicht allzu hoffnungsvoll, aber vielleicht findet sich dennoch irgendein Detail, das uns bei der Klärung des Falls weiterhilft.«

»Immerhin haben wir ja die Reste von Hautzellen unter Professor Nebelings Fingernägeln. Vielleicht gelingt es den Spurensuchern, DNA-fähiges Material zu nehmen, das man mit der bestehenden Probe abgleichen kann«, meinte Peter Löwenstein und schaute den Kommissar mit einem Blick an, der ihm eine gewisse Zuversicht signalisieren sollte.

»Das wäre natürlich ein Erfolg. Ich habe die Leute allerdings auch angewiesen, es mir zu melden, wenn sie ungewöhnliche Notizen oder andere auffällige Dinge bemerken. Ich arbeite also in den nächsten Stunden primär mit den Spurensuchern zusammen, während Sie sich mit Reckmann bitte auf die Gespräche mit den Studenten konzentrieren.«

»Und was sagen die Pathologen zu dem Toten? Gibt es da irgendwelche Besonderheiten?«

»Sieht alles nach einem klassischen Suizid aus«, meinte Gisbert Nau, und in seinen Blick mischte sich so etwas wie leichte Verbitterung. »Frau Wenzel sprach von ›vitalem Erhängen‹, was bedeutet, dass der Tote bis zur Tat noch gelebt hat. Der Laborbericht muss das aber noch bestätigen. Ferner hat er sich in die Zunge gebissen, und es kam auch zu leichtem Urinabgang.«

»Sicher kein schöner Tod!«, meinte Löwenstein und schluckte.

»Vielleicht hätte ich etwas tun können, statt mich nachts in der dunklen Höhle herumzudrücken! Vielleicht wäre der junge Mann noch am Leben, wenn ich mich mehr auf klärende Gespräche mit den Studenten konzentriert hätte.«

»Das glaube ich kaum«, entgegnete Löwenstein. »Wie kam es denn zu der Blaufärbung des Gesichts?«

»Frau Wenzel hat mir bereits erklärt, dass diese noch äußerst gering ausgefallen ist. Somit ist davon auszugehen, dass er frei hing und nicht etwa abgestützt wurde, sonst wäre die Färbung wesentlich ausgeprägter. Es verhält sich grundsätzlich so, dass durch das Körpergewicht sowohl die venöse Blutabfuhr als auch die arterielle Blutzufuhr gestoppt werden. Übrigens waren seine Hände oder sonstigen Gliedmaßen nicht geknebelt, und ein umgekippter Stuhl lag neben ihm. Alles spricht also für einen Suizid!«

»Besser, wir vertiefen das Thema nicht weiter! Da kann einem ja ganz anders werden.« Löwenstein winkte ab und deutete dann auf die Tür, hinter der Reckmann verschwunden war. »Ich beteilige mich dann jetzt an den Verhören. Sollen wir die Leute zu zweit ins Kreuzverhör nehmen, oder halten Sie es für besser, wenn sich jeder immer einen allein vornimmt?«

»Wenn sich im Einzelgespräch einer von ihnen als verdächtig erweist, möchte ich bei einem späteren Kreuzverhör gerne dabei sein«, meinte der Kommissar. »Zunächst werden also möglichst tief gehende Gespräche mit den einzelnen Personen wohl das Beste sein. Außerdem kommen wir so auch etwas zügiger voran.«

»Wir haben noch gar nicht über Ihr Abenteuer in dem geheimnisvollen Gang gesprochen«, merkte Löwenstein noch schnell an, aber da hatte sich Nau bereits auf den Weg in den dritten Stock gemacht, um mit den Mitarbeitern der Spurensicherung zu sprechen oder zumindest für sie erreichbar zu sein.

»Lassen Sie uns später darüber reden«, hörte Löwenstein seinen Vorgesetzten noch sagen, als dieser bereits auf der Treppe verschwand. Kurz darauf vernahm er ein kurzes Schnalzgeräusch, das ebenfalls aus Naus Mund gekommen sein musste. Pepper, der für eine Weile in dem Flur geschlafen hatte, raffte sich auf und lief ihm hinterher.

Im Verlauf des Vormittags arbeiteten die Beamten die gestellten Vorgaben ab und hatten bis etwa ein Uhr immerhin mit jedem der Studenten gesprochen. Nau hielt sich überwiegend bei dem Trupp der Spurensicherung auf. Wann immer einer von ihnen etwas Interessantes entdeckt zu haben glaubte, rief er den Kommissar zu sich und zeigte ihm das jeweilige Objekt. Zwischendurch fand Nau aber auch immer wieder Zeit, den Verhören der beiden Kollegen beizuwohnen, wenngleich er selbst keine durchführte. Er musste stets in der Lage sein, zu den Mitarbeitern der Spurensicherung zu eilen, um deren neueste Entdeckungen zu begutachten. Auf diese Art und Weise kristallisierte sich so etwas wie ein Stimmungsbild innerhalb der Burschenschaft heraus, und auch der eine oder andere in den Zimmern gemachte Fund ließ zumindest kurzzeitig aufhorchen.

Andererseits setzte sich im Verlauf der Untersuchungen zunehmend die frustrierende Erkenntnis durch, dass sich die Studenten in den Verhören keinerlei Blöße gaben. Keiner von ihnen knickte ein und erzählte etwas wirklich Gehaltvolles. Ebenso wenig fand man in den Zimmern irgendetwas, das zu einem Durchbruch in den Ermittlungen geführt hätte.

Als Oliver Voss an die Reihe kam, machte er mit Nachdruck seinem Unmut über die Behandlung Luft. Ohne dabei ausfallend zu werden und mit dem ihm eigenen rhetorischen Geschick legte er Reckmann seine Position dar. Er sagte, er fände es ungeheuerlich, wie die Persönlichkeitsrechte der Studenten missachtet würden, und betonte, dass die Beamten sicherlich keine rechtliche Handhabe für ihre Aktion hätten.

Schon bald sah Ludwig Reckmann ein, dass er mit seinen Fragen bei dem Erstchargierten auf Granit stieß. Was immer er ihn auch fragte, der Student fand stets Wege, sich um eine Beantwortung der Fragen herumzuwinden. Mehr als Allgemeinplätze und fast druckreif wirkende idealisierende Floskeln über ihre Gemeinschaft ließ er sich nicht entlocken.

Um Punkt ein Uhr entwickelte sich in den unteren Etagen kurzer Applaus, und Rufe der Zustimmung waren bis nach oben unter das Dach zu hören. Nau stand gerade in dem Zimmer, in dem sie die Leiche Matthias Riedels gefunden hatten. Die Gerichtsmediziner waren schon vor Stunden wieder abgezogen und hatten als makabre Fracht den Zinksarg mit den Überresten des Studenten mitgenommen.

Nau hatte sich hierher begeben, um noch einmal das Zimmer des Toten auf sich wirken zu lassen. Nun stand er da und versuchte angestrengt, die Klänge aus dem unteren Stockwerk einzuordnen.

Bis auf diejenigen Studenten, die gerade verhört wurden, hatten sie alle entgegen der Absprache ihre Aufenthaltsräume verlassen und in der Eingangshalle die Ankunft dreier Männer abgewartet. Nun kamen alle gemeinsam die Treppe hinauf. Es würde noch eine ganze Weile dauern, bis sie in der obersten Etage bei Nau angekommen waren. Der war hinaus in das Treppenhaus gegangen und erkannte schon nach kurzer Zeit die pechschwarze Haarpracht des Fechtmeisters Gregorian von Battenberg.

Nau stand am Geländer und schaute in das Treppenhaus hinunter. Nach seinen Erfahrungen mit dem arrogant wirkenden Mann während des Fechtunterrichts, hätte er sich wohl jeden Besucher mehr gewünscht als diesen *Alten Herrn*. Reckmann und Löwenstein kamen mit den gerade von ihnen verhörten Studenten aus ihren Zimmern heraus und gesellten sich zu dem Kommissar an das Treppengeländer, während die beiden Studenten ihren Kommilitonen entgegengingen.

Mit einem Mal riss Reckmann neben Nau die Augen auf und stieß einen leisen Fluch aus.

»Das ist Staatsanwalt Friedhelm Jakobus, leider ein ganz harter, staubtrockener Knochen«, raunte er seinen Kollegen zu.

»Ich habe das Gefühl, wir sehen beide unsere meistgehassten Bekanntschaften wieder«, zischte Nau zurück. »Der Schwarzhaarige ist von Battenberg, der Fechtlehrer.«

»Das kann nichts Gutes bedeuten«, ergänzte Löwenstein leise. »Aber wer ist der Dritte?«

»Ich weiß es auch nicht«, murmelte Reckmann. »Ich kann mir aber denken, was die hier wollen. Wenn ich mit der Staatsanwaltschaft zu tun habe, wende ich mich immer an die Kollegen von Jakobus und versuche, jeden Kontakt mit diesem Paragrafenreiter zu vermeiden.«

»Leise!«, raunte Nau ein letztes Mal, weil die drei Männer mit den Studenten in ihrem Gefolge rasch näherkamen.

Reckmann und seine Kollegen fanden die Situation gleichermaßen bedrückend. Eine Menschenmenge von fast 20 Personen auf sich zukommen zu sehen, hatte schon etwas Beängstigendes. Heimlich löste der Anzugträger die Lederschnalle, welche seine Dienstwaffe im Halfter hielt. Er schaute, ohne den Kopf von dem vermeintlichen Mob abzuwenden, im Augenwinkel hinüber zu Löwenstein. Auch der schien um eine schnelle Erreichbarkeit seiner Waffe bemüht. Einzig Nau regte sich nicht und wollte wohl der Menschenmenge unbewaffnet gegenübertreten.

»Hallo, meine Herren«, begrüßte er sie, als sie um die letzte Biegung kamen und somit nur noch etwa ein Dutzend Stufen vor sich hatten. »Was können wir für Sie tun?«

Mit festem Blick schaute er den Leuten entgegen. Auch er konnte sich den Versuch der Lynchjustiz in dieser Situation durchaus vorstellen, aber er ließ sich nichts anmerken. Zu viel Ungewöhnliches hatte er im Verlauf der Ermittlungen bereits erlebt, als dass er eine solche Möglichkeit gänzlich von der Hand weisen konnte.

Die Schritte der vielen Menschen hatten einen enormen Geräuschpegel im Treppenhaus erzeugt, sodass nun auch die Mitarbeiter der Spurensicherung ihre Köpfe aus den Türen streckten und sich darüber wunderten, welchen Aufmarsch sie gerade erlebten.

»Wir sind gekommen, um dieser Hexenjagd ein für alle Mal Einhalt zu gebieten!«, sagte der dritte Mann, den sie nicht kannten, während der Aufstieg auf den letzten Metern der Treppe zum Stillstand kam. Der grau melierte Herr war der Gruppe voran marschiert und hatte eine aufrechte, fast militärisch wirkende Haltung. »Wir, eine Abordnung der Alten Herren dieser studentischen Verbindung, fordern Sie hiermit auf, unser Haus umgehend zu verlassen.«

»Das können und werden wir sicher nicht!«, sagte Nau mit entschlossener Stimme. »Wir haben hier drei Todesfälle aufzuklären und denken nicht daran, nach noch nicht einmal zur Hälfte erledigter Arbeit einfach die Segel zu streichen!«

»Das werden Sie müssen«, rief ihm Jakobus mit krächzender Stimme zu. »Ich halte hier ein offizielles Schreiben der Staatsanwaltschaft in Händen, das Ihnen eine Fortführung Ihrer unsäglichen Aktion untersagt. Etwaige Zuwiderhandlungen können sofort bestraft werden, vorbehaltlich einer rechtskräftigen Amtsenthebung!«

Nau und seine Kollegen schluckten. Das war wie ein Schlag in den Magen! Wenn sie sich sträubten und weiter an ihren Ermittlungen festhielten, konnte sie das unter Umständen sogar ihren Job kosten. Zwar war die Aktion des Staatsanwalts vermutlich anfechtbar, aber bis sie wieder in das Haus gelangten, würden die Studenten mehr als genug Zeit haben, eventuell belastendes Material in aller Ruhe zu beseitigen.

»Zuvor von Kollegen erteilte Untersuchungsbefehle und sonstige Zusagen verlieren mit sofortiger Wirkung ihre Gültigkeit!«, ergänzte der Staatsanwalt noch.

Reckmann und Löwenstein hätten ebenfalls gerne etwas entgegnet, aber ihnen wurde gerade bewusst, wie weit der Einfluss der Burschenschaft offensichtlich reichte. Deutlich eingeschüchtert von den Worten des Staatsanwalts, standen sie einfach nur da und schwiegen.

»Würden Sie sich bitte vorstellen?«, fragte Nau höflich den dritten der Alten Herren.

»Das ist Herr Sebastian Kersting, dessen zahlreiche Unternehmen selbst Ihnen doch sicherlich ein Begriff sein sollten«, entgegnete von Battenberg in seiner gewohnt aggressiven Art.

Kerstings Industrieimperium umfasste zahlreiche Firmen und noch einmal mindestens ebenso viele Beteiligungen an weiteren Unternehmen aus fast allen nur erdenklichen Zweigen der Wirtschaft. Das Gesamtvolumen seiner Besitztümer musste wohl in die Hunderte von Millionen gehen.

Die drei Beamten sahen sich für den Augenblick einer solchen judikativen und monetären Macht gegenüber, dass es ratsam schien, zunächst einmal den Rückzug anzutreten.

»Ich kann Ihnen nur raten, Ihre Aktion sofort einzustellen«, sagte der recht smart wirkende Großindustrielle, und sein Blick suggerierte, dass er es sehr ernst meinte.

»Wollen Sie uns etwa drohen?«, fragte Nau dann auch folgerichtig und musste sehr daran arbeiten, seiner eigentlichen Meinung nicht noch stärkeren Ausdruck zu verleihen.

»Ich will Sie nur an die Begrenztheit Ihrer Möglichkeiten erinnern«, sagte der Millionär süffisant. »Sie sind in unsere kleine Welt eingedrungen, obwohl es dazu keinerlei Grund gibt. Sie werden also verstehen, dass wir solch ein Verhalten nicht gutheißen können! Packen Sie Ihre Sachen und verschwinden Sie, dann lassen wir alle gemeinsam Gras über die Angelegenheit wachsen. Wir sind weiterhin in der Lage, den Interessen unserer Verbindung nachzugehen, und Sie können immer noch Falschparker aufschreiben oder womit Sie sich sonst so beschäftigen!«

Die Worte des Industriellen waren von einer solchen Überheblichkeit geprägt, dass selbst der Gemütsmensch Peter Löwenstein die Fäuste in den Taschen ballte.

Der Wortwechsel dauerte noch ein paar Minuten an, aber letztlich ging es Nau nur noch darum, gesichtswahrend aus der ganzen Sache herauszukommen. Er war darum bemüht, einen geordneten Rückzug anzutreten. Die Ermittlungen hatten ohnehin nur wenig weiterführende Ergebnisse gebracht. Die Beamten hätten nur noch wenige Stunden in dem Verbindungshaus verbracht, bevor sie sich aus freien Stücken wieder zurückgezogen hätten.

Schon bevor die drei *Alten Herren* auftauchten, standen alle Zeichen auf einen baldigen Aufbruch. Was konnte Nau also besseres tun, als die drei und alle anderen Beteiligten in dem Glauben zu lassen, dass sie mit ihrer Aktion einen großen Erfolg erzielt hatten? Es dauerte nach der skurrilen Konfrontation keine zehn Minuten, bis alle Beamten das Verbindungshaus verlassen hatten.

13. KAPITEL

Gisbert Nau beugte sich mit der Gießkanne in der Hand hinunter zu dem kleinen Podest, auf dem ein Ficus stand, um ihn zu wässern. Es handelte sich um die einzige Grünpflanze in dem Büro der drei. Lediglich einen kleinen verdorrten Kaktus auf der Fensterbank hatte der Raum in dieser Hinsicht noch vorzuweisen. Obwohl er nicht viel Wasser brauchte, hatten sie es geschafft, ihn beinahe vertrocknen zu lassen.

Über welche Qualitäten sie auch sonst vielleicht verfügten, ein Grüner Daumen gehörte nicht dazu. Der Kommissar ging hinüber zum Fenster, um besagten Kaktus endgültig zu entsorgen.

Unterdessen hockte Löwenstein tief vor Naus Schreibtisch und befand sich etwa in Augenhöhe mit Peppers Kopf. Er betrachtete ihn eindringlich. Fast hätte man meinen können, der Polizist wollte den Hund beschwören. Er streichelte dessen Ohren und traf wohl eine kitzlige Stelle, denn der Golden Retriever jaulte kurz auf, rollte sich vergnügt auf den Rücken und zog seine Pfoten dabei an den Körper heran.

»Was hast du wohl gesehen?«, meinte Löwenstein grüblerisch und betrachtete weiterhin intensiv den Vierbeiner. Dabei fuhr er weiter durch sein Fell, was dem Hund sichtlich zu gefallen schien. »Wenn du doch nur reden könntest!«

Nau hatte endlich Gelegenheit gehabt, den Kollegen in

aller Ausführlichkeit von den Ereignissen in der Höhle zu berichten. Dabei verschwieg er selbstverständlich auch die Begebenheit nicht, als der Hund für längere Zeit in dem dunklen Loch verschwand.

»Sie müssen sich ja fast wie ein großer Entdecker gefühlt haben«, sagte Löwenstein mit schwärmerischem Unterton zu seinem Vorgesetzten.

»Ich habe in erster Linie die Angst gefühlt, ihn zu verlieren«, meinte Nau trocken und nahm allen Anflügen einer allzu romantischen Betrachtungsweise der Ereignisse von Anfang an den Wind aus den Segeln. »Zumindest war es so, als Pepper in dem dunklen Loch verschwunden war und partout nicht zurückzukommen schien. Ich wäre fast wahnsinnig geworden.«

»Das kann ich mir allerdings vorstellen!«, entgegnete Löwenstein.

»Schade, dass die hölzerne Durchgangstür verschlossen war, wie Sie sagen«, brachte sich Reckmann in das Gespräch ein. »Ich hätte zu gern gewusst, was sich dahinter verbirgt.«

»Vielleicht haben wir ja bald Gelegenheit dazu«, sagte Nau und setzte sich wieder auf seinen Platz. »Haben Sie denn schon den Experten des Stadtbaudirektors erreicht?«

»Leider noch nicht«, antwortete Löwenstein, »aber wir bleiben dran!«

»Ich hatte eben schon die Kollegen aus Bayern wegen des Käufers des zweiten Messers am Apparat«, schaltete sich Reckmann wieder ein. »Der Mann will die spätere Tatwaffe schon vor etlichen Jahren verloren haben.«

»Wie lautet sein Hintergrund? Wissen wir diesbezüglich schon etwas?«, erkundigte sich der Kommissar und übernahm es, den Hund weiter zu streicheln, da sich der Kollege unterdessen auf seinen Platz gesetzt hatte.

»Der ist sauber«, sagte Reckmann. »Er ist Jäger. Zu diesem Zweck hat er wohl auch das Messer gebraucht. Ansonsten liegt nichts gegen ihn vor.«

»Haben die Kollegen etwas dazu gesagt, was er für einen Eindruck gemacht hat?«, fragte Löwenstein.

»Sie sind davon überzeugt, dass er mit dem Mord nichts zu tun hat. Er war wohl sehr hilfsbereit und offen, machte nicht den Eindruck eines Mannes, der Leute mit einem Messer umbringt.«

»Erst recht nicht, wenn die Morde Hunderte von Kilometern entfernt passiert sind«, fügte Nau hinzu. »Ich fürchte, es ist wohl davon auszugehen, dass auch diese Mini-Spur im Sande verläuft.«

Löwenstein nahm diese Aussage des Kommissars zum Anlass, ein Blatt Papier aus seinem Notizblock zu reißen, es zu einer Kugel zu formen und mit einem harten Wurf gegen die große Wandkarte des Landkreises zu knallen. Erstaunt schaute Reckmann von seiner Akte auf und zu seinem Kollegen hinüber, von dem er derartige Wutausbrüche bisher nicht kannte.

»Irgendwann muss doch mal etwas Licht in dieses Dunkel zu bringen sein!«, rief dieser ungeduldig aus und fuhr mit den Händen durch sein langsam schon lichter werdendes braunes Haar.

Nau lächelte milde zu seinem Mitarbeiter hinüber.

»Ich schlage vor, Sie machen heute mal etwas früher Schluss, Sie sind ja noch übermüdeter als wir!«

»Danke«, sagte Löwenstein. »Mal sehen, sofern es die Tagesaktualität zulässt.«

»Ferner haben wir geklärt, wer Halter des Wagens auf

dem Foto ist, das Klosterkemper mit seiner mutmaßlichen Freundin auf dem Parkplatz beim Stadion zeigt«, berichtete Reckmann. »Ich meldete Ihnen ja bereits kurz, dass es sich um eine junge Frau namens Tatjana Schäfer aus Gießen handelt. Ich werde mich nun daransetzen, um herauszufinden, ob sie vielleicht noch andere Verbindungen zu dem Fall hat.«

»Es wäre ja beispielsweise eine Spur, wenn es sich um die Enkelin von Professor Nebeling handelte«, sagte Nau. »Es hieß zwar, dass diese in Darmstadt wohnt, aber dennoch könnte ihr Fahrzeug in Gießen gemeldet sein.«

»Gleich nach unserer Besprechung mache ich mich daran«, meinte Reckmann und zündete sich eine Zigarette an.

»Vermutlich gibt es keine neuen Erkenntnisse zu dem Koch Ewald Schneider?«, fragte der Kommissar.

»Nein, allerdings hatten wir ja zu seiner Person schon einiges zusammengetragen«, antwortete Reckmann. »Von seinem recht langen Vorstrafenkatalog hatte ich Ihnen ja auch bereits berichtet.«

»Alles klar. Lassen Sie uns aber dennoch bei ihm am Ball bleiben. Der hat mich so seltsam behandelt, dass ich einfach den Eindruck gewinnen musste, er hat in Bezug auf die drei Toten etwas zu verbergen. Ich kann mich natürlich auch täuschen, aber zumindest scheint er von irgendetwas zu wissen. Sonst hätte er nicht derart abweisend auf meine Versuche reagiert, mit ihm zu sprechen. Haben wir denn schon überprüft, ob er selbst Mitglied einer Verbindung war oder ist?«

»Das habe ich bereits untersucht, aber ich bin auf keine Hinweise dieser Art gestoßen«, vermeldete Reckmann. »Es hätte mich bei seinem sonstigen Werdegang auch sehr gewundert, wenn er irgendwann einmal Student gewesen wäre.«

»Ein Studium und eine Verbrecherkarriere schließen aber doch einander nicht aus. Er hat sich mir gegenüber allerdings auch sehr abfällig über die Elisabethaner geäußert«, meinte Nau.

»Was ist eigentlich mit den Veröffentlichungen Nebelings?«, wechselte Reckmann plötzlich das Thema.

»Drei seiner Bücher sind noch aktuell bei seinem Frankfurter Verlag geführt. Ich habe sie bestellt, und wir müssten sie morgen erhalten«, erklärte Löwenstein. »Die bereits vergriffenen Sachen gibt es wohl bei Online-Auktionen, ist ebenfalls in Arbeit!«

Nau hob den Daumen. Ein kurzes Schweigen nahm Löwenstein zum Anlass, erneut das Thema zu wechseln.

»Hoffentlich erhalten wir noch vor dem Wochenende eine Analyse von Frau Wenzel«, meinte er und schüttelte sich, denn er musste an den Anblick der Leiche denken. Erinnerungen an die Spuren des Stricks am Hals des Toten kamen wieder in ihm hoch. Auch die bläulichen Verfärbungen im Gesicht des Jungen hatten sich in Löwensteins Gedächtnis eingebrannt.

»Da wird wohl nicht mehr allzu viel kommen!«, meinte Nau. »Nach Aussage der Pathologin waren ja keinerlei Fremdeinwirkung oder sonstige Spuren an der Leiche zu entdecken. Außerdem haben wir bereits den ungefähren Todeszeitpunkt, welcher etwa bei sechs Uhr morgens liegt. Ich nehme nicht an, dass Frau Wenzel noch mit irgendwelchen Überraschungen aufwarten kann.«

»Das war mein erster Selbstmord«, sinnierte Löwenstein und schaute wie erstarrt vor sich hin. »Wenigstens habe ich ihn nicht mehr hängen sehen, sondern erst in dem Zinksarg. Das reicht dann aber auch für die nächsten Jahre, wenn Sie mich fragen!«

»Der Fund einer Selbstmordleiche ist immer ganz besonders frustrierend«, bestätigte der Kommissar. »Man neigt dazu, sich Vorwürfe zu machen, weil man denkt, man hätte demjenigen vielleicht doch noch helfen können. Andererseits stellt sich durchaus die Frage, was wir hätten anders machen können.«

»Der junge Matthias Riedel wäre auch bei einer anderen Handlungsweise unsererseits zu diesem Zeitpunkt nicht mehr am Leben«, meinte Reckmann. »So etwas war doch beim besten Willen nicht abzusehen.«

»Hat denn irgendjemand eine Idee«, fragte Nau, »was sein Motiv gewesen sein mag?«

»Nein, ich nicht. Wir müssen eben umfangreiche Nachforschungen anstellen. Vielleicht hatte er Spielschulden oder Liebeskummer, oder was auch immer sonst einen jungen Mann wie ihn in eine scheinbare Ausweglosigkeit treiben kann«, dachte Löwenstein laut nach.

Da auch Reckmann keine erhellenden Vorschläge zu machen hatte, blieb die Frage nach Riedels Motiv für den Suizid zunächst einmal unbeantwortet.

»Wir haben wohl auch nach wie vor keine Idee, womit genau wir es hier eigentlich zu tun haben«, sagte Löwenstein nach einer Weile der Stille. »Ich habe jedenfalls nicht die leiseste Ahnung, wie die Geschichten der drei Toten ein logisches Ganzes ergeben könnten.«

Nau schüttelte den Kopf. Zum einen, weil er sich nicht mit dem resignierenden Unterton in der Aussage des Kollegen abfinden konnte oder wollte. Zum anderen, weil es sich vielleicht nur um einen kleinen Funken der Inspiration handelte, dessen Ausbleiben sie noch von der

Lösung des Falles abhielt. Waren sie also noch meilenweit davon entfernt, oder war es nur noch ein kleiner Schritt? Fehlte einfach nur der eine entscheidende Hinweis, und alle offensichtlich so schwierig zusammenzufügenden Mosaiksteinchen ergaben fast von selbst ein schlüssiges Bild?

»Wir müssen einfach mal einige Schritte zurückgehen und das sich ergebende Bild als Ganzes betrachten. Parallel dazu dürfen wir aber auch unter keinen Umständen die vielleicht so wichtigen Details aus dem Blick verlieren«, sagte er, nachdem er seine Gedanken geordnet hatte. »Das bedeutet, nach wie vor jeder noch so kleinen Spur nachzugehen und alles mit der größtmöglichen Akribie festzuhalten. Gleichzeitig müssen wir aber auch danach trachten, aus den vielfältigen Eindrücken und Erkenntnissen die richtigen Schlüsse zu ziehen.«

»Das ist ja alles schön und gut«, meinte Reckmann, »aber was heißt das nun für unsere tägliche Arbeit?«

»Zunächst einmal bedeutet es«, antwortete Nau, »dass unsere vorläufige Bestandsaufnahme fürs Erste abgeschlossen ist, und Sie sich an die eben abgesprochenen Untersuchungen machen!«

Sofort begab sich Reckmann an die Aufgabe, den Wohnort der Fahrzeughalterin des roten Fiat Barchetta herauszufinden. Währenddessen bemühte sich Löwenstein um eine Kontaktaufnahme mit der Empfehlung des Stadtbaudirektors. Zudem versuchte er, die spärlichen Ergebnisse des Vormittags aus dem Verbindungshaus zusammenzufassen.

Gisbert Nau hingegen machte sich auf einen Spaziergang mit Pepper in der Nähe der Polizeidirektion. Er wollte einfach seinen Kopf freibekommen, um wieder klarer denken zu können. Nach und nach vertiefte er sich immer mehr in die Ermittlungen. Er analysierte und beurteilte, stellte Spekulationen an und verwarf diese sogleich wieder.

Welche Geheimnisse mochten sich wohl um den verborgenen Gang ranken? Sowohl das Loch, in welchem Pepper verschwand, als auch die schwere Holztür warfen viele Fragen auf, deren Beantwortung noch ausstand.

Er zermarterte sich den Kopf, in welchem Verhältnis Klosterkemper und der alte Nebeling wohl gestanden haben mochten. Immerhin hatte er bereits erfahren, dass die beiden mitunter deutlich vernehmlich miteinander gestritten hatten. Worum war es dabei gegangen und was hatte Matthias Riedel damit zu tun? Es konnte doch kein Zufall sein, dass sich der junge Mann ausgerechnet zu diesem Zeitpunkt so spektakulär das Leben nahm.

Nach einer Weile passierten sie die steile Straße ›Am Köppel‹ und kamen an den Rand eines Waldgebietes. Nau ließ den Hund laufen und atmete tief durch. Wie sehr sich doch die Qualität der Luft veränderte, wenn man sich nur ein Stück aus dem dicht bebauten Gebiet entfernt hatte!

Er saugte die von dem satten Grün gefilterte Luft tief in seine Lungen ein, und ihn durchfloss ein belebendes Wohlgefühl. Leider wirkte sich dies nicht auf die Klarheit seiner Gedanken aus. Noch immer schienen die einzelnen Aspekte des Falles zusammenhangslos vor seinem geistigen Auge zu liegen und einfach keinen einleuchtenden Sinn zu ergeben. Was um alles in der Welt war nur das kleine Detail, welches alles in einem anderen Licht erscheinen lassen würde? Langsam verlor er allerdings die Hoffnung, dass eine solche Kleinigkeit überhaupt existierte.

Nau dachte ebenfalls darüber nach, warum die *Alten Herren* einen so spektakulären Auftritt in dem Verbindungshaus inszeniert hatten. Sie mussten doch etwas Wesentliches zu verbergen haben, oder weshalb sonst unternahmen sie mit der kleinen Machtdemonstration den Versuch, die Beamten möglichst nachhaltig einzuschüchtern? In jedem Fall war es äußerst beeindruckend, wie weit der Einflussbereich der Burschenschaften offenbar ging.

Als er und Pepper zurück in das gemeinsame Büro kamen, vermeldete Löwenstein, dass Frau Wenzel zwischenzeitlich angerufen hatte.

»Im Wesentlichen hat sie eigentlich nur das bestätigt, was sie uns auch schon nach der ersten oberflächlichen Untersuchung im Verbindungshaus gesagt hat«, las der Kollege von seinem Notizblock ab. »Beim Sezieren der Leiche haben sie außerdem sogenannte ›Simon-Blutungen‹ in den Zwischenwirbeln der Lendenwirbelsäule gefunden. Diese sollen wohl ein Zeichen für ein ›vitales Erhängen‹ sein, das Frau Wenzel ja schon vermutet hatte.«

»Er war also nicht schon vorher tot«, meinte Nau. »Wir müssen uns übrigens nicht grämen, dass sich keine großartigen Erkenntnisse ergeben haben. Ich hatte nichts anderes erwartet!«

»Wir haben es also auf jeden Fall mit einem Selbstmord zu tun«, fasste Löwenstein die Ergebnisse der Pathologin kurz zusammen. »Ferner hat sich herausgestellt, dass keine der im Verbindungshaus genommenen DNA-Proben von heute Vormittag mit jenen korrespondiert, die unter den Fingernägeln Nebelings entnommen wurden. Es gibt wie bei den bisherigen Leichen keinerlei Rückstände, die auf einen Täter schließen lassen.«

»Wie steht es mit dem Seil, mit dem sich Riedel erhängt hat?«, wollte Nau wissen.

»Erwartungsgemäß haben sich auch da keinerlei Besonderheiten ergeben«, erklärte Reckmann. »Es handelt sich um ein Seil, wie man es in jedem Baumarkt kaufen kann. Allerdings haben wir uns davon ja ohnehin keine größeren Aufschlüsse erwartet, da es sich bei diesem Todesfall ja offensichtlich um einen Selbstmord handelt.«

»Richtig«, meinte Nau, »im Grunde haben wir das Detail der Herkunft des Seils nur der Vollständigkeit halber hinterfragt. Wer weiß schließlich, ob einem zunächst unwichtig erscheinende Erkenntnisse letzten Endes nicht doch noch einmal weiterhelfen?«

»Mal etwas Positives: Wir haben für heute Nachmittag einen Termin bei Kim Reichert von der VEU, der Vereinigung zur Erforschung der Unterwelten«, sagte Reckmann.

»Schön, dass Sie den jungen Mann endlich erreicht haben!«, sagte Nau, und seine Miene hellte sich auf.

»Das ist auch unsere Ansicht«, antwortete Reckmann, der heimliche Blicke mit Löwenstein austauschte, welcher unauffällig in sich hineingrinste. Die beiden wussten zu diesem Zeitpunkt bereits wesentlich mehr über Kim Reichert als ihr Vorgesetzter.

Der alte Stadtbaudirektor hatte sich kürzlich einen Spaß um den Vornamen ›Kim‹ erlaubt, der mitunter irreführend sein konnte. Der Name gehörte keinem jungen Mann, sondern einer Frau, von der die beiden Kollegen dachten, dass sie vielleicht in Naus ›Beuteschema‹ passen könnte. Als Reckmann und Löwenstein herausgefunden hatten, dass es sich um eine Frau handelte, machten sie Fotos der durchaus attraktiven Dame im Internet ausfindig. So beschlossen sie, die kleine Scharade des Stadtbaudirektors weiterzuspinnen, bis sie sich am späten Nachmittag tatsächlich mit Frau Reichert in den Kasematten trafen. Immerhin bestand Hoffnung, dass sie ihren Vorgesetzten positiv überraschen konnten und er Gefallen an ihr finden würde. Nau ging nach wie vor davon aus, dass es sich um einen Mann handelte. Vermutlich erwartete man hinter dem eher gefährlich wirkenden Tätigkeitsfeld nicht unbedingt eine Frau.

»Reichert hat gesagt«, formulierte Löwenstein deshalb geschlechtsneutral, »dass wir in sportlicher Kleidung und festem Schuhwerk mit ordentlichem Profil erscheinen sollen. Anderes Equipment wie Helme, Lampen und auch Kletterseile werden uns zur Verfügung gestellt.«

»Sehr gut«, entgegnete der Kommissar. »Er hat demnach nicht nur einen besseren Spaziergang mit uns vor! Also haben Sie ihm die Lage richtig klargemacht! Genau so hatte ich mir das vorgestellt. Mit etwas Glück stoßen wir ja sogar auf die Tür von letzter Nacht, nur diesmal von der anderen Seite. Dann erfahren wir, wohin sie führt und welchen möglichen Nutzen oder auch strategischen Vorteil die Bewohner des Verbindungshauses von dem Gang haben.«

»Ja, wir sind auch schon gespannt«, bemerkte Reckmann vielsagend. »Vielleicht können wir dann zusammenbringen, was zusammengehört.«

»Aber das ist noch nicht alles!«, meinte Löwenstein, dessen anfängliche schlechte Laune sich zwischenzeitlich zusehends verbessert hatte. »Wir können auch in Bezug auf Klosterkempers Freundin mit neuen Erkenntnissen aufwarten.«

»Und da haben Sie bei meiner Ankunft solch ein Gesicht gezogen?«, sagte Nau. »Da sind wir doch auf ganz verschiedenen Ebenen ein gutes Stück weitergekommen. Lassen Sie mal hören!«

»Wir hatten ja ursprünglich gemutmaßt, dass es sich dabei vielleicht um die Enkelin Nebelings handeln könnte«, baute Ludwig Reckmann bewusst einen gewissen Spannungsbogen auf. »Damit lagen wir allerdings völlig falsch.«

»Vielmehr ist sie die Tochter von jemandem, der ebenfalls kein Unbekannter für uns ist«, erzählte Löwenstein und ließ eine Pause, um seinen Angaben noch größeres Gewicht zu verleihen.

Nau, der solchen Unterbrechungen absolut nichts abgewinnen konnte, machte eine gequälte Miene, die den beiden zeigen sollte, dass es besser war, den Spannungsbogen nicht zu überdehnen.

»Jaja. Wir lassen Sie nicht länger zappeln«, meinte Reckmann. »Bei der Halterin des Wagens handelt es sich um die Tochter des Betreuers Fritz Langner!«

Ein Ausdruck der Überraschung huschte über Naus Gesicht. Er konnte sich an den ehrgeizigen Mannschaftsbetreuer, seine große Stoppuhr, die er um den Hals trug und an seinen Trainingsanzug in den Vereinsfarben noch gut erinnern.

»Das heißt also mit anderen Worten: Frau Tatjana Schäfer ist oder war trotz ihres jugendlichen Alters bereits verheiratet. Oder ihre Mutter hat vor etlichen Jahren wieder geheiratet, und die Tochter den neuen Nachnamen ebenfalls angenommen. Anders lässt sich die Namensungleichheit mit ihrem Vater wohl nicht erklären«, überlegte der Kommissar.

»Richtig«, bestätigte Reckmann, »die junge Dame hat schon früh geheiratet, ist allerdings schon wieder geschieden, behielt aber den durch die Heirat erlangten Namen.«

»Na das ist doch mal eine Entwicklung, die gewisse Möglichkeiten eröffnet«, frohlockte Nau und dachte kurz nach. »Ludwig, Sie haben doch einen guten Draht zu Klosterkempers Mannschaftskameraden?«

»Andi Klein, ja«, antwortete Reckmann. »Ich nehme an, Sie wollen vorschlagen, dass Sie und Peter sich um den Vater kümmern, während ich mich noch einmal mit dem jungen Mann treffe?«

»Ich überlege noch. Immerhin wäre es ja auch fair und zielführend, sich mit der jungen Frau selbst zu treffen. Vielleicht ist es tatsächlich besser, zunächst einmal die beiden jungen Leute zu befragen«, dachte Nau abermals laut nach.

»Vermuten wir denn alle dasselbe?«, fragte Löwenstein nach. »Ich will nur, dass wir über das Gleiche reden: Wir denken doch alle, dass der Betreuer im Verdacht steht, Klosterkemper getötet zu haben, weil der etwas mit seiner Tochter hatte, sehe ich das richtig?«

»Da sind wir wohl einer Meinung«, sagte Reckmann. »Allerdings dürfte es schon sehr schwierig gewesen sein, solch eine Beziehung geheim zu halten! Besonders, wenn sie ihn auch noch regelmäßig vom Training abholt. Die hatten vielleicht Nerven!«

»Lassen Sie uns darüber nachdenken, wie wir uns am besten aufteilen«, meinte Nau. »Wie liegt denn unser Termin bei dem *Unterweltler*? Bekommen wir das zeitlich überhaupt noch alles unter, oder sollten wir besser gleich den morgigen Tag mit einplanen?«

»Es ist jetzt fast drei Uhr, und der Termin in den Kasematten ist um halb sechs«, antwortete Löwenstein. »Ich sehe da keine größeren Probleme, es sei denn, die Aktionen würden deutlich mehr Zeit in Anspruch nehmen, als jetzt abzusehen ist.«

»Ich würde also eine Dreiteilung vorschlagen, bei der jeder von uns eine der angesprochenen Personen trifft. Wir müssen versuchen, ihnen keine Gelegenheit zu geben, einander vorzuwarnen. Dies wäre wichtig, falls wir uns hiermit endlich wirklich auf einer heißen Spur befinden sollten. Deshalb ist es am besten, wenn wir zu unterschiedlichen Zeitpunkten hier losfahren. Der Betreuer wohnt direkt in Marburg, der Mannschaftskamerad in dem kleinen Vorort Dreihausen und Frau Schäfer in Gießen. Es gibt daher deutliche Unterschiede in der Anfahrtslänge. Wir sprechen also einen Zeitpunkt ab, an dem wir unsere jeweiligen Personen kontaktieren.«

»Das Timing wird sicher kein Problem darstellen«, antwortete Löwenstein auf die langen Ausführungen seines Chefs. »Vielmehr bereitet mir Sorge, dass wir vielleicht nicht alle drei antreffen.«

»Ein guter Einwand«, meinte Nau, »aber wir kennen ja die Trainingszeiten, von denen immerhin zwei der drei Personen betroffen sind. Meines Wissens steht für heute Nachmittag kein Training an, sodass wir zumindest in dieser Hinsicht eine gewisse Absicherung in unserer Planung haben. Wenn wir doch nicht alle drei antreffen, haben wir eben Pech gehabt. Wir müssen einfach schauen, dass wir vorankommen.«

»Wie wahrscheinlich ist es denn, dass Langner den jungen Klosterkemper umbringt, weil der etwas mit seiner Tochter hat?«, meinte Löwenstein. »Ermitteln wir neuerdings in einem Shakespeare-Drama? Ich kann es mir kaum vorstellen!«

»Immerhin ist es eine Spur, der wir nachgehen müssen«, entgegnete Reckmann »Nicht auszudenken, die Sachlage wäre tatsächlich so, und wir würden den Dingen nicht auf den Grund gehen!«

»Haben wir alle Adressen?«, fragte Nau.

»Die habe ich gerade in dreifacher Ausfertigung ausgedruckt«, sagte Reckmann und deutete auf das Gerät, welches auf einem Tisch an der Wand stand. Es hatte soeben einen Druckvorgang beendet.

»Ich versuche es bei dem Betreuer«, sagte Nau zu Löwenstein. »Übernehmen Sie bitte die junge Frau!«

Eine gute halbe Stunde später befand sich der Kommissar vor der Wohnung des Mannschaftsbetreuers in Marburgs Frankfurter Straße und schaute auf seine Uhr. Er musste verabredungsgemäß noch einige Augenblicke warten, bis er den Klingelknopf betätigen konnte, damit sie alle wirklich zeitgleich vorstellig wurden.

Hinter seinem Rücken brausten zahlreiche Fahrzeuge durch die stark frequentierte Straße. Zum Glück hatte er ohne größere Probleme einen freien Parkplatz vor einem kleinen Friseurladen ergattern können. Von dort waren es nur noch ein paar Gehminuten bis zu seinem gegenwärtigen Standort.

Ein weiterer Blick zur Uhr. Es war soweit, er konnte es versuchen. Gespannt wartete er, ob seiner Bitte um Einlass stattgegeben wurde. Es handelte sich um ein Mehrfamilienhaus mit vier Einheiten, das nach langen Jahren der offensichtlichen Vernachlässigung wieder einmal dringend einer Renovierung bedurft hätte.

Nach etwa 20 endlos scheinenden Sekunden brummte laut vernehmlich der elektrische Türöffner. Nau trat ein und fand sich in einem überraschend gepflegten Treppenhaus wieder. Schon nach wenigen Stufen konnte er bereits seinen kleinen Aufstieg abbrechen, denn er befand sich vor der Wohnungstür Langners, die sich just in jenem Moment öffnete, als Nau anklopfen wollte, um sich erneut bemerkbar zu machen. Vor ihm stand der Betreuer, und seine Kleidung hatte sich im Vergleich zu ihrer ersten Begegnung kaum verändert. Der Mann trug wieder seinen Trainingsanzug, den er schon vor ein paar Tagen angehabt hatte. Lediglich die große Stoppuhr, die er an einer Kette um den Hals getragen hatte, fehlte diesmal.

Langner selbst schien sich allerdings verändert zu haben. Das Oberteil seines Trainingsanzugs stand dieses Mal weit offen und ließ deutliche Einblicke auf sein gräulich schwarzes Brusthaar zu. Er trug statt Sportschuhen Pantoffeln, und sein Haar sah an diesem Tag deutlich grauer und zerzauster aus als auf dem Trainingsplatz. All dies trug dazu bei, dass er dem Kommissar mindestens ein ganzes Jahrzehnt älter vorkam.

Alles, was Langner noch auf dem Trainingsplatz an Sportlichkeit und Dynamik ausstrahlte, schien mit einem Mal wie fortgeblasen.

»Ich wollte Sie nicht stören«, entschuldigte sich Nau. »Ich habe Sie wohl geweckt?«

»Ich habe nur ein kurzes Nickerchen gemacht«, entgegnete er, »wollte sowieso gleich noch einkaufen gehen. Ist noch etwas wegen Marvin unklar?«

»So kann man es sagen«, erklärte Nau und folgte dem Betreuer in die kleine Wohnung, in der man roch, dass wohl auch einige Haustiere hier lebten. Nicht, dass dem Kommissar ein wirklich unangenehmer, penetranter Geruch in die Nase gestiegen wäre, aber dennoch ließ sich die Anwesenheit einiger vierbeiniger Mitbewohner nicht leugnen. Und richtig, als Nau nach ihm in das etwas überladen wirkende Wohnzimmer eintrat, zeugte ein Kratzbaum von der Existenz mindestens einer Katze.

»Wollen Sie auch ein Bierchen?«, fragte der Mann, den Nau nach seinen neuesten Erkenntnissen mittlerweile auf ein Alter von etwa 50 Jahren schätzte.

»Nein danke«, meinte Nau und winkte lächelnd ab. »Dafür ist es mir doch noch ein wenig zu früh, außerdem bin ich im Dienst, aber trinken *Sie* ruhig!«

»Es ist ebenfalls noch nicht meine Zeit!«, betonte Fritz Langner und ließ sich auf seinem Sessel nieder, während er Nau mit einer kurzen Handbewegung einen anderen anbot. »Darf es denn vielleicht ein alkoholfreies Getränk sein?«

Abermals machte Nau eine ablehnende Geste, er wollte nun lieber zur Sache kommen.

»Sie haben Marvin sehr gemocht, oder?«, fragte er, um einen möglichst unverfänglichen Einstieg in die Diskussion bemüht.

»Wenn man selbst einmal gespielt hat«, meinte Langner und nickte zu einer alten Regalwand hinüber, auf der sich kleine Pokale und alte Schwarz-Weiß-Fotos befanden, »dann musste man einfach die Spielweise des Kerls lieben. Er hat Situationen schneller als andere erfasst und entsprechend agiert. Aus ihm hätte noch ein richtig Großer werden können.«

Nau sah, dass ihm die Erinnerung wehtat und sich ein feuchter Glanz in seine lebhaften Augen schlich.

»Wo waren Sie in der Nacht von letztem Sonntag auf Montag um etwa ein Uhr?«, ging Nau nun gleich in die Vollen und konnte beobachten, wie die Gesichtszüge des Mannes geradezu entgleisten.

»Brauche ich etwa ein Alibi?«, fragte er in seiner augenscheinlichen Überraschung, von der Nau noch nicht wusste, ob sie gespielt war. »Soll das heißen, Sie glauben, ich hätte etwas mit dem Mord an Marvin zu tun?«

Der Kommissar beobachtete die Reaktion Langners sehr genau. Der Betreuer tat fast so, als säße ihm ein Verrückter gegenüber. Handelte es sich um echte Empörung, oder spielte er Theater?

»Was bringt Sie denn auf das schmale Brett, wenn ich fragen darf?«, wollte er schnaubend wissen.

»Wussten Sie, dass Ihre Tochter Tatjana ein Verhältnis mit Marvin hatte?«, ließ Nau den nächsten großen Brocken heraus.

Der Mann schlug mit der rechten Faust auf die Lehne seines Sessels und schnappte nach Luft.

»Was? Das kann nicht Ihr Ernst sein, davon hätte sie mir doch etwas gesagt!«

»Sie behaupten also, Sie wussten nichts davon?«

»Nein, mit Sicherheit nicht. Oh, wenn ich ihn zu fassen kriege!«, sagte er, als sei Klosterkemper noch am Leben, und stutzte betroffen. Verzweifelt schaute er den Kommissar fragend an.

»Deswegen meinen Sie, ich hätte es getan?«

»Spätestens nach Ihrer Reaktion eben ist das ja auch nicht weiter verwunderlich«, sagte Nau mit verächtlichem Unterton, um ihn herauszufordern.

»Hören Sie, ich liebe meine Tatjana. Und Marvin war fast wie ein Sohn für mich«, sagte er mit einem Beben in der Stimme. »Da glauben Sie im Ernst, ich würde so etwas tun?«

»Warum bringt Sie das Thema dann derart in Rage?«, fragte der Kommissar.

Fritz Langner schwieg für einige Momente und starrte dabei sein Trophäenregal an. »Ich bin doch selbst so eine gescheiterte Existenz. Schauen Sie sich an, wie ich wohne. Auch wenn er vielleicht ein guter Student war: Meine Tochter soll es einmal besser treffen.«

»Sagten Sie zuvor nicht, er könne ein ganz Großer werden? Woher kommt Ihr plötzlicher Sinneswandel?«, hakte der Kommissar nach.

»Verwechseln Sie nicht sportlichen mit sonstigem Erfolg«, antwortete der Mann. »Vermutlich übertreibe ich in Bezug auf meine Tochter. Am liebsten hätte ich, wenn sie sich einen Millionär angeln würde. Vielleicht war ich mit meiner Aussage Marvin gegenüber zu kritisch. Neben sportlichen Erfolgen habe ich selbst wenig vorzuweisen, und mein Trophäenregal hat mich im Leben auch nicht viel weiter gebracht ...«

In der Zwischenzeit war eine getigerte Katze in dem Wohnzimmer erschienen und strich ihrem Herrchen um die Beine. Sobald diese ihm ihre Aufwartung machte, ließen sich noch zwei weitere Exemplare blicken, die um Langners Aufmerksamkeit heischten. Gut, dass ich Pepper wieder einmal im Büro gelassen habe!, dachte Nau bei sich und schmunzelte.

»Was mich vor allem enttäuscht, ist die Tatsache, dass mir die beiden nichts davon gesagt haben. Vielleicht habe ich ein wenig geklammert, ja. Aber welcher Vater lässt schon gerne seine Tochter ziehen?«

14. KAPITEL

Sie hatten sich am Zugang zu den Kasematten bei dem Schaukasten im unteren Vorhof des Schlosses verabredet. Wie eine Schanze ragte dort ein Stück Ummauerung einige Meter aus dem Boden empor und schien gleichsam im Erdreich zu versinken, zumal sie von oben her begrünt war. Mit viel Fantasie hätte man fast meinen können, ein überdimensionaler Maulwurf hätte sich an dieser Stelle in den Boden gegraben und das Mauersegment mitsamt der darin enthaltenen Zugangstür zu Marburgs Unterwelt aufgeworfen.

Diese Stelle machte einen unwirklichen Eindruck, bildete sie doch so etwas wie den Übergang von der realen überirdischen Welt in das Schattenreich der unterirdischen Kasematten.

Die drei Beamten hielten sich in der Nähe des Schaukastens auf, der einen Übersichtsplan der Befestigungsanlagen zeigte. Reckmann zog aufgeregt an einer Zigarette. Man sah ihm an, dass er auf die Aussicht, bald in die Tiefe zu müssen, liebend gern verzichtet hätte. Er trug ungewohnte Jeans, die ihm eigentlich sehr gut standen. Ohne Weiteres hätte er des Öfteren mal auf seine typischen Anzüge verzichten können, aber für ihn stellte die teure Designerkleidung einen Ausdruck von Professionalität dar.

Er berichtete gerade von seinem Treffen mit Andi Klein, dem muskulösen, aber wenig intellektuellen Mannschaftskameraden Marvin Klosterkempers.

»Alles in allem war es nur ein kurzes Gespräch«, erzählte er. »Klein sagt, die zwei, drei Mal, bei denen die Rede auf seine Tochter kam, etwa wenn es allgemein um familiäre Dinge ging, habe Langner schnell vom Thema abgelenkt. Es machte den Eindruck, als wollte er sie unter allen Umständen in Watte packen.«

»Gibt es denn keine Frau Langner mehr, oder weshalb zeigt er in Bezug auf seine Tochter eine derartige Reaktion?«, wollte Löwenstein wissen, der umsonst nach Gießen gefahren war. Ein Nachbar hatte erzählt, dass Frau Schäfer noch arbeitete. Die Arbeitsstelle war so weit entfernt, dass Löwenstein die junge Frau nicht mehr innerhalb des vorgegebenen Zeitrahmens aufsuchen konnte.

»Seine Frau ist wohl vor einigen Jahren sehr jung an Krebs gestorben«, sagte Nau mit ernster Miene.

»Nehmen Sie mir bitte mal etwas ab!«, hörten sie plötzlich eine weibliche Stimme hinter sich und fuhren herum.

Kim Reichert kam durch den Schlosspark auf sie zu, bepackt mit einigen Seilen und vier Helmen, die sie gerade so fassen konnte, ohne sie zu verlieren. Die hemdsärmelige blonde Frau trug einen schwarzen Neoprenanzug, darüber war sie mit einem Blaumann bekleidet. Außerdem trug sie schwere Sicherheitsschuhe, die an der sonst eher zart wirkenden Person eindeutig überdimensioniert schienen. Sie kam näher, und als sie den drei Männern die Hand gab, wippte ihr langer Pferdeschwanz mit. Nau beobachtete sie heimlich aus dem Augenwinkel, denn die Höhlenforscherin hatte sofort sein Interesse geweckt.

»Gisbert Nau«, stotterte der Kommissar als er an der Reihe war. »Sie sind … eine Frau … ich …«

»Und Sie sind ein Mann, richtig? Schön, dass Sie erkannt haben, dass ich eine Frau bin!«, sagte sie schlagfertig und schaute ihn unentwegt an, bis sich ihre Augen für einen langen, schönen Moment fanden.

»Meine Kollegen haben mir nicht … ich dachte wegen Ihres Vornamens, Sie seien ein *Mann*!«

»Da, nehmen Sie«, sagte die Frau zwinkernd und stieß ihm ein wenig unsanft den für ihn bestimmten Helm auf die Brust. »Mit Worten haben Sie es nicht so, was?«

Reckmann und Löwenstein gelang es nur mit Mühe, sich einen Kommentar oder ein Grinsen zu verkneifen. Hatten Sie wirklich den richtigen Riecher gehabt? Die beiden schienen einander auf Anhieb zu verstehen, wofür Frau Reicherts kleine Spitzen ein Indiz waren. Wortlos, aber mit einem irgendwie zufriedenen Lächeln setzte Nau seinen Helm auf.

»Sie haben sich also bei dem alten Stadtbaudirektor Ihre ersten Sporen verdient«, meinte Reckmann, während Nau sich beeilte, ihr einige der Seile abzunehmen.

»Ja, so kann man sagen!«, erwiderte sie kurz und lächelte Nau dankbar an.

Löwenstein betrachtete kritisch die mitgebrachten Helme, an deren Stirnseite jeweils eine Grubenlampe angebracht war. Er schaltete seine an, um die Funktion zu überprüfen. Wie fatal wäre es doch gewesen, plötzlich ohne funktionierende Lampen in diesem weitverzweigten System von düsteren Gängen zu stehen. Je näher der Einstieg kam, um so mehr Respekt vor der Sache stieg in ihm auf.

»Und Sie waren es, der sich schon einmal auf eigenes Risiko hier in die Höhlen begeben hat?«, fragte Frau Reichert Nau.

Er nickte und schaute sie beinahe wie ein Kind an, das sich darauf freute, bald ein Lob einzuheimsen.

»Sind Sie noch bei Trost?«, rief sie aus, und seine Miene verfinsterte sich. »Wissen Sie, was alles hätte passieren können?«

»Immerhin hatte ich zur Sicherheit meinen Hund dabei, er hätte uns notfalls herausbringen können!«, antwortete er unsicher.

»Und wo haben Sie ihn jetzt?«, fragte sie und schaute an ihm vorbei, als müsse der Vierbeiner jeden Moment auftauchen.

»Zu Hause gelassen. Ich wollte ihn nicht schon wieder einer solchen Gefahr aussetzen«, erwiderte er etwas kleinlaut.

»Na, Sie sind mir ja ein schöner Abenteurer!«, sagte sie ironisch und zog ihm den Kinnbügel des Helms zurecht. Ein Vorgang, den er auch genauso gut hätte selbst erledigen können, aber beiden wurde bei dieser kleinen Hilfestellung ein wenig warm ums Herz.

Augenscheinlich schien die Forscherin Naus Nähe zu suchen. Reckmann und Löwenstein tauschten verstohlene Blicke aus. Was immer sie gleich in den Kasematten erwartete, ihre Mission als Kuppler war offensichtlich auf einen guten Weg gebracht.

»Lassen Sie uns hineingehen«, sagte sie und begann mit einigen einfachen Dehnungs- und Lockerungsübungen. »Aber tun wir zuerst was für den Körper.«

»Ich dachte, wir gehen einfach hinein und später wieder hinaus«, meinte Reckmann mürrisch. »Wollen Sie uns erzählen, es ginge nicht ohne?«

»Wer sich mit mir auf eine derartige Erkundungstour begibt, hat sich vorher wenigstens ein bisschen warmzumachen«, erwiderte sie bestimmt. »Es wird gleich tausend Gelegenheiten geben, wo man sich zerren oder irgendetwas anderes schiefgehen kann. Gerade Sesselhocker wie Sie müssen sich also entsprechend vorbereiten, sonst können wir es auch gleich lassen! Wenn Ihnen dass nicht passt, müssen Sie sich eben jemand anderes suchen!«

Ludwig Reckmann gab sich geschlagen und versuchte eher widerwillig, alle Übungen nachzuahmen, die ihnen die Höhlenforscherin vorzeigte. Keiner der Männer stellte sich sonderlich geschickt an, aber insbesondere bei Löwenstein sah manche Bewegung doch ein wenig witzig aus. Seine mindestens 15 Kilo Übergewicht wirkten sich nicht gerade vorteilhaft aus, auch wenn sie im sonstigen Leben noch keine wirkliche Einschränkung für ihn mit sich brachten.

Nach ein paar Minuten schnauften alle drei beträchtlich, während ihre Führerin noch nicht einmal den Eindruck machte, sich überhaupt bewegt zu haben.

»Ich wäre dann jetzt warm!«, stöhnte Löwenstein, während ihm dicke Schweißtropfen auf der Stirn standen.

»Gut, übertreiben wir es nicht«, hatte Frau Reichert ein Einsehen. »Für den Anfang dürfte dies genügen.«

»Für den Anfang?«, wiederholte Reckmann stöhnend, während Nau, der versucht hatte, sich keine sportliche Blöße zu geben und alle Übungen möglichst richtig mitzumachen, es unterließ, zu sprechen, damit seine durch die Übungen entstandene Kurzatmigkeit verborgen blieb.

»Sie meinen vielleicht, es macht mir Spaß, Sie zu quälen«, erläuterte Kim Reichert, »aber wenn Sie gleich ohne Seitenstechen und andere Probleme bleiben, werden Sie es mir danken.«

»Das wird sich noch herausstellen«, konterte Reckmann sarkastisch und stemmte schnaufend seine Hände in die Hüften.

»Jeder nimmt ein Seil und setzt sich, so noch nicht geschehen, seinen Helm auf. Ich bin gerne dabei behilflich!«

Fast wünschte sich Nau, Pepper wäre nun doch zugegen gewesen. Über seinen Hund hatte er schon des Öfteren bei Frauen punkten können, aber andererseits wollte er nicht noch einmal riskieren, dass sein Golden Retriever plötzlich in irgendwelchen geheimnisvollen Löchern verschwand. Die Aufregung der vorherigen Nacht war ihm eine Lehre. Sie folgten der attraktiven Blondine durch die Tür in die Dämmerung der Kasematten. Ihre Augen brauchten ein wenig, bis sie sich an die geänderten Sichtverhältnisse gewöhnt hatten. Bald schon wurde es nötig, die Stirnlampen anzuschalten.

»Es reicht vorerst, wenn jeder zweite sie anmacht«, sagte sie. »Durchaus möglich, dass im Moment ein wenig Sparsamkeit angebracht ist und sich schließlich noch auszahlen wird.«

»Rechnen Sie denn mit einem längeren Aufenthalt?«, fragte Nau.

»Nein, aber man weiß ja nie«, antwortete sie orakelhaft, was die Zuversicht der Männer nicht gerade in die Höhe schnellen ließ. Allerdings fühlte sich Nau ausgesprochen wohl. Wenn er seine vorherige Exkursion in Begleitung Peppers zum Vergleich heranzog, überkam ihn ein Gefühl der Sicherheit. Diesmal hatte er die beiden Kollegen und die attraktive Archäologin an seiner Seite. Zudem fehlte sein Hund, um den er sich keine Sorgen machen musste. In einer Mischung aus Abenteuerlust und Forscherdrang folgte er Frau Reichert in die Kasematten.

Nachdem sie etwa 50 Meter zurückgelegt hatten, machte sie an einer gut ausgeleuchteten Stelle Halt und schaute aufmerksam in die Runde.

»Bevor wir jetzt weiter hineingehen, wollen Sie mir bitte erst einmal erklären, was Sie eigentlich suchen!«

In der Tat hatte Reckmann ihr am Telefon nur eine ungefähre Darstellung ihres Anliegens vermitteln können. Erst die Erwähnung des alten Stadtbaudirektors hatte dabei das Eis gebrochen, und sie willigte schließlich ein, die Beamten auf eine Exkursion in die Marburger Unterwelt mitzunehmen.

»Wir suchen im Rahmen unserer Ermittlungen nach einer Art Schlüssel, nach einem Grund, warum jemand hier im öffentlichen Teil der Kasematten zwei Ermordete abgelegt hat«, erläuterte der Kommissar. »Wir haben eine Gruppe von Studenten im Verdacht und wollen daher ergründen, ob sie tatsächlich Zugang in das Kasemattensystem haben. Meine kleine Exkursion letzte Nacht lässt so etwas vermuten. Ich gelangte über deren Küchentrakt in ein Kellergewölbe und von dort in einen dunklen Gang. Diesem bin ich über eine größere Strecke gefolgt, bis ich schließlich vor einer verschlossenen Tür stand. Ich erhoffe mir nun, vielleicht von der anderen Seite wieder dorthin zu gelangen.«

»Auf diese Weise könnten Sie ergründen, wie weit die besagten Studenten über ihren Zugang kommen«, meinte sie. »Darüber hinaus können Sie besser beurteilen, ob die Toten auf diesem Weg in die Kasematten geschafft wurden.«

»Im Grunde kann ich noch nicht einmal sagen, ob der Gang, der vom Verbindungshaus in den unterirdischen

Tunnel führt, überhaupt an die Kasematten heranreicht, aber das können wir vielleicht heute Abend gemeinsam klären«, erläuterte Nau.

»Des Weiteren finden wir grundsätzlich die Frage interessant, ob die Kasematten vielleicht bis hinunter in die Stadt führen«, sagte Löwenstein.

»Es gibt durchaus Gänge, wo man sich als Kenner der Materie so etwas vorstellen kann«, antwortete sie. »Allerdings bin ich bislang stets auf Barrieren gestoßen, die mich von einer endgültigen Klärung dieses Sachverhalts abgehalten haben.«

»Das heißt, Sie haben bisher noch keine derartigen Durchbrüche erzielt, etwa bis zur Elisabethkirche oder anderen wichtigen historischen Gebäuden?«, fragte Nau mit enttäuschter Miene.

»Der Schlossberg ist wie ein riesiger Ameisenbau mit allen möglichen Gängen und Weggabelungen. Selbst ein Team von zehn Leuten könnte Jahre suchen, bis es zu endgültigen Erkenntnissen gelangt«, erklärte sie. »Es gibt hier zahlreiche Stellen und Sackgassen, wo es plötzlich einfach nicht mehr weitergeht.«

»Und wie verfahren wir nun am besten?«, wollte Reckmann wissen.

»Ich würde vorschlagen, Sie zeigen mir zunächst einmal die Fundstellen der beiden Toten«, antwortete die Forscherin. »Von dort aus können wir uns dann weiter vorarbeiten. Dann habe ich zumindest eine ungefähre Vorstellung, wohin die Reise geht!«

Nachdem sie die erwähnten Fundorte erreicht hatten, führte sie der Weg immer weiter in die Kasematten hinein, und nach kurzer Zeit hatten sie die Wege, welche sonst von Besuchergruppen betreten wurden, verlassen. Die Strecken, die sie zurücklegten, waren zusehends schlechter erschlossen. Immer dunkler und enger wurden die Gänge, welche sie zu durchwandern hatten.

Kurz bevor sie Regionen erreichten, die völlig unerschlossen schienen, kamen sie in einem noch recht gut erhaltenen Gang an eine mächtige Holztür.

»Das könnte die Rückseite der besagten Tür sein!«, rief Nau aus und sah sie sich etwas genauer an. Die Machart der Tür und der Grad ihrer Altersspuren deuteten ebenfalls darauf hin, dass sie fündig geworden waren.

Mit einem vielsagenden Blick zog Frau Reichert einen Schlüsselbund aus ihrer Hosentasche, an dem sich gewiss ein gutes Dutzend Schlüssel befand. Sie suchte den ihrer Meinung nach passenden aus, und er verursachte ein sattes Geräusch, als sie ihn im Schloss umdrehte. Die Tür sprang auf, und sie traten in den sich anschließenden Gang.

»Nun, ist das Ihr Gang von gestern?«, fragte sie.

Nau wollte kein vorschnelles Urteil abgeben und schaute sich deshalb ausführlich um. Mehrmals leuchtete er in die Richtung, in die der Gang führte. Nach einer kurzen Weile hatte er Gewissheit.

»Es gibt keinen Zweifel, dies hier ist die Stelle!«

Er nahm die Türklinke von dieser Seite in die Hand und schloss die Augen. Ja, es war die exakt gleiche Haptik, die er auch am Vorabend empfunden hatte, als er vergeblich versuchte, die Tür zu öffnen.

»Wenn Sie ein Stück den Gang hinunterlaufen, gelangen Sie an eine Stelle, wo man das Wasser der Kanalisation rauschen hört.«

»Auf jeden Fall ist damit schon einmal geklärt, dass unsere Burschenschaftler über einen Zugang in die Kasematten verfügen. Ihr Geheimgang von gestern kann also auch zum Wegschaffen der Leichen genutzt worden sein«, befand Reckmann.

»Nun kann ich mir auch in etwa vorstellen, von welchem Haus Sie sprachen«, meinte Kim Reichert.

»Wenn Sie von diesem Gang wussten«, fragte Nau, »warum sind Sie hier nicht regelmäßig gewesen, um ihn zu untersuchen?«

»Das war ich«, entgegnete sie, »aber irgendwann verliert man sein Interesse an solch einem Gang. Von dieser Art finden sich bestimmt noch ein halbes Dutzend weitere, die allesamt den Charakter eines privaten Zugangs oder einer Kellererweiterung haben. Uns Höhlenforscher interessieren doch mehr die wirklich unerschlossenen Abschnitte.«

»Ich verstehe«, meinte Nau und nickte. »Haben Sie denn auch das schmale Durchgangsloch am anderen Ende des Gangs gesehen?«

»Natürlich ist mir das auch bekannt«, entgegnete sie. »Da man dort nicht hindurch kommt, haben wir einfach die Stelle markiert. Im Laufe unserer späteren Untersuchungen stießen wir dann von der anderen Seite auf das gekennzeichnete Loch und stellten dabei fest, dass es dort in eine weitere Höhle geht. In diese gelangt man ebenfalls, wenn man den bereits von uns eingeschlagenen Weg nimmt. Außerdem haben wir die ganze Gegend noch vermessen und kartografiert, die Markierung wurde wieder gelöscht.«

Nau schluckte von den anderen unbemerkt. Er hätte sich also keine allzu große Sorgen machen müssen, als Pepper am Vorabend in dem Loch verschwunden war. Dann erzählte er ihr von Peppers nassem Fell, als er aus dem Loch wieder hervorgekommen war.

»Es gibt dort in der Tat eine kleine Stelle, wo sich etwas Grundwasser in einer Bodensenke angesammelt hat. Sie müssen sich allerdings keine Sorgen machen. Ich denke, es ist allenfalls einen halben Meter tief und ein paar Meter breit. Ihr Hund hat augenscheinlich nur ein kurzes Bad genommen. Selbst wenn er dort hineingefallen ist, war er niemals wirklich in Gefahr!«

»Sie sprachen eben von *wir*. Also sind Sie nicht immer alleine hier unten?«, erkundigte sich Reckmann.

»Nein, insbesondere bei solchen Vermessungs- und Kartografierarbeiten bringe ich meist interessierte Kollegen mit.«

»Aber hätten Sie uns dann nicht einfach Ihre Karten zeigen können, statt uns hier hinunter zu führen?«, fragte Reckmann mit offensichtlicher Empörung.

»Schon, aber mit dem Finger auf der Karte macht es nicht annähernd so viel Spaß«, antwortete sie, was den Kommissar schmunzeln ließ. Ferner brachte sie Reckmann damit so aus dem Konzept, dass er sich an die Stelle fasste, an der er sonst immer seine Krawatte zurechtrückte. Da er dort aber keine vorfand, schaute er verlegen zu Boden.

»Aber jetzt mal im Ernst«, sagte sie und lächelte dabei Nau so herzlich an, dass ihm gleich wieder wärmer wurde. »Nichts ersetzt das echte Erlebnis. Sie wollten sich doch ein realistisches Bild machen – das bekommen Sie jetzt!«

»Da bin ich ganz Ihrer Meinung!«, pflichtete ihr Nau bei. »Wir sind erst seit Kurzem unterwegs und schon wesentlich schlauer als vorher.«

»Sie dürfen nur nicht zu viel erwarten«, relativierte sie. »Ich kann auch nicht Ihren Fall lösen, aber gerne sorge ich dafür, dass Sie sich fortan in den Kasematten deutlich besser auskennen.«

»Was lesen Sie denn aus der Tatsache, dass die Leichen in den Kasematten abgelegt wurden?«, fragte Löwenstein. »Sehen Sie darin als Kennerin der Kasematten und der sie ergänzenden Höhlen irgendeine höhere Symbolik, die uns bislang entgangen ist?«

»Offengestanden nicht!«, antwortete sie knapp. »Vielleicht hatte es rein praktische Gründe. Irgendwohin musste der Täter mit den Leichen ja. So, es geht weiter: Sie können sich jetzt auf einige gerade erst entdeckte Abschnitte gefasst machen. Ich muss Sie aber eindringlich warnen: Einige Passagen sind noch fast völlig unerschlossen und dementsprechend gefährlich. Auch wird es mitunter ziemlich eng und steil.«

»Wenn uns etwas passiert, wie etwa ein Steinschlag, ein Erdrutsch oder dergleichen«, ergriff Löwenstein besorgt das Wort, »wie kommen wir dann wieder hier heraus?«

»Machen Sie sich keine Gedanken«, sagte sie und nahm ein mit Stahl ummanteltes Gerät aus ihrer Jackentasche, das etwa die doppelte Größe eines Handys hatte. Sie zeigte es den drei Männern, die es aufmerksam betrachteten. Reckmann nahm das Utensil sogar in die Hand und beäugte es besonders genau.

»Es handelt sich um einen Peilsender«, erklärte sie. »Die ganze Zeit schon sendet es auf GPS-Basis unser Signal an eine Kontrollstation. Wenn ich das Signal nicht alle zehn Minuten unterbreche, indem ich diese Taste hier drücke, werden automatisch Hilfs- und Rettungsmaßnahmen eingeleitet. Sie sehen, Sie befinden sich in guten Händen!«

»Das ist ja alles schön und gut«, kommentierte Reckmann mit verkniffener Miene, »aber was nützt uns das, wenn hunderttausend Tonnen Gestein auf uns liegen?«

Sie verbrachten noch fast zwei Stunden in den Höhlen und hatten manche brenzlige Situation zu überstehen. An einer Stelle seilten sie sich durch eine Art natürlichen Kamin in einen tiefer liegenden Gang ab. Dabei riss sich Löwenstein ein Hosenbein auf, und das Bein selbst war von einer blutenden Fleischwunde lädiert, wobei Frau Reichert eine hervorragende Erstversorgung bewerkstelligte. Einen Höhenunterschied von gut und gerne sieben bis acht Metern ließen sie dabei hinter sich und waren am Ende froh, einigermaßen glimpflich aus der Aktion herausgekommen zu sein.

In manche Abschnitte, die sich vor ihnen auftaten, leuchteten sie nur kurz hinein, da es unmöglich gewesen wäre, an den jeweiligen Stellen weiterzukommen. Dann gab es wieder kleine Seitengänge, mit denen sie es aufzunehmen versuchten. Meist verhielt es sich so, dass diese über kurz oder lang immer enger zuliefen, bis deren Ende in Sichtweite kam.

Abgesehen von der Tatsache, dass sich Nau aus allzu menschlichen Gründen für Frau Reichert begeisterte, bewunderte er sie für den Umstand, dass sie sich in diesem Wirrwarr aus größeren Höhlen, kleineren Seitenbereichen und engen Verästelungen jederzeit zurechtzufinden schien.

Mehrmals fragte er sie, wie weit sie denn nun bereits in Richtung Unterstadt vorgedrungen waren. Sie antwortete ihm mit erstaunlich präzisen Angaben zu ihrem jeweiligen Standort und stellte sehr genaue Vermutungen an, unter welchem Gebäude oder welcher Straße sie sich gerade befanden.

Für Nau sahen alle von ihnen passierten Abschnitte nahezu gleich aus, für sie jedoch schienen sie sich auf mannigfaltige Weise zu unterscheiden. Es kam auch zu einer etwas intimeren Kontaktaufnahme zwischen den beiden, als er sich vor sie niederkniete, um die Schnürsenkel ihres rechten Schuhes für sie wieder festzubinden. Er berührte dabei ihre Waden einen Augenblick länger, als es für den eigentlichen Vorgang nötig gewesen wäre, aber sie ließ es sich offensichtlich nicht ungern gefallen. Schon der Umstand schmeichelte ihm, dass sie sich augenscheinlich gerne dabei helfen ließ, obwohl sie dafür sicher keiner Hilfe bedurft hätte.

Reckmann und Löwenstein hielten sich jedes Mal auffällig im Hintergrund, wenn die beiden wieder einmal die Köpfe zusammensteckten, um etwas zu besprechen. Die Kollegen hatten auf jeden Fall etwas bei ihm gut, so viel stand fest!

Wie tief sie auch in das Höhlensystem vordrangen, sie stießen auf keine neuen Erkenntnisse und drangen nicht etwa bis zur Elisabethkirche oder anderen spektakulären Zielen vor.

Als sie wieder hinaus ins Freie traten, stand schon der Sternenhimmel über ihnen. Immerhin war es bereits fast halb neun. Nau ließ es sich nicht nehmen, Frau Reichert beim Tragen der diversen Requisiten zu helfen. Sie hatte an einer anderen Stelle als die drei Beamten geparkt und so gingen Reckmann und Löwenstein ihren eigenen Weg, während Nau Kim begleitete.

Er kümmerte sich um die Helme, unterdessen trug Frau Reichert die Kletterseile. Nach einer ganzen Weile, immerhin hatten sie einen großen Teil des Schlossparks zu durchqueren, kamen sie bei ihrem Jeep an. Nachdem sie alles in dem geräumigen Ladebereich verstaut hatten, wurde es Zeit, sich zu verabschieden. Dabei lag so etwas wie eine bedeutungsvolle Schwere über ihnen, die sich längst darüber im Klaren waren, dass sie einander wiedersehen wollten. Zumindest erhoffte Nau, dass es Kim ähnlich erging wie ihm. Er überlegte nervös, welchen Schritt er als Nächstes tun sollte.

»Ich muss sagen, ich bewundere Ihre Arbeit!«, versuchte Gisbert, das Schweigen zu brechen, welches seit einigen Augenblicken zwischen ihnen lag.

»Es geht mir mit Ihrem Job ganz genauso!«, antwortete die Forscherin und löste mit zwei Fingern ihren Pferdeschwanz, sodass ihr schönes Haar in langen Strähnen über ihre Schultern nach hinten fiel.

Nau schluckte, denn mit dem offenen Haar sah sie tatsächlich noch einmal deutlich schöner aus, als es ohnehin schon der Fall gewesen war.

»Das können Sie auch *so* tragen, ich meine …«, stammelte Nau ein mögliches Kompliment.

Mit zwei kurzen Schritten verringerte sie die Distanz zwischen ihnen. Sanft legte sie ihm ihren rechten Zeigefinger auf die Lippen, und ihre Köpfe näherten sich einander.

Dann klingelte Naus Handy. Es blieb ihm nichts anderes übrig, als ranzugehen. Während der Bearbeitung eines Falls, der bereits zum Tod dreier Menschen geführt hatte, war nichts wichtiger, selbst nicht einer der vielleicht schönsten Momente seines Lebens. Er sah am Display, dass es sich bei dem Anrufer um Timo Brettschneider handelte. Dessen Anruf konnte er unmöglich ignorieren.

»Das ist ein extrem wichtiges Gespräch mit unserem *Kronzeugen.*« In der Hitze des Moments war ihm keine treffendere Bezeichnung eingefallen, um ihr die Dringlichkeit der Sache zu erläutern. »Ich *muss* leider rangehen!«, sagte er mit gepresster Stimme.

»Das verstehe ich, kümmern Sie sich zunächst um Ihren Fall. Alles Weitere später. Wir sehen uns!«

Nach den letzten Worten hauchte sie ihm schnell einen Kuss auf die Wange und öffnete die Fahrertür.

»Wie erreiche ich Sie?«, fragte Nau etwas hektisch. »Ich habe Ihre Nummer nicht.«

»*Sie* sind doch der Polizist!«

Nach einem kurzen Wink und einem herzlichen, vielsagenden Lächeln stieg sie in das Fahrzeug und ließ den Motor an, während Nau sich beeilte, noch rechtzeitig das Gespräch anzunehmen.

Wenngleich es kurz nach neun war und der größte Besucheransturm noch bevorstand, herrschte bereits hektische Betriebsamkeit in dem zentral gelegenen Lokal.

Nau beobachtete die Eingangstür und hoffte, dass der junge Mann bald erscheinen würde. Er war mit Brettschneider übereingekommen, dass sie sich wieder in der altbekannten Kneipe in der Nähe des Oberstadt-Aufzugs treffen wollten. Einmal mehr hoffte der Kommissar, dass niemand dem Studenten übel mitspielen würde. Dieser hatte zuvor am Telefon den dringenden Wunsch geäußert, ihn nochmals zu sehen. Er sagte, er müsse Nau unbedingt etwas äußerst Wichtiges zeigen.

Aufgrund der Art und Weise, wie ihre Untersuchung am frühen Nachmittag abgebrochen worden war, hatte sich Brettschneiders Situation in dem Verbindungshaus bestimmt nicht gerade verbessert. Jedes weitere Treffen zwischen ihnen war nunmehr mit um so höheren Risiken verbunden. Angestrengt hoffte der Kommissar also, dass Timo bald unbeschadet erscheinen würde.

Seine Gedanken schweiften dennoch kurz ab zu der ebenso netten wie attraktiven Höhlenforscherin, die dabei war, sein Herz im Sturm zu erobern. So etwas war ihm im Leben allenfalls drei bis vier Mal passiert, und er war sich deshalb unsicher, wie er die Situation einordnen sollte. Aber er war einigermaßen davon überzeugt, dass sie ihn hatte küssen wollen, als Timos Anruf dazwischenkam. Auch ihr hingehauchter Abschiedskuss ließ auf Fortsetzungen in nicht allzu ferner Zukunft hoffen. Nau blickte auf einen ereignisreichen Tag zurück, der mit einigen besonders schönen, aber viel zu kurzen Momenten bei der Verabschiedung von Kim Reichert vorerst geendet hatte.

Er schaute abermals auf seine Uhr und leerte nervös sein erstes Bier. Kurze Zeit später gab er seine zweite Bestellung auf. Timo hatte sich bereits um gute zehn Minuten verspätet. Allerdings war es gegenwärtig vermutlich schwierig, das Verbindungshaus unauffällig zu verlassen.

Einige Minuten später kam Timo Brettschneider zur Tür herein. Er hatte wieder seinen Kapuzenpulli übergezogen, den er bereits bei ihrer ersten Begegnung in dieser Kneipe getragen hatte. Mit hektischen Bewegungen schaute er sich nach dem Kommissar um, der verstohlene Handzeichen machte, als die Blicke des jungen Mannes ungefähr in seine Richtung gingen.

Erst als sich Timo gesetzt und daraufhin noch einmal umgedreht hatte, um die anwesenden Personen kurz zu beobachten, streifte er die Kapuze zurück in den Nacken.

»Alles klar bei Ihnen?«, fragte er ein wenig flapsig.

»Ich kann nicht klagen, danke!«, antwortete Nau und nahm das zuvor bestellte zweite Bier entgegen.

Timo bestellte ein Radler und schaute den Kommissar mit großen Augen an.

»Abgesehen von der für dich typischen Anspannung, wenn wir uns hier treffen, wirkst du beinahe vergnügt«, sagte Nau, während er die aufmerksamen Blicke des jungen Mannes erwiderte. »Was ist denn los, weshalb wolltest du mit mir reden?«

»Ist noch eine Planstelle bei Ihnen frei?«, fragte er vielsagend und schaute Gisbert Nau mit verwegenem Blick an. Dann veranstaltete er mit seinen Zeigefingern einen kleinen Trommelwirbel auf der Tischplatte. »Ich habe nämlich Ihren Fall gelöst!«

Nau stockte kurz der Atem, denn er wusste nicht, ob ihn Timo einfach nur aufzog. Aber da war eine Spur von Ernsthaftigkeit hinter seinem schelmischen Grinsen, die den Kommissar fast an seine Worte glauben ließ. Dennoch versuchte Nau zunächst, ein Missverständnis auszuschließen.

»Und ich habe eine verrückte Frisur und eben gerade die Relativitätstheorie veröffentlicht!«, scherzte er.

Das Lächeln seines Gegenübers hielt sich allerdings in Grenzen.

»Sie glauben mir nicht, was?«, fragte er. »Aber alles andere wäre ja auch eine sehr ungewöhnliche Reaktion.«

»Dann komm mal auf den Punkt und überzeuge mich!«, sagte Nau mit todernster Miene, die Brettschneider ein wenig überraschte.

»Die Ereignisse von heute Morgen haben natürlich zu einer gewissen Reaktion innerhalb der Verbindung geführt«, erklärte Timo und schaute sich noch einmal um. Er wollte sichergehen, dass niemand Unerwünschtes sie beobachtete. »Nicht, dass die *Alten Herren* uns nun in ihre Überlegungen einweihen würden, aber es sickert doch etwas mehr durch als sonst.«

»Ich verstehe«, meinte der Kommissar. »Weiter!«

»Darf ich Sie daran erinnern, dass Sie mir zugesagt haben, mich aus allem herauszuhalten?«, fragte Timo, und plötzlich war seine Selbstsicherheit wie weggeblasen.

»Ja, natürlich. Erzähl weiter!«

»Speisen Sie mich bloß nicht so ab«, monierte Brettschneider und bekam rasch einen hochroten Kopf. »Ich merke schnell, wenn man mich nicht ernst nimmt! Wie steht es also mit Ihrem Versprechen? Ich muss das wissen, schließlich verrate ich Ihnen keine Kochrezepte.«

Nau hielt ihm die Hand hin und wartete ab, bis er einschlug.

»Ich verspreche dir hiermit nochmals hoch und heilig, dass wir alles tun werden, um dich aus Schwierigkeiten herauszuhalten. Du sollst in Ruhe fertig studieren können, und von mir aus auch weiter bei den Elisabethanern bleiben, damit dir deine Zukunft nicht verbaut wird!«

»Okay!«, sagte der junge Mann kurz und ließ Naus Hand wieder los. »Wenn ich überlege, was ich Ihnen zu liefern habe, könnte ich mich vor Aufregung glatt einpinkeln!«

Nau lächelte und wartete mit nicht gezeigter großer Ungeduld, bis Timo von selbst wieder loslegte. Stockend erzählte Brettschneider weiter:

»Es ist also eine Situation eingetreten, in der noch mehr als ohnehin schon getuschelt und hinter vorgehaltener Hand alles Mögliche geflüstert wird.«

Er machte eine längere Pause. Nau merkte ihm an, dass es ihm wirklich schwer fiel, die Dinge deutlich beim Namen zu nennen. Andererseits schien es ihm auch ein echtes Anliegen zu sein – nicht nur, um den Beamten zu helfen, sondern auch um seiner selbst willen.

»Ich nehme an, es wird dir gut tun, darüber zu sprechen«, redete Nau mit sanfter, einfühlsamer Stimme auf ihn ein. Innerlich brodelte es allerdings in dem Kommissar. Er hätte zu gerne sofort erfahren, was der junge Mann an Neuigkeiten für ihn hatte, aber der druckste immer noch herum und scheute sich, die Dinge auszusprechen.

»Ich will dich wirklich nicht bedrängen, das kannst du mir glauben«, sagte Gisbert Nau nach einer weiteren, beinahe endlos scheinenden Wartezeit, »aber du spannst mich doch ganz schön auf die Folter!«

»Es gilt bei uns mittlerweile schon als offenes Geheimnis, dass Matthias Selbstmord beging, weil er Marvin umgebracht hat«, brachte Timo endlich heraus und schluckte.

Naus Augen weiteten sich, und seine Brauen zogen sich nach oben, wie es bei ihm häufig der Fall war, wenn ihn höchstes Erstaunen übermannte. Sein Verstand arbeitete auf Hochtouren, um alle möglichen Informationen zu verarbeiten und Timos Aussage auf ihren möglichen Wahrheitsgehalt zu überprüfen.

»Offensichtlich konnte oder wollte er nicht länger mit dieser Schuld leben«, erzählte Brettschneider weiter.

Der Kommissar musste mit sich kämpfen, um die Contenance zu wahren. Natürlich war dieses Szenario auch eines von Hunderten, die ihm durch den Kopf gegangen waren, die er aber gleich wieder verworfen hatte. Nun, direkt damit konfrontiert, hatte es auch etwas Unwirkliches.

»Welche Rolle spielte Nebeling dabei?«, fragte er verwirrt.

»Es ist ja bekannt, dass die beiden Meinungsverschiedenheiten hatten«, fuhr Timo fort und schaute abermals um sich. Niemand schien ihr Treffen stören zu wollen. Nur unwesentlich beruhigt drehte er sich wieder zu Nau um. »Ich habe jetzt einen echten Hammer für Sie, machen Sie was daraus!«

Wieder ließ der junge Mann eine längere Pause folgen, was den Kommissar fast in den Wahnsinn trieb.

»Es verhält sich wohl so, dass Professor Nebeling Matthias dazu angestiftet hat. Dies wird jedenfalls gemunkelt, und es ist für mich auch der einzig logische Zusammenhang!«

Nau schluckte und atmete schwer. Was war das nun wieder für eine schräge Geschichte, und wie kam Timo auf so etwas?

»Kannst du denn deine Vermutung mit irgendetwas untermauern?«, fragte Nau und nippte aufgeregt an seinem Bier.

»Ja, ich denke, das kann ich!«, sagte der junge Mann plötzlich überraschend überzeugt und nestelte an einer mitgebrachten kleinen Tasche herum, die dem Kommissar soeben erst auffiel.

»Was soll damit sein?«, fragte Nau, als ihm Brettschneider ein Smartphone unter die Nase hielt. »Soll ich etwas damit tun?«

»Das wird viele Ihrer Fragen beantworten und hat mir gedanklich den Anstoß geliefert für all die Dinge, die ich Ihnen gerade erzählt habe«, sagte Timo. »Als ich dies gesehen hatte, wurde mir so manches klar!«

»Was gibt es denn auf dem Ding zu sehen? Entschuldigung, aber diese Apparate sind einfach nicht meine Welt!«

Der Kommissar verstand den jungen Mann immer noch nicht. Timo setzte sich näher zu ihm und bediente das Display.

»Sie müssen wissen, dass man diese Geräte längst nicht mehr nur zum Telefonieren benutzt. Auch als Foto- und sogar Filmkamera kann man sie verwenden.«

Dies wusste er immerhin, was er mit einer empörten Miene auszudrücken versuchte. Mit großem Interesse und minimalem Verständnis folgte Nau den Ausführungen des Studenten und starrte dabei auf das Display, auf dem in rascher Folge unterschiedliche Anzeigen erschienen.

»Ich gehe nun auf einen abgespeicherten Film«, erläuterte Brettschneider. »Dieses Smartphone gehört einem meiner jüngeren Kommilitonen. Er hat zufällig etwas gefilmt, das ich Ihnen zeigen muss!« Auch wenn es sich bei der Qualität nicht um die allerbeste handelte und manches schlecht belichtet war, konnte der Kommissar erkennen, dass die Aufnahme in dem Festsaal in der unteren Etage des Verbindungshauses entstanden war. In einer Ecke des Saales spielte ein Streichquartett, ohne dass man ihm allzu viel Beachtung schenkte.

Der Raum war mit Dutzenden von Personen gefüllt, die allesamt mehr oder minder festlich gekleidet waren. Gerade gingen Voss und Weigel durchs Bild und hielten auf die Kaminecke zu, in der sich bereits zahlreiche Gäste befanden. Die meisten Anwesenden trugen die wohlbekannten Bändchen.

Nach einigen Sekunden schwenkte das Bild auf den Eingangsbereich des Zimmers. Durch die offenen Flügeltüren sah man Marvin und den Professor, die sich im Flur einen offensichtlich äußerst heftigen Streit lieferten. Der weißhaarige Mann schien dem jungen Sportler fast an die Kehle zu gehen. Leider wackelte das Bild in diesem Moment. Klosterkemper hielt einen kleinen Stapel A4-Seiten in der Hand, die anscheinend beschrieben oder bedruckt waren. Die beiden Kontrahenten schrien einander an, dass man selbst aus der Ferne deren Halsschlagadern hervortreten sah.

Gebannt schaute Nau auf den kleinen Bildschirm und wagte nichts zu sagen, damit ihm bloß kein noch so kleines Detail des so unwirklich scheinenden Filmdokumentes entging.

»Das ist bei einer Verbindungsfeier entstanden, zu der auch unsere *Alten Herren* eingeladen waren«, erklärte Timo kurz, aber das hatte sich dem Kommissar bereits aus den Bildern erschlossen.

»Vermutlich haben sie ja auch die ganze Veranstaltung bezahlt«, entgegnete Nau trocken.

Leider konnte man nichts von dem Streitgespräch verstehen, das die beiden führten, denn dafür standen sie einfach zu weit von dem Aufnehmenden entfernt. Außerdem war der allgemeine Geräuschpegel zu hoch.

Plötzlich zerriss Klosterkemper die Papiere und warf sie in die Luft, sodass sie in kleinen Fetzen zu Boden regneten. Dies wiederum schien den Professor so sehr zu erzürnen, dass er abermals auf Marvin losging.

Langsam gelangte der Streit auch in den Fokus der übrigen Gäste, und die Musik sowie die anderen Gespräche verstummten. Unterdessen stürmten der Fechtlehrer von Battenberg, Alexander von Hassel und einige andere Personen dazu und trennten die Streithähne.

Mit einigem Nachdruck wurden die beiden Kontrahenten aus dem Flur geleitet und verschwanden von der Bildfläche. In diesem Moment endete die Aufnahme.

Timo schaltete das Smartphone aus und wartete gespannt auf Naus Reaktion. Dieser wusste zunächst einmal nichts zu sagen, denn er musste das Gesehene erst einmal verarbeiten.

»Das Verhalten der beiden war wirklich aggressiv«, meinte er dann. »Da ging es um mehr als nur irgendwelche Allerweltsstreitereien! Ich hätte allerdings zu gerne gewusst, worum es in den Schriftstücken ging. Offenbar hatte sich der Streit ja an ihnen entzündet.«

»Ich glaube gerne, dass Sie das wollen!«, sagte Brettschneider und zeigte sein breitestes Grinsen. Er deutete auf das Display des Smartphones, ging in die Filmdatei an der Stelle, wo man die Blätter am besten erkennen konnte und schaltete ein Vergrößerungs-Tool hinzu. »Das haben wir natürlich auch gleich gewollt. Bitte sehr!«

Nau kam kaum aus dem Staunen heraus, was man mit diesen kleinen Geräten mittlerweile alles bewerkstelligen konnte. Es wurde wirklich Zeit, dass er auch eines bekam! Noch mehr aber war er überrascht, als er die Ausschnittsvergrößerung des obersten Blattes sah: Es handelte sich offensichtlich um so etwas wie das Deck- oder Titelblatt des Dokuments. Es trug eindeutig die Aufschrift *Verzichtserklärung*.

Während der Kommissar noch dabei war, alles zu analysieren, fasste Timo Brettschneider seine Gedanken noch einmal zusammen:

»Ich gehe also davon aus, dass die beiden an einem gemeinsamen Projekt arbeiteten. Ich habe Ihnen ja davon berichtet, dass man über eine sensationelle Enthüllung des Professors bezüglich der Heiligen Elisabeth gemunkelt hat.«

»Letzten Endes ist es ja fast egal, worum genau es dabei ging. Allerdings wäre äußerst interessant, es zu wissen«, räumte Nau ein. »Nebeling verlangte wohl von Marvin, dass er seine Rechte an ihn abtreten sollte. Das hätte ich an dessen Stelle allerdings auch nicht gemacht.«

»Richtig. In dem Streit ging es vermutlich um die Rechte an den erlangten Erkenntnissen«, sagte Brettschneider. »Wie Sie ja selbst bestätigt haben, kann Wissen eine ganze Menge wert sein. Vielleicht ging es auch um die konkreten Urheberrechte an einem entsprechenden Enthüllungswerk, welches die beiden gemeinsam verfasst haben oder noch schreiben wollten. Das werden wir wohl nie erfahren!«

»Vielleicht haben sie wirklich etwas wahrhaft Sensationelles entdeckt, das unser Wissen über Marburg und seine Geschichte völlig auf den Kopf stellt. Die Tatsache, dass der verrückte Alte nicht allein recherchiert hat, nährt in der Tat die Hoffnung, dass es sich diesmal um etwas seriös Erforschtes handeln könnte.«

»Wir waren uns ja bereits einig, dass die Veröffentlichung von etwas wirklich Epochalem dem Autor richtig Geld in die Tasche spielen würde«, überlegte Timo laut.

»Damit hätten wir auch ein hinreichendes Tatmotiv«, brachte Nau den Gedanken zu Ende. »Vielleicht gibt es noch so etwas wie ein Manuskript. Wenn wir wissen, wonach wir gezielt zu suchen haben, gibt es ja vielleicht eine Chance, es zu entdecken!«

»Hoffentlich werden Sie fündig!«, meinte Timo, dem mit einem Mal so etwas wie Funken der Abenteuerlust und des Forscherdrangs aus den Augen blitzten. »Es wäre doch äußerst spannend zu erfahren, was sie entdeckt haben!«

»Das stimmt«, meinte Nau. »Es bleibt allerdings die Frage, mit was Nebeling Matthias zu dem Mord bewegt hat. Immerhin weiß man ja, dass es mitunter beträchtliche Abhängigkeiten zwischen *Alten Herren* und Studenten gibt.«

»Sie denken an Erpressung?«, fragte Timo.

»Zumindest halte ich eine solche für durchaus denkbar«, erwiderte der Beamte. »Wenn der erzeugte Druck groß genug ist, dann kann ein Erpressungsversuch bei fast jedem Menschen Erfolg haben.«

»Wir sind eben eine seltsame Spezies«, meinte der junge Mann trocken und schaute sich abermals in der Kneipe um. »Langsam wird es Zeit, dass ich mich wieder unsichtbar mache!«

»Ebenfalls noch völlig ungeklärt ist die Frage«, überlegte Nau, »wer Nebeling umgebracht hat. War es vielleicht Matthias, bevor er sich am Ende selbst gerichtet hat?«

»Denkbar wäre es zumindest. Vielleicht hat die Führungsriege um Oliver Voss, Weigel und von Hassel von der Sache Wind bekommen und Marvin gerächt«, mutmaßte Timo und schüttelte sich. »Möglich wäre auch, dass vielleicht die *Alten Herrn* aktiv geworden sind. Sie haben verstanden, dass Nebeling weit über das Ziel hinausgeschossen ist, und haben ihn beseitigt.«

»Das wären allerdings beides Möglichkeiten, wie es gelaufen sein kann. Du hast aber keinen exakten Verdacht?«, wollte der Kommissar wissen.

»Nein, natürlich nicht«, antwortete der Student. »Es mag unglaubwürdig scheinen, dass ich von den Dingen kaum etwas mitbekomme, aber die erwähnten Leute kochen eben ihr Süppchen im Geheimen.«

»Sag mal, können wir das Smartphone auf unbestimmte Dauer haben?«, fragte Nau.

»Sicher, ich habe dessen Besitzer schon angekündigt, dass ihm so etwas blühen dürfte!«, antwortete Brettschneider mit einem verschmitzten Lächeln.

»Ich muss gestehen, dass ich es auch ohne euer Einverständnis konfisziert hätte. Es ist einfach ein zu wichtiges Beweisstück und im Grunde auch das einzige, das wir haben. Wenigstens können wir es verwenden, ohne euch namentlich zu erwähnen.«

»Das wäre auch das Wichtigste für uns«, antwortete Brettschneider.

»Warum ist der Besitzer eigentlich erst jetzt auf dich zugekommen?«, wollte der Kommissar wissen. »Das Video besaß er doch mit Sicherheit schon länger.«

»Ja, aber er sieht anhand der heutigen Ereignisse ein, dass etwas getan werden muss. Er möchte nur ebenso wie ich unerkannt bleiben!«

»Wir haben nun folgendes Problem: Selbst wenn sich tatsächlich alles so ereignet haben sollte, wie wir es uns zusammengereimt haben, können wir es noch lange nicht beweisen. Auch das Video belegt nur ein mögliches Mordmotiv, nicht aber die Tat selbst. Da dürfte noch eine ganze Menge Arbeit vor uns liegen, sofern wir überhaupt eine Chance haben, das Ganze endgültig aufzuklären und vor Gericht zu bringen.«

»Ich habe den Ball ins Rollen gebracht«, sagte Timo lachend. »Den Elfmeter verwandeln müssen Sie schon selbst!«

Nau konnte nicht umhin, ebenfalls zu lachen, aber schon bald darauf packte ihn der Ernst der Angelegenheit wieder.

»Dafür bin ich dir auch wirklich sehr dankbar!«, sagte er dann. »Wenn Matthias sich irgendwo mit jemandem getroffen hat, wo ist er wohl hingegangen, so wie du heute und auch neulich diese Kneipe hier ausgesucht hast?«

Eine gute halbe Stunde später fand sich Nau bereits in dem gemütlichen kleinen Irish Pub im Wehrdaer Weg wieder. Eigentlich hätte er nach den vielfältigen Anstrengungen der letzten Tage einiges dafür gegeben, nicht noch eine weitere Kneipe aufsuchen zu müssen, aber die Klärung der nächsten Frage hätte ihm vermutlich keine Ruhe gelassen. So folgte er doch noch Timos Empfehlung und suchte Matthias Riedels Stammlokal auf.

Auf der winzigen Bühne war ein Folk-Trio mit den letzten Aufbauarbeiten beschäftigt, während sich das Kellergewölbe nach und nach füllte. Normalerweise hätte Nau diese Kneipe als besonders urig empfunden und es dabei belassen. Nach den Erfahrungen der letzten Zeit war er allerdings mehr mit der Frage beschäftigt, ob dieses Irish Pub ebenfalls durch geheime Gänge zu erreichen war. Fast hätte man es meinen können, so unterirdisch und fensterlos das Lokal lag. Hatte man die Eingangstür passiert, ging man zunächst einmal zahlreiche Treppenstufen nach unten, bis man das eigentliche Niveau des Pubs erreichte.

Nau hatte sich auf einem Barhocker an dem langen Tresen niedergelassen und schaute nach rechts über seine Schulter hinweg den letzten Vorbereitungen der Band zu. Der Schlagzeuger machte sich mit einigen Armbewegungen warm, während der Sänger, der außerdem auch Gitarre spielte, mit einer kurzen Sprechprobe das Mikrofon überprüfte. Alles war bereit für ihren Auftritt. Sie würden lediglich noch einige Minuten warten, bis sich der Laden noch ein wenig mehr gefüllt hatte.

Der Kommissar hatte sich bereits ein Guinness bestellt und somit einen ersten flüchtigen Kontakt mit dem Wirt aufgenommen. Er hatte seine Position bewusst gewählt, um auf diese Weise schneller an den Mann hinter dem Tresen heranzukommen.

Er hatte sich vorgenommen, den weiteren Abend so kurz wie möglich zu gestalten, auch wenn es sich hier um ein Pub handelte, in dem man es grundsätzlich länger aushalten konnte. Der Tag war ganz besonders lang gewesen und hatte, von den Anstrengungen der Nacht einmal ganz abgesehen, auch schon ungewohnt früh mit einem Paukenschlag begonnen. Er spürte, dass er sich kaum noch auf den Beinen halten konnte, und wollte deshalb möglichst rasch das Etablissement wieder Richtung Heimat verlassen.

Auch war es sicherlich ratsam, sich mit dem Wirt zu unterhalten, bevor die Band angefangen hatte zu spielen. Selbst wenn eine Folkgruppe durchaus auch ruhigere Töne anzuschlagen wusste, würde es in dem kleinen Kellerraum dennoch vergleichsweise laut werden.

Dann ergab sich eine günstige Gelegenheit. Sein Stuhlnachbar war nach links in Richtung der Toiletten fortgegangen, und der Wirt lief hinter Nau vorbei, um einen Kunden zu bedienen, der in dem schmalen Gang ebenfalls Platz auf einem Barhocker gefunden hatte.

Als der Wirt auf seinem Rückweg abermals an ihm vorbeilief, tippte ihm Nau auf die Schulter.

»Excuse me«, versuchte es Nau mit seinen durchaus vorzeigbaren Englischkenntnissen.

»Sie können ruhig Deutsch sprechen, so eng sehen wir das hier nicht«, sagte der Wirt, drehte sich nun vollends zu Nau um und blieb vor ihm stehen. »Ihr Bier kommt gleich, keine Bange!«

»Nein, natürlich, da habe ich keinen Zweifel«, antwortete Nau und hielt ihm möglichst unauffällig seine Polizeimarke hin. Er tat dies, indem er sie mit der Hand umschloss, sodass sie nur der Wirt sehen konnte.

»Hab ich irgendwelche Probleme?«, fragte der Wirt, wobei schon sein Unterton zeigte, dass er eigentlich keine erwartete.

»Wir suchen diese beiden Männer hier«, erklärte Nau und zeigte ihm Fotos von Matthias und Nebeling.

Der Wirt nahm ihn ein wenig zur Seite, sodass sie den beiden weiteren Bedienungen und auch dem Publikum nicht im Weg standen. Dann hielt er dem Kommissar die rechte Hand zur Begrüßung hin.

»Mein Name ist Manfred Preller«, sagte der Wirt und drückte kräftig Naus Rechte. »Ich besitze das Lokal zusammen mit meiner Frau. Und nein, wir sind keine Iren!«

»Entschuldigung, ich wollte Ihnen nicht zu nahe treten«, meinte Nau lächelnd. »Wie verhält es sich denn nun mit den beiden Männern?«

Preller machte einen halben Schritt zur Seite, damit er zur genauen Betrachtung der Fotografien besseres Licht hatte. Er kniff kurz die Augen zusammen, um die Bilder richtig fokussieren zu können.

»Die kenne ich«, sagte er nach einiger Zeit, hielt die Bilder direkt nebeneinander und nickte dazu. »Einzeln hätte ich sie vielleicht nicht unbedingt erkannt, aber zusammen schon. Sie waren gemeinsam eine zu ungewöhnliche Erscheinung.«

»Sehr schön«, meinte Nau, »wann ungefähr waren sie hier?«

»Es ist nicht lange her, deshalb kann ich mich auch noch so gut daran erinnern. Ich vermute, es dürfte letzten Samstag gewesen sein. Die beiden Männer schienen ein wenig zu streiten, aber ich konnte mich nicht weiter mit ihnen beschäftigen, weil die Hütte so überfüllt war, dass wir alle Hände voll zu tun hatten.«

»Ich verstehe«, meinte der Kommissar. »Aber Sie könnten notfalls bezeugen, die beiden gemeinsam in Ihrem Pub bewirtet zu haben?«

»Aber sicher. Wie gesagt, waren die Herren ein so ungewöhnliches Duo, dass sich deren Anblick natürlich eingeprägt hat. Besonders der weißhaarige Alte bleibt einem im Gedächtnis, vor allem dann, wenn er hier mit einem jungen Mann sitzt, der ohne Weiteres sein Enkel sein könnte!«

»Sind denn beide Stammgäste Ihres Lokals?«, wollte Nau wissen.

»Den jüngeren Mann habe ich schon des Öfteren hier gesehen. Der Alte wäre mir vermutlich aufgefallen, also verneine ich Ihre Frage in Bezug auf ihn besser mal. Wollen Sie mir vielleicht sagen, warum Sie mich nach ihnen aushorchen?«

Nau beantwortete die Frage des Wirtes, ohne ihm allzu tiefe Einblicke in den Fall zu gewähren. Danach verabschiedete er sich, blieb aber noch etwa zehn Minuten, um sein inzwischen serviertes Bier zu trinken und sich noch zwei, drei Lieder der recht talentierten Band anzuhören.

Es war schon nach zehn, als er endlich in seinem kleinen Häuschen im malerischen Stadtteil Weidenhausen eintraf. Nachdem er ausgiebig mit Pepper spazieren gegangen war, eine Kleinigkeit gegessen und noch für eine gute halbe Stunde einige seiner Lieblingssongs gehört hatte, darunter ›Tom Sawyer‹ von *Rush*, ›Stargazer‹ von *Rainbow*, ›The Wizard‹ von *Uriah Heep* und ›American Pie‹ von *Don McLean*, ging Gisbert erschöpft zu Bett.

Tausenderlei Eindrücke, neue Erkenntnisse und nicht zuletzt auch angenehme Erinnerungen an Kim Reichert schossen ihm durch den Kopf. So brauchte er doch noch lange, bis er endlich einschlief.

15. KAPITEL

Mit einem besonders breiten Gähnen hatte Nau am Morgen das Büro betreten. Es war etwa neun Uhr, als sie alle in der Dienststelle eintrafen. Der Kommissar nahm sich anschließend fast eine halbe Stunde Zeit, um den Kollegen in aller Ausführlichkeit die wahrscheinliche Lösung des Falles näher zu erläutern.

Reckmann und Löwenstein unterbrachen die Ausführungen ihres Vorgesetzten nur selten. Zu interessant waren die Zusammenhänge, die er ihnen auftischte. Teils mit Kopfschütteln, teils mit ungläubigem Staunen quittierten sie, was ihnen der Kommissar zu sagen hatte.

Erst als die Rede auf Matthias Riedel kam, meldete sich Löwenstein kurz zu Wort.

»Übrigens hat sich sein Vater vor Kurzem gemeldet, Sie waren beide noch nicht da. Er verlangt eine ›lückenlose Aufklärung‹, wie er sich ausgedrückt hat. Ferner sagte er, dass er meinen Chef sprechen wolle. Herr Riedel klang in seiner Wortwahl sehr professionell.«

»Das überrascht mich nicht«, meinte Reckmann. »Die Riedels sind eine hoch angesehene Juristenfamilie aus dem fränkischen Raum. Die laufen schon seit Generationen in Talaren herum!«

»Vielleicht hat dies auch ein wenig zu seinem Suizid beigetragen«, kommentierte Nau. »Eine festgefahrene, strikte Erwartungshaltung von zu Hause kann einen jungen Menschen schon extrem belasten.«

»Jedenfalls hatte sein Vater etwas sehr Unerbittliches«, sagte Löwenstein. »Man konnte fast den Eindruck gewinnen, als wolle er gleich den ganzen Fall an sich reißen. Immerhin ist der Mann Staatsanwalt. Er hat gemeint, er habe genügend Beziehungen, um die Ermittlungen voranzutreiben, das klang im Grunde genommen fast wie eine Drohung!«

»Das soll er mal versuchen!«, gab sich Nau kämpferisch. »Er hat sich gefälligst aus unseren Ermittlungen herauszuhalten!«

Im Anschluss kam der Kommissar zurück zu seinen langen Ausführungen.

Nachdem er geendet hatte, erfüllte Schweigen den Raum. Fast machte sich Erleichterung breit, dass der komplizierte Fall nun endlich doch noch gelöst schien. Andererseits kam keine Jubelstimmung auf, da die ganze Fehde drei Menschenleben gekostet hatte und es letztlich der Student Timo Brettschneider war, der den Fall für sie löste.

»Das war wohl kein Ruhmesblatt!«, gestand Reckmann kleinlaut.

»Manchmal hängt die Lösung eben von einem ›Auslöser‹ ab. Als sein Kommilitone dem jungen Mann das Handy-Video gezeigt hatte, brauchte es nicht mehr allzu viel, um sich die einzelnen Ereignisse des Falls zusammenzureimen«, relativierte Nau. »Das Video ist eben der ›Missing Link‹, das letzte Mosaikstückchen, welches vonnöten war, um die Zusammenhänge zu erkennen. Statt wie bis dahin nur vage Vermutungen anstellen zu können, löste sich in diesem Moment der Fall gewissermaßen von selbst.«

»So gesehen können wir uns wohl tatsächlich keine Vorwürfe machen, wir hätten irgendetwas besser oder gründlicher erledigen können«, sagte Reckmann erleichtert.

»Wie ist es eigentlich mit Frau Reichert weitergegangen?«, fragte plötzlich Löwenstein völlig ungeniert und lächelte freundlich.

»Nun«, sagte Nau und musste selber dabei grinsen. »Wir werden uns wohl wiedersehen. Vielen Dank für Ihre erfolgreiche Vermittlung!«

»Gern geschehen!«, antwortete Reckmann statt des Kollegen. »Übernehmen wir denn nun die Analyse des Falls von Herrn Brettschneider?«

»Ich denke schon«, sagte Nau. »Zumindest waren seine Schlussfolgerungen durch die Bank äußerst stimmig. Ich glaube wirklich, wir können das größtenteils so stehen lassen.«

»Schade nur, dass es für Nebelings Rolle bei der ganzen Angelegenheit keinerlei Beweise gibt«, meinte Löwenstein und schüttelte den Kopf.

»Auch gibt es für den Mord an ihm und die damit verbundene Schuldfrage bislang noch keinen einzigen Beleg«, fügte Reckmann hinzu. »Dass ihn die *Alten Herren* oder auch einige der Studenten gewissermaßen aus Rache beseitigt haben, passt ja ganz gut in die logische Abfolge der Ereignisse, aber wie wollen wir das jemals beweisen?«

»Vielleicht wurde er ihnen auch nur zu mächtig?«, spekulierte Nau. »Aber Sie haben natürlich recht. Wir könnten vermutlich noch Monate an der Sache sitzen und keine Spur eines Beweises vorlegen. So eisern, wie die Elisabethaner dichthalten, gibt es da wohl keine Handhabe. Auch den Gedanken, vielleicht Timo als Kronzeugen gegen die anderen zu verwenden, können wir gleich vergessen. Da macht er einfach nicht mit, das hat er oft genug betont, zumal er ja selbst nur Vermutungen äußern kann. Handfeste Beweise hat auch er nicht.«

»Können wir also nur die Sache ruhen lassen und alles zu den Akten legen?«, fragte Löwenstein trotzig. »Das kann doch nicht Ihr Ernst sein!«

»Wenn Matthias, wie es scheint, sein Wissen mit ins Grab nimmt, wird uns letzten Endes wohl nichts anderes übrig bleiben«, gestand Reckmann ein.

»Wenn wir wenigstens Beweise dafür hätten, dass Matthias seinen Mitbewohner Marvin umgebracht hat, und der Professor ihn dazu zwang«, meinte der Kommissar und schaute gedankenverloren in die Runde.

»Und was ist das für eine seltsame Angelegenheit mit der verlangten Verzichtserklärung aus dem Video?«, stellte Löwenstein eine weitere offene Frage in den Raum. »Sollte es tatsächlich möglich sein, dass Marvin und der Professor auf etwas wahrhaft Sensationelles gestoßen sind?«

»Das ist allerdings der Aspekt des Falles, der mich am meisten fasziniert«, meinte Reckmann und zündete sich eine Zigarette an. »Sollte an der ganzen Sache tatsächlich ein Fünkchen Wahrheit sein? Geht es tatsächlich um die Heilige Elisabeth, oder haben die beiden etwas ganz anderes zutage gefördert? Leider werden wir wohl nie etwas darüber erfahren.«

Dann klingelte das Telefon. Löwenstein ging an den Apparat, und seine Augen weiteten sich zusehends. Gespannt schauten die beiden Kollegen zu ihm hinüber und versuchten, etwas aus seinen Gesichtszügen herauszulesen. Nach einer kurzen Weile stand Nau auf, um den Lautsprecher des Apparats zuzuschalten, aber da beendete Löwenstein das Telefonat schon wieder.

Er brauchte einen kurzen Moment, um sich zu fassen, dann holte Löwenstein tief Luft und erklärte:

»Das waren die Kollegen der Spurensicherung. Es ist in der Hektik des Vormittags gestern wohl untergegangen, aber sie haben ein Schriftstück bei Matthias gefunden, dem sie erst jetzt, im Nachhinein, ausreichend Beachtung geschenkt haben. Sie hielten es eingangs nur für eine nebensächliche Kritzelei auf der Rückseite einer anderen Notiz. Es handelt sich wohl um eine Art Entwurf zu einem Geständnis. Aus ihm soll sowohl hervorgehen, dass Matthias den Mord an Marvin begangen hat, als auch, dass Nebeling ihn zu dieser Tat zwang: Der Professor wusste etwas über Riedels Betrügereien bei einer entscheidenden Prüfung. Er hat gedroht, das Ganze auffliegen zu lassen, wenn Matthias nicht tut, was er von ihm verlangt!«

Es begab sich etwa zur gleichen Zeit, dass ein leitender Mitarbeiter eines Frankfurter Verlagshauses sein Postfach in dem Taunusstädtchen Idstein öffnete. Sein geheimer V-Mann hatte Wort gehalten – die sechsstellige Investition war nicht umsonst auf dessen Konto in der Schweiz geflossen: Der unscheinbare, wattierte Din-A5-Umschlag ohne Absender enthielt einen USB-Stick, dessen Dateninhalt das Bild von der Welt ein wenig verändern würde. Dieses Umstands war sich der Verlagsmitarbeiter sicher. Schon der Gedanke an das kurze Exposé, welches ihnen der junge Mann vor seinem Ableben noch geliefert hatte, trieb dem Verleger regelmäßig Dollarzeichen in die Augen.

Weitere Titel finden Sie auf den folgenden Seiten und im Internet:

WWW.GMEINER-SPANNUNG.DE